“十四五”职业教育国家规划教材

新编21世纪高等职业教育精品教材·法律类

劳动法

（第二版）

冯彦君◎编著

中国人民大学出版社
·北京·

图书在版编目（CIP）数据

劳动法/冯彦君编著. --2 版. --北京：中国人民大学出版社，2024.5
新编 21 世纪高等职业教育精品教材. 法律类
ISBN 978-7-300-32785-3

Ⅰ. ①劳… Ⅱ. ①冯… Ⅲ. ①劳动法—中国—高等职业教育—教材 Ⅳ. ①D922.5

中国国家版本馆 CIP 数据核字（2024）第 094441 号

“十四五”职业教育国家规划教材
新编 21 世纪高等职业教育精品教材·法律类
劳动法（第二版）
冯彦君　编著
Laodongfa

出版发行	中国人民大学出版社		
社　址	北京中关村大街 31 号	**邮政编码**	100080
电　话	010－62511242（总编室）		010－62511770（质管部）
	010－82501766（邮购部）		010－62514148（门市部）
	010－62511173（发行公司）		010－62515275（盗版举报）
网　址	http://www.crup.com.cn		
经　销	新华书店		
印　刷	北京昌联印刷有限公司	**版　次**	2020 年 8 月第 1 版
开　本	787 mm×1092 mm　1/16		2024 年 5 月第 2 版
印　张	16	**印　次**	2025 年 12 月第 5 次印刷
字　数	370 000	**定　价**	42.00 元

第二版前言

本书根据高等职业教育的特色和要求，坚持以培养应用型法律专门人才为目标，着重培养学生分析问题和解决问题的能力。为此，本书以习近平法治思想为指导，贯彻落实党的二十大精神，以我国现行劳动法律、法规、司法解释和判例为依据，系统阐述劳动法的基本知识、基本理论和基本制度，强调理论与实践的紧密结合，既注重“有理性”的阐述，更突出“有用性”的探讨和实训。全书内容凸显通识性、精练性、新颖性和实用性。好学好用和精练新颖是本书的特色和追求。

本书的编写思路和指导思想如下：

第一，体例安排体现创新。本书共有十六章，按照先总后分、先静后动的编写思路整合设计为上篇（总论）、中篇（制度各论）、下篇（实施通论）。总论部分包括劳动法概述、劳动者与劳动权、劳动力与劳动力市场、劳动法的基本原则四章内容，着重阐释劳动法的理念和思维；制度各论部分包括劳动就业、劳动合同、工作时间和休息休假、劳动工资、职业安全卫生、职业培训、集体协商、社会保险、非典型用工九章内容，按照先个体后集体、先劳动后保险、先典型后非典型的思路排序，梳理和评介具体劳动法律制度的内容（实体和程序）；实施通论部分包括法律责任、劳动执法、劳动争议三章内容，贯通认知和动态展示劳动法的实施机制。

第二，内容选择力求新颖。本书内容紧扣时代脉搏和当今社会主题，以弱者保护、民生保障、小康建设、社会和谐、实质正义等理念和命题为指针，牢牢把握时代特征和发展趋势，全面、准确、及时地反映最新立法内容、最新理论成果、最新改革动向、最新社会变容。特别是对人口老龄化、用工灵活化、劳动关系非典型化等社会变容趋势及其政策法律因应之道，都力求在本书内容上有所涉及和适度彰显。

第三，知识传授确保实用。本书为体现和适应应用型法律专门人才的培养目标和要求，突出知识传授和表达的准确、精练和实用，适度弱化了以往同类教材内容的理论和历史内容，相应强化了制度规则内容。同时，为便于学生理解和应用，在理论和制度基本内容之外设置了“本章引例”“本章学习目标”“引例评析”“本章小结”“练习题”等。同时，在各章正文中，根据内容需要，穿插设置了“参考案例”和“拓展案例”，并进行了简短的提问、评论和说明，以期增强学生对法律规则内容学习、理解和运用的兴趣，以及运用劳动法知识和思维分析问题和解决问题的能力。

第四，德法兼修充分践行。本书为了体现和践行德法兼修的培养目标，在内容组织和安排上，力求实现权义统一、法律义务和伦理义务兼顾，在培养塑造权利意识的同时，强调和凸显义务意识和责任观念，以期有效培养和塑造新时代劳动者的劳模精神、劳动精神和工匠精神。

第五，充分体现党的二十大精神。党的二十大胜利召开，为党和国家未来发展指明了前进方向，擘画了奋斗蓝图。在博大精深的党的二十大报告中，蕴含着对法治建设特别是劳动法治建设具有直接或间接指导意义的精彩论断，凝练和型塑了新时代我国劳动法的先进理念和闪光思想。这些理念性论断主要有：中国式现代化是全体人民共同富裕的现代化，是物质文明和精神文明相协调的现代化；增强立法系统性、整体性、协调性、时效性；在全社会弘扬劳动精神、奋斗精神、奉献精神、创造精神、勤俭节约精神，培育新时代新风新貌；弘扬诚信文化，健全诚信建设长效机制；着力解决好人民群众急难愁盼问题；努力提高居民收入在国民收入分配中的比重，提高劳动报酬在初次分配中的比重；强化就业优先战略，健全就业促进机制，促进高质量充分就业；消除影响平等就业的不合理限制和就业歧视，使人人都有通过勤奋劳动实现自身发展的机会；健全终身职业技能培训制度，推动解决结构性就业矛盾；健全劳动法律法规，完善劳动关系协商协调机制，完善劳动者权益保障制度，加强灵活就业和新就业形态劳动者权益保障。这些重要论断、理念和思想对促进当代中国劳动法学研究和完善劳动法治建设都具有重要的指导意义，应该也必须在劳动伦理塑造、劳动权保障、促进就业、反对歧视、劳动报酬权实现、职业培训（教育）强化等相应制度方面予以充分体现和践行。

本书在编写过程中，虽力图实现创新和精准这一写作目标，但由于水平、资料和时间所限，不足之处在所难免，望广大读者批评指正。

冯彦君

目　录

上编　总论

中篇　制度各论

下篇　实施通论

上篇

总　论

第一章　劳动法概述

【本章引例】

李某是某餐馆服务员，由于餐馆经常拖欠其工资，他产生了跳槽的想法。因他与某电器公司负责人熟悉，遂被招用为该电器公司食堂采购员，书面约定了每月工资和每日的工作任务。工作一段时间后，由于该电器公司也经常拖欠工资，李某提出辞职。

请问：

1. 李某与某餐馆和某电器公司先后产生了什么关系？是否为劳动法所调整？
2. 李某应该向谁讨要被拖欠的工资？

【本章学习目标】

1. 掌握劳动法的概念、特征和调整对象；
2. 把握劳动法的现代性特征；
3. 掌握劳动法的法律地位和体系构成；
4. 认知劳动法与民法、经济法的关系；
5. 培养运用劳动法知识和思维分析劳动事例和案例的能力；
6. 塑造新时代劳动者职业伦理和道德风貌。

第一节　劳动法的概念和特征

一、劳动法的概念

劳动法是中国特色社会主义法律体系的重要组成部分，是关乎亿万劳动者切身利益和国家经济社会健康发展的法律部门。学习劳动法，必须首先了解、认知和掌握劳动法的基本概念。劳动法的概念问题也是劳动法学的核心问题，是认识和学习劳动法的逻辑起点。由于文化传统、思维模式及劳动法治建设方面存在着诸多差异，导致不同国家或地区对“劳动法是什么”这一问题形成了不同的认识和看法。

（一）国外关于劳动法概念的见解

通过考察国外关于劳动法的各种认识和见解，可得出以下结论：

（1）劳动法诞生于资本主义的雇佣劳动时期并以雇佣劳动关系为其规制对象。

（2）劳动法起源于工厂法，脱胎于市民法（民法）并超越和发展了市民法。

（3）劳动法以保护劳动者为使命，以确保劳动者生存利益不受侵犯为理念。

（二）我国学界对劳动法概念的认识

对于劳动法的概念，我国学界的认识较为一致：劳动法是指调整劳动关系以及与劳动关系密切联系的其他关系的法律规范的总和。该定义明确了劳动法的调整对象，反映了劳动法的作用领域。对此共识性概念，需要进一步评析如下：

（1）所谓劳动，是指人们有意识、有目的地针对特定对象所从事的肉体或精神的活动。由于劳动的活动范围非常广泛，且基于劳动所产生的关系也十分复杂，因此，劳动法不可能调整所有的因劳动而产生的关系，只能调整特定的劳动关系。

（2）劳动法的定义中涵盖了劳动法的调整对象，但对于反映劳动法部门法精神（部门法品格）的法理念并未加以明示。“劳动法是保护劳动者之法”的本质属性是阐释和认知劳动法的最为关键的切入点。

（3）“法律规范的总和”这种属概念具有较大的包容性，可以包含诸如民法、行政法，甚至是刑法之中的有关劳动问题的立法规范。这极易造成法部门之间的混乱，不能很好地体现劳动法律部门的独特性和独立性。比较而言，“法部门”这个属概念更能表征劳动法的相对独立性。

基于此，对于“劳动法”这一基本概念可完整定义如下：劳动法是指以职业劳动关系及其附随关系为调整对象，以保障劳动者生存和发展利益为理念的独立的法部门。这个定义立足我国实际并兼顾了劳动法的一般规律。其中，劳动法的调整对象着眼于我国劳动生活；劳动法的理念则体现了劳动法的共同使命，是对劳动法的根本宗旨及劳动法诞生、发展规律的准确把握和揭示。很显然，这个定义的立足点是现代劳动立法。现代劳动立法诞生于资本主义时期，以工厂大工业的兴起和劳动者的人格独立为生成条件，以保护重心之转移（从资本所有者转移至劳动力所有者）为自身生成的鲜明标志。

二、劳动法的特征

（一）劳动法具有保护性特征

一般说来，法律部门都具有一定的保护性功能，保护法律主体的正当利益，是法律的共同使命，劳动法亦然。相比较而言，劳动法的保护性特征更为突出且具有明显的层次性。现代劳动法在兼顾职业劳动关系双方主体利益的目标下，更突出对其中的弱者——劳动者予以倾斜性保护。劳动法的这一独特品格，可以从劳动法的历史发展、内容结构以及国际劳动立法的诞生与发展中得到充分印证。一般而言，劳动法的保护性功能体现在两个层面：首先，基于劳动者与雇主（用人单位）在实质上的不平等，强调对劳动者的人身、人格与财产利益的维护；其次，对弱者中的弱者（女职工和未成年工）给予特殊保护。劳动法的保护性特征，充分展示了现代劳动法的神圣使命。把握劳动法的这一特征，是正确理解和适用劳动法各项具体制度的前提和基础。

（二）劳动法具有力量组合博弈的特征

透过立法条文可以看出，在劳动法的世界与视界中隐含着三重力量的动态组合与相互博弈。所谓“三重力量”，是指国家力量、资本力量和劳动力量。国家的力量是一种体现为公权运作的政治力量；资本的力量往往体现为一种以组织形式运作的经济力量；劳动的力量是劳动者个体或群体在给付劳动中体现的社会力量。从本质上看，现代劳动法就是政治、经济和社会这三种力量综合作用的产物。这三种力量在各国强弱有别，由其组合塑造出来的劳动法的样态也有所不同。

劳动法三重力量组合博弈的特征具体表现在以下几方面：

(1) 职业劳动关系权利义务内容及其水准是由体现劳资力量的劳动合同、集体合同和体现国家力量的劳动基准共同确定的。一般来说，劳动合同内容不得与集体合同内容相违背，集体合同的效力强于劳动合同；劳动合同和集体合同的内容都不得违背国家强行性立法。

(2) 劳动立法管制与自治的关系状态也是由此三重力量对比状况所决定的。从历史上看，劳动者团体力量较强的国家，劳动立法的管制力度较弱，劳工问题往往都留给集体协商及其成果——集体合同去解决。反之，如果劳动者团体力量较弱，资本的力量较强，国家立法的干涉程度就要强一些。由此形成了世界上两大劳动法治模式：社会力量主导型（英、美等国）和国家力量主导型（中国等国）。

(3) 在形式上，劳动法强调三方参与立法和解决纠纷。国际劳动立法由国际劳工组织各成员派出政府、雇主和劳动者三方代表共同制定，体现出很强的“三方性”。我国劳动争议仲裁委员会也是由劳动行政部门的代表、企业的代表和同级工会的代表组成。现今合并而成的劳动人事争议仲裁机构（院）虽然更强调专业性，但是三方协调的精神仍需体现和贯彻。有些国家的劳动法院或劳动法庭，其审判人员也是由来自三方的人士所组成。总之，在劳动法的立法程序和纠纷解决机制上都体现出“三方性”特征，这是三重力量组合并发挥作用的外在化和机制化。

（三）劳动法具有阶级性与动力性特征

考察劳动法的历史会发现，在劳动法的诞生、发展的历程中，有三条贯穿始终的主线：对象线索、理念线索和动力线索。关于对象线索和理念线索，本书前文已经阐释，在此仅阐述动力线索。动力，是指体现阶级性的工人运动及其利益诉求所形成的压力和推动力量。劳动法的发展与国际工人运动的关系极为密切，具有鲜明的阶级色彩。从世界范围来看，现代劳动法的诞生和发展取决于三大因素（政治、经济和社会因素）的变容与耦合。其中政治因素的作用十分突出，在一定意义上决定着劳动法的发展方向。国际工人运动力量的消长态势直接决定着劳动立法的发展脉络和文明走向。

（四）劳动法具有现代性和融合性特征

如前所述，劳动法以保护劳动者为理念。据此而论，以 1802 年英国《学徒健康与道德法》为起点，劳动法至今不过 200 多年的历史，与历史悠久的刑法、民法等法律门类相比，属于年轻的法律部门。它与经济法、环境法一样，都是为了解决人类社会进入近现代以来所面临的一系列社会问题而创设的法律机制。劳动法所要解决的是民法平等保护所无法实现的对劳资关系中的弱者——劳动者的保护问题，必须采用不平等的倾斜性保护，才能实现劳资利益平衡和利益共进。劳动法通过保护弱者而追求实质正义的机理，充分体现了其作为保护人权之法的现代性特征。

传统法律呈现出公法与私法的二元分野。在劳动法上，既体现公益，也蕴含私益；既体现国家的力量，也内含着私人的力量和社会的力量；既有公法的强行法机制，也有私法的契约法机理。劳动法实质上就是通过体现国家力量的劳动基准（劳工基准）和体现社会力量的集体合同（团体协约）来限缩劳动合同（劳动契约）自由度的公私法属性兼而有之的法律机制。在我国，劳动法与社会保障法（德国等国家称“社会法”）一起构成社会法，成为中国特色社会主义法律体系的有机组成部分。

第二节　劳动法的调整对象

劳动法的调整对象，即劳动法的作用领域，是指因给付劳动而发生的特定的社会关系。对象的厘定，为劳动法调整功能的发挥划定了明确的界域。从劳动法的定义可以看出，劳动法的调整对象包括两部分：职业劳动关系和附随劳动关系。这里需要说明的是，本书中有些地方仍使用“劳动关系”一词，完全是出于习惯或方便，若无特殊说明，特指职业劳动关系。职业劳动关系是指劳动者与用人单位之间基于职业劳动而产生的社会关系。职业劳动关系是劳动法调整对象的核心部分，没有这些关系，劳动法就失去了存在的基础。

一、职业劳动关系的类型

职业劳动关系可以依据不同标准进行类型化分析。

（一）依据产权成分划分职业劳动关系

依据产权成分的不同，职业劳动关系可划分为：全民所有制单位中的职业劳动关系、集体所有制单位中的职业劳动关系、外商投资企业中的职业劳动关系、私营企业中的职业劳动关系、股份制企业中的职业劳动关系、合伙企业中的职业劳动关系、个体经济组织中的职业劳动关系。随着我国企业股份制改革的深化，公司企业逐渐增多，公司中的职业劳动关系已经成为劳动法的主要调整对象。

（二）依据具体内容划分职业劳动关系

依据具体内容的不同，职业劳动关系可划分为：劳动合同订立、变更和解除关系，工时与休息休假关系，工资报酬关系，职业安全卫生关系，职业培训关系，女职工和未成年工特殊保护关系，民主管理关系等。

（三）依据性质划分职业劳动关系

依据性质的不同，职业劳动关系可划分为：典型（标准）劳动关系和非典型（非标准）劳动关系。随着科技发展和经济变容，非典型（劳务派遣、非全日制用工、平台用工等）劳动关系发展迅速，数量激增，需要劳动法加以调整。

二、职业劳动关系的法律调整

《中华人民共和国劳动法》（以下简称《劳动法》）第 2 条明确规定了劳动法的调整

对象，但该调整对象并非劳动法调整对象的全部，仅是职业劳动关系。就职业劳动关系而论，我国《劳动法》既展望未来，又着眼于现实，采用主体模式规定如下："在中华人民共和国境内的企业、个体经济组织和与之形成劳动关系的劳动者，适用本法。国家机关、事业组织、社会团体和与之建立劳动合同关系的劳动者，依照本法执行。"依据此条规定，劳动法所调整的职业劳动关系包括：企业和个体经济组织中的职业劳动关系（包括但不限于劳动合同关系）；国家机关、事业组织和社会团体中的劳动合同关系。根据劳动部《关于贯彻执行〈中华人民共和国劳动法〉若干问题的意见》的规定，《劳动法》第 2 条中的"个体经济组织"是指一般雇工在 7 人以下的个体工商户。国家机关、事业组织和社会团体中的劳动者，只要符合下列三者之一即应适用《劳动法》：实行劳动合同制的工勤人员；实行企业化管理的事业组织的人员；其他通过劳动合同与其用人单位建立劳动关系的劳动者。下列劳动者不适用《劳动法》：公务员和比照实行公务员制度的事业组织和社会团体的工作人员，以及农村劳动者（乡镇企业职工和进城务工、经商的农民除外）、现役军人和家庭保姆。

外国劳动法关于调整范围的立法模式，大致可以分为两类：分立制和合一制。实行分立制的国家，劳动法只适用于企业劳动关系，不适用于公务员劳动关系，公务员的劳动关系由属于行政法范畴的公务员法调整。美国、英国、日本、加拿大等西方国家基本上都实行分立制。实行合一制的国家，各种劳动关系基本上适用统一的劳动法律。苏联、东欧和亚洲的一些社会主义国家采用这一模式。我国在计划经济体制下，各种劳动关系都由国家劳动行政立法统一调整，属于合一制。从我国现行《劳动法》的调整范围来看，已从合一制转变为分立制，即劳动法与公务员法分别调整雇佣关系：劳动法调整私人雇佣关系（劳动关系）；公务员法调整公共雇佣关系（行政关系）。采用分立制，符合世界立法潮流，也有助于协调我国劳动法与行政法的关系，进而促进二者独立发展。

三、职业劳动关系的特点

（一）主体特定性

职业劳动关系的主体一方为用人单位，是组织体；另一方为劳动者，是自然人。职业劳动关系发生在特定组织和特定自然人之间。组织之间或自然人之间一般不能产生职业劳动关系。

（二）内容双重性

职业劳动关系含有财产因素，又兼有人身因素，是财产和人身混合关系。这里的人身关系并非是指劳动者丧失独立人格的绝对的人身隶属关系，而是指劳动者在保有独立人格和主体地位的前提下，其劳动力相对隶属于特定的单位，其本人也为此成为单位内部的个体成员而接受必要的规章制度之约束和指挥命令之指示。

（三）形式契约化

在现代劳动生活领域，职业劳动关系基本上都是契约关系，劳动契约是产生和维系职业劳动关系的载体形式和合法根据。实现劳动生活的全面契约化是我国劳动制度改革的重要内容。始于 20 世纪 80 年代的劳动关系契约化是中国社会实现"从身份到契约"的重要组成部分，具有重大的历史意义，是顺应时代潮流的社会变革运动。

参考案例 1-1

李某参加某公司人力资源部经理赵某组织的面试后被招聘为该公司员工，并签订了书面劳动合同。后公司拖欠工资，李某向赵某讨要工资，并为此申请劳动仲裁。

——赵某是代表公司招聘，其招聘效果归属于公司，而且李某与赵某两个自然人之间也不能形成职业劳动关系。公司作为经济组织体是李某的用人单位，李某与公司之间存在劳动关系。李某应该向公司索要被拖欠的工资。

四、附随劳动关系的内容与特点

附随劳动关系是指与职业劳动关系密切关联的一些社会关系，它们以职业劳动关系的存在为前提或者为职业劳动关系的产生、存续服务，因此与职业劳动关系形影相随，不可分离。附随劳动关系是劳动法调整对象的组成部分，不能忽视。

附随劳动关系发生于以下劳动生活领域：劳动力的组织、管理、培训和中介活动，执行社会保险（实现社会统筹的保险），工会活动和集体协商，劳动法的监督检查，劳动争议的处理等。

附随劳动关系具有以下特点：

（1）附随劳动关系在主体方面不同于职业劳动关系。附随劳动关系必有一方主体为国家机关或者社会组织（工会、社会保险机构、就业服务机构等），另一方可能是用人单位，也可能是劳动者个人。

（2）附随劳动关系是国家力量和社会力量介入劳动生活的一个表现，在某种意义上，附随劳动关系是对职业劳动关系的一种保障。

（3）附随劳动关系的产生具有法定性的特征。职业劳动关系是一种契约关系，产生与否具有自愿性；附随劳动关系一般则是根据法律的直接规定产生的，不具有任意性，具有强制性。

参考案例 1-2

某公司没有按照法律规定为其员工办理养老保险手续并缴费，在劳动行政部门依法监督检查的过程中被发现并被处罚。

——这里的“依法”，是指依据相关的劳动立法（社会保险和法律责任的规定）。因为不管是执行社会保险，还是劳动监督检查，都会在劳动行政部门与作为用人单位的公司之间形成附随劳动关系，这种关系也是劳动法的调整对象之一。

第三节　劳动法的法律地位

劳动法的法律地位，是指劳动法在法律体系中是否为独立的法律部门，其与相邻法律部门的关系，以及劳动法在公、私法划分中的定位。劳动法是否为独立的法律部门，主要取决于其是否有独立的调整对象和调整方法。因为按照法学理论，划分与确立法律部门的标准主要是调整对象及调整方法。如果一个法律部门有自己独立的调整对象和调整方法，那么它就能够成为一个独立的法律部门。

一、劳动法是独立的法律部门

如前所述，劳动法有自己独立的调整对象，即职业劳动关系和附随劳动关系。职业劳动关系和附随劳动关系虽然是两种性质不同的社会关系，但是二者联系密切，互为条件。离开职业劳动关系，附随劳动关系就失去了存在的前提和意义；没有附随劳动关系的保障与促进，职业劳动关系就不能健康发展。在现代社会，职业劳动关系和附随劳动关系已紧密地融合在一起，成为相对独立的社会关系领域。对此社会关系领域的法律调整，民商法和行政法都无法胜任。职业劳动关系虽为横向关系，但作为组织内部关系，具有人身与财产双重属性，且双方地位不平等，这些特点决定了民法不宜调整职业劳动关系。附随劳动关系与民法调整对象更是相去甚远。行政法的调整对象主要是纵向的行政管理关系，劳动法的调整对象除劳动力的管理和劳动法的监督检查之外，都与行政管理无关，所以行政法也不能调整横向的职业劳动关系和大部分的附随劳动关系。劳动法调整对象的特殊性决定了其不能由其他法律部门附带调整，只能在原有法律部门之外寻求新的法律调整机制。这一法律调整机制在 19 世纪初诞生并日益发展为一个独立的法律部门——劳动法。劳动法的调整方法也有其特殊性：在调整重心上平等保护与重点（倾斜）保护相结合，突出重点保护；在权利义务的设定上由立法确立基准，由集体合同和劳动合同对此加以具体化；在责任追究上综合采用民事、行政、刑事三种责任模式，强化对职业劳动关系的保护。这些调整方法有别于其他法律部门，也确证了劳动法的独立性。

二、劳动法与宪法的关系

宪法是国家的根本法，是其他立法的基础和指针。宪法在中国特色社会主义法律体系中居于核心地位，在宪法之下是其他彼此独立的法律部门，诸如民商法、行政法、经济法、刑法、诉讼与非诉讼程序法。宪法所确立的基本权利和制度需要各个部门法加以贯彻落实，使之从宪法宣言转化为部门法制度实现。具体到劳动法与宪法的关系，宪法所宣示的一些基本权利，诸如工作权、休息权、结社权和退休权等都需要通过劳动法予以实现；同时宪法也为确保劳动法立法制度设计的正当性、合法性提供合宪性审查的基础和依据。

三、劳动法与民法的关系

从世界历史来看，劳动法与民法有着较为密切的渊源关系。早期的民事立法大都将劳动合同纳入民事合同范畴进行统一调整。可以说，现代劳动法发端于民法，又超越了民法，因其规制特殊的对象而日益自成体系。从立法实践来看，为了适应职业劳动关系和附随劳动关系法律调整的需求，一些国家制定了劳动法典，即便是尚未制定劳动法典的国家，也加强了劳动立法建设，单行立法数量不断增多，劳动法日益成为独立的法律门类。

四、劳动法与经济法的关系

经济法诞生于19世纪末，以反垄断法的出现为标志，是一个产生较晚的法律部门。劳动法诞生于19世纪初的“工厂立法”。与民法、刑法等历史悠久的法律部门相比，劳动法诞生、成长的历史也比较晚，若与经济法相比，劳动法的诞生则早了将近一个世纪。劳动法的产生源于职业劳动关系的普遍化；经济法的出现则源于国家对经济生活进行干预的常态化。劳动法与经济法的关系，就联系（相同点）而言，都是具有现代性的独立的法律部门，在功能和机理上都具有弥补民商立法对新型社会关系调整功能不足的特点。就区别而言，经济法调整的是政府与市场主体之间围绕生产和经营所产生的规制与调控关系，这是一种外部关系，其调整目标是实现宏观经济秩序化，实现经济生活在自由和秩序协调基础上的公平与效率的统一；作为劳动法主要调整对象的职业劳动关系，是一种单位内部关系，是组织体与其成员之间的劳动给付关系，调整的目标是实现劳动与资本的结合（联姻）、协调、共进和劳动者利益之维护。

五、劳动法的法域归属

法域理论是关于国家法律功能性界分的理论学说。依据传统法域理论，法律体系被划分为公法和私法。这种对法律体系的基本分类方法，其标准主要有“利益说”“主体说”“性质说”之分。按照较为共识性的认识，宪法、行政法、刑法、诉讼法等是典型的公法；民法、商法等是典型的私法。对于劳动法、经济法、环境法等具有现代性的法律门类如何进行法域定位，是一个法学理论难题。回答这一理论难题的过程推动了法域理论的发展。在传统公私法二元论的基础上，法律体系的三元化理论应运而生。按照法律体系三元化理论，从性质与功能上界分当今法律体系，在公法和私法之外，还存在着一个公私法属性兼而有之的法域。就劳动法而言，从世界历史上看，早期的劳动法与民法关系密切，属于私法范畴。但在现代社会，由于国家对劳工问题的关注，社会力量介入劳工领域，加之团体力量的影响，劳动法日益在诸多方面有别于传统私法，渗透了公法的某些因素。现代劳动法兼有公法与私法的属性，又有别于公法和私法，应归属于相对独立的第三法域。当然这个第三法域能否称为“社会法”，取决于人们对“社会法”的范畴设定。

第四节　劳动法的体系

劳动法的体系是指由劳动立法或劳动法制度所构成的具有内在逻辑联系的统一整体。基于体系的视角，我们可以从整体上把握和认识劳动法，并从整体的角度来把握和认识劳动法的各个部分，以求各构成部分之间避免或减少矛盾，达到整体协调与完美，增强立法系统性、整体性、协调性、时效性。

劳动法的体系包括劳动法的形式体系（渊源体系）和劳动法的内容体系（制度体系）。

一、劳动法的形式体系

劳动法的形式体系亦称劳动法的渊源体系，是指劳动法规范得以存在的法律文本的体系，实质就是劳动法规范载体的体系。

由于立法传统上的差别，两大法系劳动立法形式体系明显不同。随着两大法系的鸿沟日渐弥合，普通法系国家开始重视制定法，而大陆法系国家也开始重视判例，但是差别依然存在。普通法系国家的劳动法体系基本都是由判例和单行劳动立法所构成的，没有劳动法典。大陆法系国家却多为制定劳动法典或劳动基本法并配之以单行立法，或者虽无法典但通过完善单行立法实现对劳动关系的严密调整。我国承袭大陆法系传统，突出制定法地位，追求法典化立法体系。其突出表现是，制定实施了《劳动法》，并以此为基础制定了一系列单行立法，形成了中国特色的劳动法体系。该体系构成如下：

(1)《中华人民共和国宪法》（以下简称《宪法》）有关劳动问题的规定。《宪法》有关劳动问题的规定是指导劳动立法的原则性规定，是劳动立法的灵魂指针，其主要内容体现在第 42 条、第 43 条、第 44 条、第 45 条和第 48 条。具体内容如下：中华人民共和国公民有劳动的权利和义务。国家通过各种途径，创造劳动就业条件，加强劳动保护，改善劳动条件，并在发展生产的基础上，提高劳动报酬和福利待遇。劳动是一切有劳动能力的公民的光荣职责。国有企业和城乡集体经济组织的劳动者都应当以主人翁的态度对待自己的劳动。国家提倡社会主义劳动竞赛，奖励劳动模范和先进工作者。国家提倡公民从事义务劳动。国家对就业前的公民进行必要的劳动就业训练（第 42 条）。中华人民共和国劳动者有休息的权利。国家发展劳动者休息和休养的设施，规定职工的工作时间和休假制度（第 43 条）。国家依照法律规定实行企业事业组织的职工和国家机关工作人员的退休制度。退休人员的生活受到国家和社会的保障（第 44 条）。中华人民共和国公民在年老、疾病或者丧失劳动能力的情况下，有从国家和社会获得物质帮助的权利……（第 45 条）。中华人民共和国妇女在政治的、经济的、文化的、社会的和家庭的生活等各方面享有同男子平等的权利。国家保护妇女的权利和利益，实行男女同工同酬，培养和选拔妇女干部（第 48 条）。

(2)《劳动法》1995 年 1 月 1 日起实施，共计 13 章 107 条。《劳动法》是劳动基本法，在我国劳动法体系中居于核心地位，在某种程度上也代表着我国劳动立法的水平。实施至今，《劳动法》在促进我国劳动生活法治化和保护劳动者权益的进程中发挥了重要作用。《劳动法》最近一次修正（2018 年 12 月 29 日）涉及第 15 条第 2 款、第 69 条和第 94 条（取消审批、批准程序；工商行政管理部门改称为市场监督管理部门）。时至今日，由于历史的原因，《劳动法》某些缺陷和不足已暴露出来。同时，其中的一些主要内容也已分别制定了单行法，《劳动法》与各单行法之间在内容上出现了不协调、重复、架空的现象。适时修改完善《劳动法》，使其内容与时俱进，或者在现行劳动立法体系基础上编纂劳动法典，是当前乃至今后我国最为重要的劳动法学课题和劳动法治建设工程。

(3)《中华人民共和国劳动合同法》（以下简称《劳动合同法》）2008 年 1 月 1 日起实施，共计 8 章 98 条。《劳动合同法》是关于劳动合同的专门立法，其与《劳动法》的关系是特别法与普通法的关系。与《劳动法》相比，《劳动合同法》强化了一些内容，新设了一些规则。具体而言，《劳动合同法》强化了用人单位规章制度效力规则（第 4 条、第 80 条）、强化了订立书面劳动合同的义务和责任（第 10 条、第 14 条第 3 款、第 82 条）、强化了劳动报酬支付令规则（第 30 条第 2 款）、强化并新设了连带赔偿责任（第 91 条、第 92 条、第 94 条）；新设了劳动合同订立的告知和说明义务（第 8 条）、新设了劳务派遣制度规则（第 57～67 条）、新设了非全日制用工规则（第 68～72 条）、新设了违约金适用规则（第 22 条、第 23 条、第 25 条）、新设了竞业限制规则（第 24 条）、新设了劳动合同承继规则（第 34 条）、新设了劳动合同终止经济补偿规则（第 46 条第 5、6 项）。《劳动合同法》于 2012 年 12 月 28 日进行了修正，修改内容集中在劳务派遣部分，强化了对劳务派遣行为的规制力度。《劳动合同法》自实施以来，一直备受关注、评点和质疑，特别是在经济下行压力增大的背景下，以增强用工灵活性和降低用工成本为主要诉求的修法呼声一直存在。面对中国经济和社会两大变容，探寻《劳动合同法》的未来图景，适时开启修法通道，成为不可回避的法治任务。

（4）《中华人民共和国就业促进法》（以下简称《就业促进法》）2008 年 1 月 1 日起实施，于 2015 年 4 月 24 日修正，共计 9 章 69 条。其内容主要是明确了国家、社会、单位和个人的就业责任，确立了职业培训、职业介绍、职业指导、就业援助等促进就业的制度措施。

（5）《中华人民共和国劳动争议调解仲裁法》（以下简称《调解仲裁法》）2008 年 5 月 1 日起实施，共计 4 章 54 条。该法将《劳动法》所确立的“仲裁前置、先裁后审”的裁审关系模式变革为“仲裁前置、部分先裁后审、部分一裁终局”模式。

（6）《中华人民共和国工会法》（以下简称《工会法》）1992 年 4 月 3 日起实施，共计 7 章 57 条。《工会法》实施后于 2001 年 10 月 27 日、2009 年 8 月 27 日、2021 年 12 月 24 日进行了三次修正。

（7）《中华人民共和国社会保险法》（以下简称《社会保险法》）2011 年 7 月 1 日起实施，共计 12 章 98 条。该法是《劳动法》第 9 章关于“社会保险和福利”内容的具体化和专门化立法，其与《劳动法》构成特别法与普通法的关系。从性质上说，《社会保险法》并不是纯正的劳动立法，其大部分规定属于社会保障法的内容，因而具有劳动立法与社会保障法的双重性质。就劳动法面向而言，职业劳动关系的劳动者有请求用人单位为其就社会保险项目进行投保和缴费的权利，投保和缴费（缴税）既是用人单位的法定义务，也是其劳动用工所应承担的人力成本，是劳动法律关系中用人单位的义务内容。

（8）《中华人民共和国安全生产法》《中华人民共和国职业病防治法》《中华人民共和国妇女权益保障法》《中华人民共和国职业教育法》《中华人民共和国公司法》等法律中的相关规定。

（9）劳动法规、地方立法以及最高人民法院的相关司法解释等。其中较为重要的劳动法规有《职工带薪年休假条例》《工伤保险条例》《失业保险条例》《劳动保障监察条例》等。较为重要的司法解释主要是：《最高人民法院关于审理劳动争议案件适用法律若干问题的解释（一）》（法释〔2020〕26 号）和《最高人民法院关于民事诉讼证据的若干规定》（法释〔2019〕19 号）。法释〔2020〕26 号司法解释共计 54 条，自 2021 年 1 月

1日起施行。该司法解释是在原《最高人民法院关于审理劳动争议案件适用法律若干问题的解释》(法释〔2001〕14号)、《最高人民法院关于审理劳动争议案件适用法律若干问题的解释(二)》(法释〔2006〕6号)、《最高人民法院关于审理劳动争议案件适用法律若干问题的解释(三)》(法释〔2010〕12号)、《最高人民法院关于审理劳动争议案件适用法律若干问题的解释(四)》(法释〔2013〕4号)四个司法解释的基础上汇编而成。法释〔2020〕26号司法解释实施后，上述四个司法解释即被废止。《最高人民法院关于民事诉讼证据的若干规定》(法释〔2019〕19号)中也有涉及劳动争议的相关证据规则。

二、劳动法的内容体系

劳动法的内容体系是指劳动法各具体制度的逻辑结构，反映着劳动法各具体制度的内容及其相互关系。劳动法内容体系是否合理、完善，直接影响劳动法的系统功能的发挥。劳动法内容体系完善，各制度间协调配合，体系的应有功能就能充分发挥出来。

梳理和表达劳动法的内容体系，可以采用多重的视角和标准。其中，实然与应然、主体、权利义务和责任都是可以应用的一般考察标准。本书根据劳动法制度内容的特点，将劳动法制度板块分解为有机联系并相互作用的三大内容：劳动基准(劳工基准)、集体合同(团体协约)、劳动合同(劳动契约)。三者的逻辑联系和构造机理是：劳动合同以最低限度的劳动自由和用工自由为基础，确立劳资“联姻”关系，展现私人(劳动和资本)之间的力量及其博弈；集体合同以结社团结为基础，通过集体协商(集体谈判)展现社会力量与资本力量之间的博弈，达成固化团体利益(报酬与条件)水准的集体合同；劳动基准是国家制定的强行性立法机制，通过运用公权力量为集体合同和劳动合同确立准据，其实质就是限缩契约自由。三者之间，劳动合同是基础、集体合同是中介、劳动基准是保障。在效力上，集体合同不能违反劳动基准，劳动合同不能违反集体合同和劳动基准。换言之，劳动合同所确立的劳动条件要优于或至少要等于集体合同的标准，集体合同所确立的劳动条件要优于或至少要等于劳动基准的法定标准。

(一)劳动基准制度

劳动基准制度包括工资(劳动报酬)基准、工时与休息休假基准、劳动安全卫生基准、社会保险基准、就业基准、劳动争议处理制度等。劳动基准制度的具体内容将在中篇“制度各论”中加以详述。

(二)集体合同制度

集体合同制度是对集体劳动关系法律调整制度的总称，其包括但不限于集体合同制度，除此之外还包括结社、集体协商和集体行动(罢工等)等制度内容。这些内容都是集体合同的基础或保障，都以集体合同之订立和履行为目标。集体合同制度的具体内容将在中篇“制度各论”中加以详述。

(三)劳动合同制度

劳动合同制度是劳动法制度的基础。劳动基准和集体合同的存在价值和作用对象都指向劳动合同，没有劳动合同这个对象和目标，劳工基准和集体合同就会无的放矢。劳动合同制度包括劳动合同的订立、效力、履行、变更、解除、终止、责任等制度规则，也涉及先合同义务范畴的缔约过失责任和后合同义务范畴的竞业限制(离职竞业限制)等制度规则。劳动合同制度的具体内容将在中篇“制度各论”中加以详述。

第五节　劳动法与劳动伦理

一、劳动伦理的概念和内容

劳动法是调整职业劳动关系的法律规范，是规制职业劳动生活的重要而常态化的法律手段，是通过法律实现社会控制的一种机制。但其只是最为重要的社会控制手段，并不是唯一手段，除此之外，尚有劳动伦理和劳动政策相配合。其中，劳动法与劳动伦理互为表里，相互支撑，彼此型塑，是法律与道德伦理（法治与德治）的一般关系在职业劳动生活领域的具体展现。

所谓劳动伦理，是指在职业劳动生活中，劳动者和用人单位之间彼此应该培养、塑造和展现的价值观念、道德素质和精神风貌。劳动伦理包括员工职业伦理（简称职业伦理）和单位劳动伦理（简称单位伦理）两个构成部分。就职业伦理而言，就是劳动者作为个体之人或者群体之员所应具有的与民族文化、时代精神和核心价值观相契合的职业道德伦理观念和精神素质，是新时代社会主义劳动者应该也必须具备的一种观念、精神和素质。新时代的职业伦理可以概括为遵规守法、爱岗敬业、诚信忠诚和睦邻友善四大方面。其中的爱岗敬业和诚信忠诚之精神意蕴可凝结和体现为劳模精神、劳动精神和工匠精神这三大时代职业精神。新时代，社会主义劳动者和建设者培养和塑造职业伦理必须大力弘扬劳模精神、劳动精神和工匠精神。劳模精神的基本要义是爱岗敬业、争创一流、艰苦奋斗、勇于创新、淡泊名利、甘于奉献；劳动精神的基本要义是崇尚劳动、热爱劳动、辛勤劳动、诚实劳动；工匠精神，是指执着专注、精益求精、一丝不苟、追求卓越的职业精神。习近平总书记指出：“劳模精神、劳动精神、工匠精神是以爱国主义为核心的民族精神和以改革创新为核心的时代精神的生动体现，是鼓舞全党全国各族人民风雨无阻、勇敢前行的强大精神动力。”① 新时代社会主义劳动者应该弘扬劳动精神、奋斗精神、创造精神、勤俭节约精神，培育时代新风新貌，弘扬诚信文化。

就单位伦理而言，主要包括用人单位相对于自己员工所应具有的保护照顾的意识、平等待人的精神、信任尊重的理念。职场是员工的第二个家园，职场生活应该和谐温馨、安全自尊、物质法益与精神法益协同增进。唯有如此，单位文化才是文明的和人道的。员工只有在这样的单位文化氛围中劳动和创造，才不失人格、不违人伦、不逆人性。

职业伦理与单位伦理彼此对应、相辅相成、互为条件，二者相互助推，水涨船高，一方的存在与诉求应以另一方的存在与满足为条件。不能只要求员工恪守职业伦理而忽视或容忍单位伦理之淡化或缺位；反之亦然，不能单方面诉求单位恪守单位劳动伦理，而员工却我行我素、自由散漫、三心二意、背信弃义、慵懒无功、不思进取、不求精进。

二、培养塑造职业伦理的时代意义

大力培养和塑造劳动伦理，不仅可以助推符合“德智体美劳”全面发展的社会主义

① 习近平．在全国劳动模范和先进工作者表彰大会上的讲话［EB/OL］.（2020-11-24）［2024-03-28］. https：//www. gov. cn/xinwen. 2020 - 11/24/content _ 5563928. htm.

劳动者和建设者群体的养成，而且可以培养和塑造契合人文主义精神的单位文化（企业文化）。以此为基础，能够有效支撑和促进劳动法义务的履行和劳动法治的有效实施。同时，劳动法的有效实施，也必将推进劳动伦理的培养和塑造。总之，只有劳动法治与劳动伦理相互配合、双向互动、携手共进，才可以构建起温馨幸福、公平有序、顺畅和谐的社会主义劳动关系新格局。

【引例评析】

1. 李某与餐馆和电器公司先后产生了职业劳动关系，即劳动者与用人单位之间基于职业劳动而产生的社会关系，是劳动法的调整对象。所以这两种职业劳动关系均应受劳动法调整。作为劳动者，李某的合法权益受劳动法保护。

2. 餐馆和电器公司作为李某的用人单位，应该及时足额向李某支付工资，拖欠工资是对李某劳动权益的侵害。李某可以分别向两家用人单位索要工资。

【本章小结】

1. 劳动法是指以职业劳动关系及其附随关系为调整对象，以保障劳动者的生存利益与独立人格为理念的独立的法部门。我国劳动法是中国特色社会主义法律体系的重要组成部分，是属于社会法范畴的立法机制。

2. 劳动法具有保护性、力量组合性、阶级性与动力性、现代性和融合性特征。

3. 劳动法因其具有独立的调整对象和调整方法而成为相对独立的法律部门。劳动法的调整对象是职业劳动关系和附随劳动关系。劳动法的调整方法是，在调整重心上平等保护和重点保护相结合，突出重点保护；在权利义务的设定上通过立法确立基准，集体合同和劳动合同加以具体化来实现；在责任追究上综合采用民事、行政、刑事三种责任模式，强化对职业劳动关系的保护。

4. 职业劳动关系具有主体特定性、内容双重性、形式契约化三大特征。

5. 劳动法与民法关系密切，劳动法发端于民法，又超越了民法，因其规制特殊的对象而日益自成体系。

6. 劳动法的体系是指由劳动立法或劳动法制度所构成的具有内在逻辑联系的统一整体。劳动法的体系包括形式体系（渊源体系）和内容体系（制度体系）。

7. 新时代职业伦理的内容包括：爱岗敬业、争创一流、艰苦奋斗、勇于创新、淡泊名利、甘于奉献的劳模精神；崇尚劳动、热爱劳动、辛勤劳动、诚实劳动的劳动精神；执着专注、精益求精、一丝不苟、追求卓越的工匠精神。

【练习题】

一、名词解释

劳动法　职业劳动关系　附随劳动关系　劳动法的体系　劳动法的法律地位
职业伦理

二、问答题

1. 劳动法有哪些法律特征？
2. 职业劳动关系的主要内容有哪些？
3. 劳动法与民法是什么关系？
4. 如何认识劳动法法域归属问题？
5. 劳动法的制度体系由哪些内容构成？
6. 何谓职业伦理？新时代职业伦理的基本要求是什么？

三、案例分析题

小王与某公司签订了书面劳动合同，约定每月工资为 3 000 元，合同期限是 2022 年 5 月至 2023 年 5 月，工作内容是负责公司办公楼保洁，合同没有就养老保险投保和缴费事宜作出规定。2023 年 5 月劳动合同期限届满，小王与公司没有续签劳动合同，公司没有通知小王离职，小王也没有主动去办理相关手续，而是继续留在公司上班，完成原来的本职任务，此种状态又持续了两个月。但公司在 2023 年 5 月之后没有再向小王支付工资。小王要求公司支付工资未果，想依法维权。

问题：

1. 小王能否向公司讨要劳动合同期满后继续工作的工资？
2. 如果公司有义务向小王支付工资，那么应该按照什么标准支付？
3. 除工资之外，小王能否要求公司为其缴纳相应的养老保险费？

分析要点提示：

1. 劳动法所调整的劳动关系不限于劳动合同关系，也包括事实劳动关系。本案中，劳动合同期满未再续签，小王继续留在公司工作，公司也没有加以拒绝和通知小王离职，在小王与公司之间就形成了事实劳动关系，事实劳动关系受劳动法调整。小王向公司讨要工资，应该获得支持。

2. 根据《最高人民法院关于审理劳动争议案件适用法律若干问题的解释（一）》（法释〔2020〕26 号）第 34 条的规定，劳动合同期满后，劳动者仍在原用人单位工作，原用人单位未表示异议的，视为双方同意以原条件继续履行劳动合同。据此，本案中，作为用人单位的公司应当按照原劳动合同所约定的每月 3 000 元标准向小王支付工资。

3. 小王和公司所签订的劳动合同中没有规定养老保险投保和缴费事宜，但由于为员工缴纳养老保险费是用人单位的法定义务。因此，公司应该履行为小王投保和缴费的义务。在合同有效期内和事实劳动关系状态下，公司都负有此种义务，小王可以要求公司为其缴纳养老保险费。

在线练习

第二章　劳动者与劳动权

【本章引例】

小王大学毕业后，受聘于一家银行，签订了书面劳动合同。在工作的一年中，单位经常安排小王加班，但没有支付额外的报酬，而且小王后来发现自己的养老保险手续也没有办理。小王认为自己的权益受到了侵犯，于是向单位工会咨询和投诉。工会负责人员却说小王尚没有缴纳工会会费，工会无法提供帮助。

请问：

1. 该银行的做法侵害了小王的什么权利?
2. 小王可以怎样维权?
3. 该单位工会负责人员的说法是否成立?

【本章学习目标】

1. 把握劳动者的概念、特征和类型；
2. 掌握劳动资格的构成要件；
3. 认知劳动权的概念、性质和类型；
4. 掌握我国劳动权的内容构造；
5. 树立正确的劳动权义观；
6. 培养依法维权的意识和能力。

第一节　劳动者概述

一、劳动者的概念和特征

(一) 劳动者的概念

所谓劳动者，一般泛指全体公民，包括工人、农民、知识分子、军人等。在劳动法上，劳动者的概念有特定的含义，是指具有劳动资格，可以从事职业劳动的自然人。这里的劳动资格由三个条件构成：劳动年龄、劳动能力、人身自由。这里的自然人绝大多数都是具有我国国籍的公民，除此之外还包括在中国就业的外国人和无国籍人。外国人在中国就业工作应当依法（《外国人在中国就业管理规定》）获取就业许可证书（聘用单位办理）和就业证（外国人持有），同时也应受到中国劳动法的保护（如在工资、工作时间、劳动保护等方面）。但是由于他们不是中国公民，除已在中国长期定居的以外，中国政府也没有促进外国人就业和为外国人提供社会保障的义务。对我国公民而言，只要具有劳动资格，就可以从事职业劳动，即成为劳动者。劳动者不限于已经缔结劳动合同确立劳动法律关系的人，尚未就业者或自谋职业（如从事个体经营）者都不妨碍其获得劳动者这个法律角色及称谓。

（二）劳动者的特征

劳动者作为一个重要的法律角色具有以下特征：

（1）劳动者是劳动法上特定的主体概念，是劳动法法律关系的重要主体，是劳动法保护的对象。劳动者是自然人，是劳动实践的主体，劳动力与劳动权则是劳动者所具有的一种能力和权益。劳动力是蕴含于劳动者身上的一种创造性的能力和资源；劳动权是劳动者所享有的人权。没有独立的劳动者，就没有劳动力和劳动权，也就没有劳动法的制度体系。劳动者是劳动法律关系的主体之一，而且是最重要的主体，没有劳动者这一主体，职业劳动法律关系就无从产生。

（2）劳动者是自然人在社会上扮演的一种法律角色。扮演这种法律角色是劳动者得以谋生和实现个人社会价值的必要途径。自然人只有成为劳动者，才能参加社会职业劳动，才能获得劳动报酬，才能为社会作出贡献。同为法律角色，劳动者与消费者有着不同之处：消费者角色与生命合一，人只要活着，就必须消费，就得扮演消费者角色；劳动者角色只是自然人在生命周期中的一段时间（适龄劳动期）内所扮演的角色，自然人不达到一定年龄、不具有一定劳动能力和人身自由，就不能成为劳动者。

（3）劳动者是一个总括概念。它包括本国公民、外国人和无国籍人；它涵盖就业人员和非就业（失业）人员；它包括单位职工，也包括个体劳动人员；它包括男性劳动者，也包括女性劳动者。

二、劳动者的分类

（一）按照性别分类

劳动者按照性别可分为男性劳动者和女性劳动者。对于已经建立劳动法律关系的劳动者，此种分类具体化为男职工和女职工。按性别对劳动者进行分类的意义在于：在就业和工资等方面，要坚持男女平等、同工同酬的原则；在劳动保护方面，要给予女职工以不同于男职工的特殊保护。在劳动法上，出于保护女职工身心健康的考虑，对女职工所从事的工作范围有所限制是非常必要的，这已成为世界各国保护女职工的立法通例。但要掌握好尺度，不能限制过度，否则容易导致歧视女职工的负面效应。

（二）按照拥有和使用的劳动力的类型分类

劳动者按照拥有和使用的劳动力的类型可分为体力劳动者和脑力劳动者。主要拥有或使用体力的劳动者，是体力劳动者；主要拥有或使用脑力（智力）的劳动者，是脑力劳动者。因为体力与脑力难以截然分开，所以体力劳动者和脑力劳动者的划分也是相对而言的。在西方国家，体力劳动者一般称为“蓝领”雇员（工人）；脑力劳动者一般称为“白领”雇员（职员）。划分体力劳动者与脑力劳动者的意义在于：社会的发展离不开体力劳动者，也离不开脑力劳动者，但在当代社会，决定和推动国家经济社会发展的关键因素在于脑力劳动者。所以必须改变以往的人才观念，要特别重视和培养脑力劳动者；体力劳动和脑力劳动在工资待遇上要合理化。我国曾长期存在的“脑体倒挂”的现象正在日渐改变，高级人才流失和浪费的现象也在发生改变。全社会要形成一种尊重知识、尊重人才、尊重劳动的环境和氛围。总之，在脑力劳动者（人才）的培养、流动、聘用、工资待遇等方面要形成合理有效的制度。

（三）按照是否就业分类

劳动者按照是否就业可分为就业劳动者和非就业劳动者。非就业劳动者即失业者，又可分为自愿失业者和非自愿失业者。这种划分的意义在于：对于就业的劳动者要在各方面加强劳动保护，确保其各项劳动权利得以充分实现；对于失业者，要给予失业救济，更为重要的是要通过广开就业渠道、强化职业培训和职业介绍，积极促进其实现就业。减少失业、实现充分就业是我国就业工作的目标和施政内容。

（四）按照是否需要给予特殊照顾和保护分类

劳动者按照是否需要给予特殊照顾和保护可分为一般劳动者和特殊劳动者。特殊劳动者包括女性劳动者、未成年劳动者和残疾劳动者。对女性劳动者、未成年劳动者在就业条件、工资待遇等方面要同一般劳动者平等对待，而在劳动保护等方面要给予特殊的法律关照。对于残疾劳动者，在就业机会、工资待遇等方面要加强法律保障，以促进残疾人就业。

第二节　劳动者的劳动资格

自然人只有具备劳动资格，才能参加社会职业劳动，才能被称为劳动者。劳动资格是法律通过衡量自然人的具体情况而赋予的一种法律资格。要获得这个法律资格，必须同时符合以下条件：达到法定就业年龄、具有劳动能力、具有人身自由。

一、劳动年龄

劳动年龄是劳动者可以从事职业劳动的年龄，包括就业年龄、退休年龄。一般说来，劳动年龄始于就业年龄，终于退休年龄。但有两种特殊情况应该除外：一种情形是没有达到就业年龄，需要从事文艺、体育和特种工艺活动的人，法律赋予其准劳动资格，但用人单位必须遵守国家有关规定，并保障具有准劳动资格的未成年人接受义务教育的权利。另一种情形是达到退休年龄，但是身体尚好，具有劳动能力，被单位返聘或应聘到其他单位继续工作，即退休再就业。这种情况对社会并无不利，而且对于老年人发挥余热为社会作贡献和增加收入、开发老年人力资源、提高老年人生活水平都有益处，所以法律不应予以否定。据此，法律应该赋予达到退休年龄，但仍有劳动能力和劳动意愿的退休人员以劳动资格。可见，把退休年龄作为劳动年龄的结束时间并不完全合理。实际上，退休年龄是劳动者享受养老保险待遇的起始时间。劳动者在达到退休年龄后仍可延续其劳动年龄，直到其丧失劳动能力时为止。这样，既有利于鼓励老年人参加社会劳动，也便于在适当时期调整退休年龄。事实上，我国正在推行渐进性迟延退休年龄政策，并且以此为核心谋求退休制度的整体改革和立法完善。

从各国法律规定来看，劳动就业年龄一般规定在14周岁至16周岁之间。我国确立为16周岁，这是比较合理的规定。在我国，16周岁为最低就业年龄，达到16周岁但未达到18周岁的劳动者属于未成年工，其劳动资格受到一定限制，法律禁止安排未成年工从事一些对其身体健康不利的工作。我国的退休年龄，除一些特殊情形（国家领导人、资深教授、博导，或提前退休）外，一般为60周岁，其中，女工人50周岁，男工人55周岁。退休年龄并非不能根据需要而适当加以调整。从现实需要来看，基于人口结构的变化和人口老龄化的现实，我国的退休年龄特别是高级脑力劳动者的退休年龄应适度延长，而且宜于按照一定年龄可退（退休权利）和一定年龄必退（退休义务）的弹性区间进行退休制度改革。

参考案例 2-1

某公司雇用了一批刚年满17周岁的高中毕业生，后被告知录用未成年人违法，风险太大，公司就想将这些人集体解聘。

——我国法定最低就业年龄是16周岁，该公司雇用年满17周岁的未成年人并不违法，但是这些高中毕业生属于未满18周岁的未成年工，公司应该依法为这些未成年工提供特殊保护。

二、劳动能力

劳动能力是劳动者所拥有的体力和脑力（智力）的总和。劳动能力的有无及程度通常可以根据劳动者的身体健康状况和精神健康状况来判断和确定。一般说来，如果劳动者身体和精神都很健康，就具有完全的劳动能力；如果劳动者的身体有障碍或精神有欠缺，就可能具有部分劳动能力或完全没有劳动能力。劳动能力是劳动者获得劳动资格的根据。是否具有劳动能力是劳动者自身的客观事实，但是对劳动能力有无、大小状况的评价却具有一定的主观性。对劳动者劳动能力的评价要依法定标准进行，如评定伤残等级和鉴定精神疾病等。法律对劳动者的劳动能力进行评估以后决定是否赋予其劳动资格。不管是否达到退休年龄，劳动者劳动能力的丧失，必然导致劳动资格的消失。但劳动能力丧失后有时可以恢复，所以失去的劳动资格还有可能重新获得。某些特殊的工作需要特殊的体力和脑力，不具有这些特殊的体力和脑力的劳动者就不具备从事这些工作的劳动资格。可见，劳动资格有一般劳动资格与特殊劳动资格之分。一般劳动资格可普遍享有，特殊劳动资格只能为一部分人所享有，如危险作业资格、矿山井下作业资格等。法律规定，女职工和未成年工不得从事某些工作，实际上就是不赋予其某些特殊劳动资格。但在性质上，这种规定不是职业区隔和就业歧视，而是法律基于女职工和未成年工的特殊身体和生理状况所提供的一种特殊保护。

三、人身自由

自然人要获得劳动资格，除达到法定就业年龄、具有劳动能力之外，还必须具有人身自由。没有人身自由，就不能从事职业劳动。因为在现代社会，参加职业劳动应该是劳动者的自由选择，履行岗位职责尽管是义务性要求，但也应该是自愿而非强迫的。反强迫劳动是现代立法的基本态度。在我国宪法上，劳动既是权利也是义务，但不管是权利还是义务都应该是指自由的劳动。劳动者一旦被剥夺或者被限制了人身自由，其职业劳动资格就会丧失，劳动法律关系就没有存在的前提和必要了。按照我国现行劳动立法的规定，劳动者被依法追究刑事责任的，用人单位可以解除或终止劳动法律关系。其法律根据就是，劳动者已不具有人身自由，已无法从事职业劳动，劳动法律关系的存在已经形式化和形骸化，失去了现实意义。但就立法目的而言，该项规定中的“被追究刑事责任”的情形应该被限缩解释为被追究了除管制、缓刑以外的几种实刑（拘役、有期徒刑、无期徒刑和死刑）的情形。

参考案例 2-2

张某因涉嫌犯罪被公安机关刑事拘留，后经检察机关批捕，法院审理后被宣告无罪。单位基于张某被刑事拘留的事实解除了与他的劳动关系。张某不服，被释放后要求回单位上班。

——本例中，单位的做法不合法。因为张某最终经法院审理没有被认定为犯罪，更不存在被追究刑事责任的情形，单位据此终止劳动关系于法无据。

第三节 劳动权的概念、性质和类型

一、劳动权的概念

“劳动权”这一概念在使用上较为混乱，有时仅指工作权，有时指工作权和劳动报酬权，有时又泛指所有劳动权利。科学认识劳动权的概念，可从广义和狭义两个角度来界定。狭义的劳动权是指获得和选择工作岗位的权利，其与工作权或就业权同义。具体来说，狭义的劳动权是宪法赋予公民的获得有偿职业劳动机会的基本权利，即劳动机会保障权，其内容包括就业权（职业获得权、平等就业权）和择业权。狭义的劳动权意味着公民具有以劳动谋生并要求国家和社会为其提供就业机会的权利。广义的劳动权是指劳动者依据国家法律所获得的全部角色权益。在广义的劳动权概念中，有些权利是由宪法直接加以规定的，称为劳动基本权。在我国，劳动基本权包括工作权、休息权、获得物质帮助权等。日本劳动基本权的概念指宪法规定的团结权、团体交涉权和团体行动权（争议权）。

日本和德国都有劳动权的概念，不过含义有所不同。日本劳动权的概念基本上是在狭义上使用的，是指获得劳动机会和职业选择的自由，又细分为请求权的劳动权和既得权的劳动权。前者的功能是请求国家提供就业机会以实现就业，所以称为积极的劳动权；后者的功能是限制雇主的解雇自由，使就业的劳动者能够对抗雇主的无理解雇（解雇权滥用）行为，所以可称为消极的劳动权。随着雇佣保障立法的发展，劳动权的内容也得以扩展，如获得就业保障和生活保障的权利、获得职业培训的权利、知悉就业情报的权利和劳动者团体参与制定就业政策的权利等，已成为劳动权的构成部分，成为就业权和择业权具体化的权利。不过这些权利到底是劳动权本身还是劳动权的保障权，则值得加以进一步探讨。德国劳动权的概念一般是在广义上使用的，内容包括请求就业机会的权利，请求合理劳动对价（劳动报酬）的权利，有关自由时间和休养的权利，有关经营卫生的权利，因疾病、残疾、年老而获得补偿的权利等。

二、劳动权的性质

（一）劳动权是由宪法和劳动法所规定和保障的权利

由宪法所直接规定的劳动权为劳动基本权。由于各国宪法规定上的差异，劳动基本权的内容不尽相同，但都包含狭义的劳动权，即工作权。劳动法是规定和保障劳动权的主要法律依据，多数劳动权是通过劳动法来宣言和保障的。即便是劳动基本权，也必须通过劳动立法加以具体化，才能保障其实现。

（二）劳动权是生存权也是发展权

生存是人类的第一公理，人类一切权利的享有都以获得生存为前提，生存权是人最基本的权利。劳动权包括工作权、获得报酬权、职业安全权、社会保障权，这些权利都具有一个共同的功能，使劳动者的生命和生活得到保障。劳动者不仅能够健康地生存，也能有保障地生活，这是劳动权的生存理念。发展同样是人类的需求，是人类社会不可逆转的潮流。不发展，人类就不会进步；不发展，就不会创造出日益辉煌的人类文明。人的发展应该是全面的、突出质量的发展。人的发展需要诸多条件：人格独立、行为自由、时间保证、经济支持、社会促进。在这些方面，劳动权都予以保障，尤其是在时间、经济和社会促进方面，劳动权的保障功能更为突出。劳动权包括休息权、报酬权、培训权。休息权为劳动者的全面发展提供可以自由支配的闲暇时间。劳动者获得了工作时间以外的可自由支配的时间，才能从事工作以外的其他活动，才能全面锻炼和提升自己。报酬权为劳动者的全面发展提供经济支持。劳动者有了可靠的经济收入，才能买书、进修、旅游、社交，才能提高各种素质。培训权为劳动者提高职业素质提供一种社会途径。劳动者接受培训是权利，也是义务。劳动者接受系统的职业培训有助于提升职业素质和技能从而扩大择业面和提高劳动效率。总之，确保劳动者获得全面发展的机会和条件，是劳动权的发展理念。

（三）劳动权是一种综合权利，涉及人权的各个层次

人权是指每个人都享有或都应该享有的权利。一般说来，人权概念是由人道和权利这两个概念构成的，是二者的融合。人权的内容层次与人权概念一样，都是一个争议很大的问题。人权内容可以从不同角度进行划分归类。一种划分方式是把人权划分为三个层次：人身方面的权利、财产或经济方面的权利、政治和文化方面的权利。从劳动权的内容构成来看，劳动权涉及人权的所有层次。属于人身方面的权利有职业安全权、自由择业权、休息权；属于财产或经济方面的权利有报酬权、福利权和社会保险权；属于政治和文化方面的权利有结社权、培训权、民主管理权。可见，劳动权既是人身权，也是财产权，同时也是政治参与的权利。发展劳动权必须从人身、财产、政治参与这三个方面作出努力。

三、劳动权的类型

劳动权可以基于不同标准进行分类，按照形态、可诉性和启动机制的标准分类如下。

（一）按照形态分类

按照形态，劳动权可分为应然劳动权、法定劳动权和实有劳动权。应然劳动权是人们脑海中的理想化的劳动权形态；法定劳动权是为法律规范所明确规定的劳动权形态；实有劳动权是已为劳动者所现实拥有和实现的劳动权形态。劳动权的三种形态相互联系，依次转化。劳动权的应然形态是法定形态的前提，法定形态是应然形态的转化结果。劳动权由应然形态向法定形态转化的外在表现是劳动立法的过程。劳动权的法定形态是实有形态的前提，实有形态是法定形态的转化结果。劳动权由法定形态向实有形态转化的外在表现是劳动法实施的过程。不管人们是否认识到，劳动权的三种形态都客观存在。在这三种形态中，劳动权的法定形态是核心。在劳动法上，若没有特殊说明，劳动权通常都是指法定劳动权。

（二）按照可诉性分类

按照可诉性，劳动权可分为可诉劳动权和不可诉劳动权。劳动权是一个包含多种具体权利的权利集合。这些权利在根据、性质和功能等诸多方面是一致的，所以能够涵摄于劳动权范畴之内。但是，劳动权范畴中的各种权利也存在一些不同之处，有的可以据其提起诉讼，有的则不能提起诉讼。某种劳动权利之所以不能提起诉讼，主要是因为其义务主体是国家或社会，义务的履行受制于社会诸多因素而无法不折不扣地履行，只能创造条件尽最大努力来促其履行。因此，这种义务履行不能就在所难免，与这些义务相对应的权利在没有实现的情况下就无法起诉国家或社会组织。不过，这些不可诉的劳动权在没有获得实现的情况下，国家和社会应该给予劳动者一定的经济上的救济。如劳动者因没有劳动机会而失业，其就业权利落空，劳动者虽不能对国家提起诉讼，但有权从国家获得失业救济金（失业保险金）。倘若劳动者已实现就业，但被用人单位无理解雇，劳动者已获得的就业权被侵犯，劳动者可以就此对用人单位申请劳动仲裁或者提起诉讼。

（三）按照享有主体和启动机制分类

按照享有主体和启动机制，劳动权可分为个体劳动权与集体劳动权。个体劳动权是指劳动者个体享有、个体行使的权利；集体劳动权是指劳动者个体享有但需团体行使的权利，如结社权、集体协商权等。

第四节　我国劳动权的内容构造

我国劳动权由以下 11 项权利内容所构成。

一、工作权

工作权即狭义的劳动权，内容包括职业获得权、平等就业权、自主择业权。职业获得权是指请求国家提供就业机会的权利。平等就业权是指平等地获得就业机会的权利。平等是就业权实现的一种要求，即在就业机会的获得方面，劳动者不因性别、年龄、种族等人的自然差别而受歧视，就业机会面前一律平等。自主择业权是指劳动者可以自主选择职业的权利，包括是否从事职业劳动、从事何种职业劳动、何时从事职业劳动、进入哪一个用人单位工作等方面的选择权。劳动者享有自主择业权是劳动者人格独立和意志自由的法律表现。法律规定劳动者享有自主择业权，也就否定了劳动者就业的行政安置（转业军人就业安置除外）和各种强迫劳动现象。

二、报酬权

报酬权即取得劳动报酬的权利，内容包括报酬请求权和报酬支配权。这里的“报酬”包括工资（狭义报酬）、奖金和津贴。报酬请求权是指劳动者付出了职业劳动之后请求用人单位支付劳动报酬的权利。报酬请求权在性质上是一种债权，不过与一般的债权不同，报酬请求权具有法定优先性。报酬支配权是指劳动者独立支配自己劳动报酬的权利。报酬支配权具有物权的属性，劳动者可以据此维护自己劳动报酬的完整性，使其不受侵犯。用人单位在劳动者完成了本职工作任务后，不及时、足额、直接支付劳动报酬时，劳动者可以行使报酬请求权，要求用人单位予以支付。用人单位在合理的期限内没有支付的，劳动者可以在仲裁时效期限内申请仲裁，对仲裁裁决不服，符合诉讼条件的，可以向人民法院提起诉讼，通过司法救济维护自己的报酬权不受侵犯。

司法案例 1：劳动报酬（奖金）纠纷案

三、休息权

休息权即获得休息、休假时间的权利，包括休息权（狭义）和休假权。休息权是宪法规定的基本劳动权，是劳动者得以恢复劳动力，实现个人全面发展的权利。休息与工作有统一的一面，也有矛盾的一面。休息有助于更好地工作，但工作时间的延长，必然影响劳动者的休息，所以限制加班加点就成为法律保障休息权的重要措施。只有充分实现休息权，才能厘定工作与生活的边界，实现二者的协调与平衡。近些年来，随着数字化和网络化的普及和发展，工作无界化现象日益凸显，劳动者休息权被侵害的情形增多。在此背景下，“离线权”作为休息权的一项拓展权能被提出和证成，极大地丰盈了休息权的内涵与意蕴，凸显了其应对现实劳动生活变容的回应性和能动性。

四、职业安全权

职业安全权是指劳动者在职业劳动中人身安全和健康获得保障、免遭职业危害的权利。任何职业都有一定的职业危险，避免或减少这些危险、保障劳动者的职业安全是劳动法的一项神圣的使命。劳动者享有职业安全权，可以要求国家制定劳动保护法律法规，建立劳动安全卫生规程和标准，加强劳动保护监察工作；可以要求用人单位建立、健全劳动安全卫生制度，严格执行国家劳动安全卫生规程和标准，对劳动者进行劳动安全卫生教育，防止劳动过程中发生事故，减少职业危害。劳动者的职业安全权还应涵括拒绝劳动的权利。当用人单位不提供安全卫生的劳动环境和劳动条件时，或者用人单位强令冒险违章作业时，劳动者可以拒绝从事劳动。从发展来看，职业安全权的法益应拓展涵括劳动者的精神健康法益。

五、职业培训权

职业培训权是指劳动者获得职业训练和教育的权利。职业培训权的义务主体是国家、社会和用人单位。劳动者享有职业培训权，获得职业培训，提高职业技能，不仅为其个人选择职业和胜任工作创造了条件，同时也有助于提高社会整体的技术水平，促进社会生产力的发展，实现经济的高质量发展和国家人才强国战略。

六、社会保障权

作为广义劳动权体系构成的社会保障权仅指劳动者获得社会保险和福利的权利。社会保障权保障劳动者在生、老、病、死、伤残、失业等劳动风险发生时，从国家和社会获得一定的物质补偿和帮助以维持生活。福利是生活上的利益，特指对职工在食宿、医疗等方面的照顾。劳动者的福利包括社会福利和单位福利。为了保障和实现劳动者的福利权，国家要切实发展社会福利事业，兴建社会公共福利设施，为劳动者休息、休养和疗养提供条件；用人单位应当创造条件，改善集体福利，提高劳动者的福利待遇。

七、结社权

结社权是指劳动者参加和组织工会的权利。结社权是法律赋予劳动者的通过团结来改变个体弱者地位的自救手段。通过参加和组织工会，劳动者由分散走向团结，由弱小走向强大。结社权在一定意义上是劳动者充分实现其他劳动权利的一个保障。正因为如此，在有些国家（如日本），结社权由宪法来确认，使之成为一项重要的劳动基本权。

八、集体协商权

集体协商权是指劳动者可以通过其集体与用人单位就劳动标准和劳动条件进行商谈，签订集体合同的权利。劳动者集体协商的权利通常由其工会组织或劳动者推举的代表代为行使。通过集体协商，劳动者可以争取优于劳动基准法的劳动标准和条件，为劳动合同的订立提供依据和标准。

九、民主管理权

民主管理权是指劳动者可以对本单位的生产经营管理工作进行监督和提出建议的权利。在国有企业和集体企业，职工行使民主管理权有坚实的经济和组织基础。劳动者通过职工代表大会或职工大会的形式，行使民主管理的权利。在非公有制企业中，劳动者是否享有民主管理权利，其基础何在？这是一个有争议的问题。由于企业的管理和决策直接影响劳动者的利益得失，因此，出于保障和实现劳动者权利的目的，法律应该赋予非公有制企业中的劳动者以民主管理的权利。不过，对民主管理权利的范围和力度应该加以一定的限制，不能影响和妨碍企业自主经营权的行使。现如今出现了一种值得注意的现象：许多企业通过实现“劳者有其股”或通过具有一定整合性的企业文化的建设，以及融入人文主义精神的现代公司治理结构，来扩大职工民主管理和民主参与的渠道。应然来看，劳动者的民主管理权应该成为劳动者的一项普遍的权利。

十、劳动争议权

劳动争议权是指劳动者能够采取一定手段和途径进行劳动争议和提请劳动争议处理的权利。劳动争议权主要包括采取团体行动的权利和申请调解、仲裁和提起诉讼的权利。采取团体行动的权利包括罢工、集体抵制和纠察，其中罢工是最基本的团体行动形式。我国法律没有确立罢工权，罢工权尚未成为一项法定权利。从发展来看，应该有条件地确认劳动者的罢工权，可以考虑通过宪法、劳动法等赋予罢工权，但要对其行使进行必要的限制。

十一、特殊劳动权

特殊劳动权是指劳动者依法享有的实现某些特殊目的的角色权能，其与一般劳动权的某些权利类型相关联，但又难以直接归类于某一项劳动权类型之中，故宜于将其作为一种特殊类型加以认知和把握。特殊劳动权主要有劳动者的知情权、拒绝权、优先权、解除权、退休权、信息权、隐私权、尊严权等。

参考案例2-3

小张即将大学毕业，一直在找工作。在参加一家公司的招聘会时，小张想了解公司的经营业绩和员工福利情况，也想了解公司董事长的爱好和人品，但均被公司负责招聘的人员拒绝。

——小张在就业应聘过程中享有知情权，但是该知情权是有限度的，仅限于与订立劳动合同相关的事项。在小张能够知情的范围内，公司才负有告知的义务。本案中，公司的经营业绩和员工福利情况属于能够告知的内容，而董事长的爱好和人品则不属于应告知的范围。

第五节　劳动权的宣言与实现

一、劳动权的宣言

劳动权的宣言即宪法或劳动法宣示劳动者享有某项权利，实际就是法律向社会公开宣布劳动者所享有的法定权利的名称、类型及水平。劳动权宣言使劳动权从应然形态转化为法定形态。宣言劳动权是劳动立法的使命，劳动法的核心功能就是要宣言劳动权进而保障劳动权的实现。为此，劳动法制度结构，也都是按照劳动权的内容及其保障需要而安排设计的。

劳动权宣言包括劳动权类型宣言和劳动权标准宣言。劳动权类型宣言，是指劳动法宣言劳动者享有哪些劳动权，即劳动权种类和名称宣言；劳动权标准宣言是指劳动法宣言劳动者享有某项劳动权的具体内容和水准，即劳动权水平宣言。劳动权类型宣言状况与国家的政治、经济和社会发展水平以及文化传统密切相关，到底应当宣言哪些劳动权以及宣言到什么程度，都深受这些客观因素的制约和影响。因此，各国劳动权的种类是有差别的，不可能完全一致。不过，随着全球化和世界经济一体化的进程加速，国家之间的文化沟通与交流越来越深入，法治建设的相互学习与借鉴日益频繁，各国劳动权种类上的差异也日益缩小。劳动权水平宣言主要受经济发展水平的制约，不能不考虑支撑劳动权实现的社会物质条件这一重要因素。超越生产力的发展水平盲目地提高权利标准，劳动权最终也难以实现，如此一来，劳动者不是受益而是受骗。因为权利永远不能超出社会经济结构以及由经济结构所制约的社会文化发展。由于当今世界各国经济发展不平衡，发达国家和发展中国家的经济发展水平差距很大，劳动权的水平宣言必然呈现较大的差距。发展中国家应该不懈发展生产力，为提高劳动权的标准创造物质条件。

在推动劳动权宣言的力量中，除了工人运动及其诉求，国际劳动立法的指导和规范作用也不容忽视。国际劳工标准为成员方确立了劳动权的最低保障标准，有助于推动各成员方不断提高劳动权的保障水平。

二、劳动权的实现

宣言劳动权，其目的是实现劳动权，不是炫耀和摆设。权利宣言只是手段，实现权利才是目的。实现劳动权，就是使劳动者实际获取劳动权中所蕴含的利益（法益）。只有实现劳动权，劳动权的价值才能实现，劳动者才能享受蕴含于其中的法定利益。劳动权的实现过程与劳动法的实施过程是一致的，二者为表里关系。各方主体推动劳动法实施的过程，其实质就是促进劳动权实现的过程。实现劳动权必须促进劳动法的实施。

促进劳动权的实现必须创造和完备一些条件。

（一）主体权利意识

劳动权是劳动者的劳动权，劳动权的实现程度受限于劳动者的素质及主观努力程度。劳动者的权利观念和法律意识，直接决定着劳动权的实现状况。劳动者只有认知自己的劳动权，珍视自己的劳动权，并勇于为权利而斗争，才能充分实现劳动权。

（二）社会经济发展

劳动权同其他权利一样，其实现需要有坚实的物质基础作保障。没有经济的发展、社会财富的增长、物质条件的充盈，劳动权就难以充分实现甚至容易落空。同时，经济的发展也会激发和提升劳动者的权利诉求，强化权利实现的主观需求和动力。

（三）公共权力保障

劳动权相对于国家权力而言，是劳动者所享有的权利。劳动权的实现不仅需要国家权力积极予以保障，更需要国家提供消极保障机制，以确保劳动权遭到侵犯或实现受阻时，公共权力能够提供及时、有力、低成本的救济。公共权力是劳动权实现的必要而坚强的后盾。

同时必须强调，某些劳动权的实现，必须以劳动者依法依约履行劳动义务为前提，劳动者不能一味强调享有和实现劳动权而忽视履行相应的劳动义务。劳动者应该树立起权利和义务相统一的正确权义观。例如，某员工没有按照劳动合同约定履行劳动义务，没能完成本职工作任务，就不能请求用人单位支付相应的工资报酬。

【引例评析】

1. 单位的做法违反了工资、休息和社会保险等劳动基准立法的规定，侵犯了小王的休息权、报酬权和社会保险权。

2. 小王可以向单位要求停止强制加班、支付延长工作时间的工资报酬、依法为其办理社会保险相关手续并缴费。如果诉求无法实现，小王可以依法申请劳动仲裁。

3. 该单位工会负责人员的说法不成立。因为小王依法享有结社权，只要加入工会，工会就应该依法维护小王的合法权益。是否缴纳会费是另外一个问题，不影响工会的法定职责和对小王的维权义务。

【本章小结】

1. 劳动者是指具有劳动资格，可以从事职业劳动的自然人。劳动资格由三个条件构成：劳动年龄、劳动能力、人身自由。

2. 劳动者是劳动法上的特定概念，是劳动法法律关系的重要主体，是劳动法保护的对象。劳动者是自然人在社会上扮演的一种法律角色。扮演这种法律角色是劳动者得以谋生和实现个人社会价值的必要途径。自然人只有成为劳动者，才能参加社会职业劳动，才能获得劳动报酬，才能为社会作出贡献。

3. 劳动权的概念可从广义和狭义两个角度来界定。狭义的劳动权是指获得和选择工作岗位的权利；广义的劳动权是指劳动者依据国家法律所获得的全部角色权益。

4. 我国劳动权的内容包括工作权、报酬权、休息权、职业安全权、职业培训权、民主管理权、结社权、集体协商权、社会保障权、劳动争议权、特殊劳动权等。

5. 劳动权的宣言即宪法或劳动法确认劳动者享有某项权利，实际就是法律向社会公开宣布劳动者所享有的法定权利名称、类型及其水平。实现劳动权，就是使劳动者实际获取劳动权中所蕴含的利益（法益）。只有实现劳动权，劳动权的价值才能实现，劳动者才能享受蕴含于其中的法定利益。劳动权的实现须具备主体权利意识、社会经济发展、公共权力保障三大条件。

【练习题】

一、名词解释

劳动者　劳动年龄　劳动权　工作权　报酬权　休息权　职业安全权　民主管理权

二、问答题

1. 劳动者的概念和特征如何？
2. 劳动资格由哪些条件构成？
3. 劳动权的概念和特征如何？
4. 我国劳动权的内容有哪些？
5. 劳动权宣言与实现是什么关系？

三、案例分析题

小李 17 周岁时受雇于一家企业，该企业没有与小李签订书面劳动合同，理由是小李尚未成年，待其成年后再签订书面劳动合同。工作期间该企业拖欠小李工资 2 万多元。小李 18 周岁以后，该企业与其签订了书面劳动合同，但一直未给小李办理养老保险等社保手续。

问题：

1. 企业的理由和说法是否成立？

2. 小李能否向该企业索要工资？

3. 小李能否要求该企业为其办理养老保险等社保投保手续和履行缴费义务？

分析要点提示：

1. 该企业的理由和说法不成立，小李虽然未满 18 周岁，尚未成年，但他已年满 16 周岁，达到法定最低就业年龄，可以就业。该企业应该依法与小李签订书面劳动合同。小李属于未成年工，依法应该受到法律的特殊保护。

2. 该企业虽然未与小李订立书面劳动合同，但存在事实劳动关系，仍然受劳动法调整。小李享有劳动报酬权，企业拖欠工资的行为侵犯了小李的劳动报酬权，小李可以依法索要工资。

3. 该企业与小李之间存在劳动关系，有义务为小李办理养老保险等投保手续和缴费。该企业未履行该法定义务，侵犯了小李依法享有的社会保险权，小李可就此依法维权，要求该企业为其办理养老保险等社保投保手续和履行缴费义务。

在线练习

第三章　劳动力与劳动力市场

【本章引例】

王某大学毕业后没能及时找到工作，个人档案放在人才市场，并在人才市场登记求职。经过一段时间王某仍没有找到工作，于是他找到该人才市场的负责人进行理论。负责人告知，人才市场只是中介组织，负责介绍就业但不能保证就业。王某不接受，想依法维权。

请问：

1. 人才市场的说法是否成立？
2. 王某与人才市场之间的关系是否为劳动关系？

【本章学习目标】

1. 了解劳动力的概念和特点；
2. 把握劳动力商品的特殊性；
3. 认知劳动力市场的概念和特征；
4. 掌握劳动力市场法律规制的具体措施；
5. 培养正确的劳动力人才竞争观念。

第一节　劳动力的概念与特点

一、劳动力的概念

劳动力是蕴含于劳动者体内的创造力，是人的一种能力。劳动力是一种重要的经济资源，也称为劳动力资源、人力资源等。劳动力不是劳动者，不能混淆二者的本末关系，抹杀劳动法律关系主客体的界限。劳动者是劳动法律关系的主体，而劳动力则是劳动法律关系的客体。诚然，劳动力不能完全脱离劳动者而存在，因为离开劳动者这个生物载体，劳动力无从依存也无法展现。同时，劳动者因为拥有劳动力这种创造性能力，才能够实现个人的社会价值。劳动力资源的使用、流动和配置，外观上也表现为劳动者的使用、流动和配置。但是，劳动力毕竟只是人的一种能力，并非人之本体。所以，在承认劳动力与劳动者具有密切关系的前提下，有必要严格划定劳动力与劳动者的概念界限。

劳动力作为一种人力资源，由四个部分构成：体力、智力、知识、技能。体力是人与生俱来的一种机械性、物理性力量，只有大小强弱之分，相对于生命之存在，一般不存在有无之差别（植物人等除外）。体力的大小与体质健康状况成正比，体质越好，体力越大。智力是人脑的精神活动能力。知识和技能也都是通过脑力活动来获得、存留和释放的。所以，智力、知识和技能可以统称为脑力。简而言之，劳动力资源就是由体力与脑力构成的。马克思说："我们把劳动力或劳动能力，理解为一个人的身体即活的人体中存在的、每当他生产某种使用价值时就运用的体力和智力的总和。"① 任何劳动过程都是体力与脑力的释放过程，不同的劳动对象与劳动任务对体力与脑力的组合状态和释放程度的需求不同，因此形成了体力劳动与脑力劳动的外化差别和类型化区分。尽管体力劳动侧重于体力，脑力劳动侧重于脑力，但不能认为体力劳动可以完全排除脑力的成分，脑力劳动也不需要消耗一定的体力。体力的生成和增强都需要消耗生活资料，付出物质性成本；而脑力的提高在付出物质性成本的基础上，还需要付出教育和培训的成本。由于脑力的获得和提高往往比体力的生成与增强付出的成本要高，因此，脑力的价值量一般也要高于体力的价值量。

二、劳动力的特点

劳动力作为一种人力资源，与其他物质资源相比，具有以下特点。

（一）生物性

劳动力存在于人体之中，是一种"活的"资源，并与人的生命周期和自然生理特征相联系。离开人体这个储存载体和生命依托，劳动力就无从产生，无法存续。

（二）创造性

劳动力是人的一种能力。人具有主体能动性，能够利用自己的理性和能力（劳动力）从事有目的的活动，创造出物质财富和精神财富。正因为劳动力具有创造性，具有价值和使用价值，需要通过劳动力和人才市场进行有效配置，其交易性和竞争性就在所难免。每一位劳动者要想在劳动力市场或者人才市场中获取有利地位，身处"卖方市场"的交易环境，就必须努力提升自己的素质和能力，使自己的劳动力具有更大的不可替代性。为此，劳动者的专业学习、职业培训和技能训练往往就成为必不可少的能力提升与成才之路径。

（三）时效性

人力资源的形成、开发、利用都具有时效性。从个体角度看，作为生物有机体的人有其生命周期，在人的不同生命时期，劳动力的质与量都是不同的。一般来说，劳动力的黄金时期，是人生命周期的中间阶段，即劳动适龄阶段。从社会角度看，劳动力的培养、开发和利用，体现或受制于一定的时效性。劳动力在使用上的时效性尤为明显。劳动力形成后不使用即为浪费，劳动力不能静止累积和储存，相反却能伴随适度使用而不

① 马克思．资本论（纪念版）：第一卷．北京：人民出版社，2018：195.

断再生和增强。所以，对于劳动力资源，应当在确保人权和符合伦理的基础上充分利用、合理配置。

（四）再生性

资源有可再生资源和不可再生资源之分。劳动力资源属于可再生资源。但劳动力资源与其他可再生的物质性资源也有所不同。劳动力资源的再生是通过人类自身的再生产（人口更生）和劳动力的再生产两种途径实现的。劳动力再生的过程具有往复性，劳动力的再生与消耗也是重复在一起的，不能截然分开。劳动力资源的再生不仅遵循一般的生物学规律，而且还受人类意识的支配和人类实践活动的影响。

（五）条件性

劳动力资源的使用须以一定的物质条件为基础，只有实现劳动力与生产资料的结合，才能完成劳动的创造过程。劳动力是人的一种能力，只有作用于特定的对象上，实现主客观的统一，完成人的实践过程，劳动力的价值才能得以实现。所以，实现劳动力资源与生产资料的及时而充分的结合，成为劳动法（特别是就业促进法和劳动合同法）所追求的重要调整目标。

第二节　劳动力的商品化问题

一、劳动力是特殊的商品

学界对于劳动力是否是商品的讨论不够充分，常常避而不谈。史探径先生在《劳动法》一书中对劳动力是否是商品做了较为详尽的论述。史先生持劳动力商品否定说，其理由有三：一是劳动法要促进劳动人格的实现，使劳动力完全人格化，劳动力与劳动者合一，由客体转变为主体，其目的是促使对劳动者的完全保护；二是“国际劳动宪章”否认劳动力是商品，明确宣布无论在法律上还是事实上，劳动力都不应被视为商品；三是劳动力在法律上被否认为商品，有助于保护劳动者的利益，是社会的一大进步。

在相当长一段时期，劳动法学界很少有人直接主张劳动力是商品的观点。这种局面直到 1992 年我国确立了社会主义市场经济体制目标之后才有所改观。在社会主义市场经济条件下，应该承认劳动力是商品，但同时也应该承认劳动力是一种特殊的商品。

承认劳动力是商品的理论意义有二：一是分离劳动者和劳动力两个概念，为劳动力成为劳动法律关系的客体奠定基础；二是为劳动力市场概念的确立和实践发展奠定理论基础。承认劳动力是商品的实践意义有三：一是切实把劳动力作为具有价值和使用价值的商品纳入市场交易体系，充分实现劳动力的价值，充分发挥劳动力的使用价值；二是把劳动力作为一种经济资源、一种生产要素来优化配置，避免或减少劳动力资源的浪费；三是推动劳动力的生产与再生产，刺激劳动力成本的投入，有助于提高劳动力的质量，促进我国从劳动力资源大国转向劳动力资源强国，调整劳动力的数量和结构，适应经济发展的需求。

承认劳动力是商品并不必然导致劳动者的客体化，造成对劳动者的利益损害。承认劳动力是商品，只是承认了劳动力是劳动法律关系的客体，并不否定劳动者作为劳动法律关系主体的地位。但是由于劳动力是劳动者体内的一种能力，它不能脱离劳动者的人身载体而独立存在，因此劳动力的转让、使用，必然在外观上表现为对劳动者的控制和利用。任何对劳动力的使用都是通过劳动者间接实现的。严格来说，只有劳动者本人才能使用自己的劳动力。

二、劳动力商品的特殊性

综上所述，劳动力商品与一般商品相比，至少有两个特殊性：一是具有生物载体性，即不能脱离劳动者而存在和转移；二是间接使用性，即其只能由劳动者来直接使用，用人单位对劳动力的使用是通过支配劳动者来实现的。劳动力商品的这些特殊性决定了对其使用不能为所欲为，没有限制，否则必然侵害劳动者的身心健康。所以，对劳动力商品的使用必须符合人道主义的要求，必须符合劳动立法的要求。正是为了加强对劳动力使用过程中的劳动者的保护，才诞生了有关工时与休息休假、劳动安全卫生等劳动法律制度，并以这些内容为核心逐渐形成了以保护劳动者为使命的现代劳动法体系。

第三节　劳动力与劳动法的关系

劳动力与劳动法的关系非常密切，可以说，劳动法的每一项制度都与劳动力问题相关。促进劳动力的开发、配置、利用，是劳动法的调整任务，而对劳动力的拥有者即劳动者的保护与救济，又是现代劳动法的神圣使命。劳动就业制度是促进劳动力的配置与生产资料相结合（联姻）的制度；劳动合同（契约）制度是实现劳动力与生产资料相结合的法律形式和工具；工资是劳动力价格的货币体现，工资制度就是保障劳动力价格实现（水平和支付）的法律制度；劳动安全卫生制度是在使用劳动力的过程中对其拥有者的人身安全和健康的保护；职业培训的目的是提高劳动者的素质，实质就是提高劳动力的质量；社会保险是在劳动者的劳动力丧失、减弱或无法发挥作用（失业）时，对劳动者的物质帮助和经济保障。总之，劳动力是劳动法上的一个核心问题，围绕劳动力的开发、利用和保护形成了劳动法制度的各个板块。对劳动力及其主体——劳动者权益保护的力度和质量，是衡量劳动法治水平的一个尺度。

劳动力也是劳动法学的一个基本概念，它与劳动者、劳动权一起构成劳动法学的范畴体系。劳动者是劳动法律关系主体意义上的范畴，劳动权是劳动法律关系内容意义上的范畴，劳动力是劳动法律关系客体意义上的范畴。三者相互联结，互为条件，缺少任何一个，另外两个都会落空。劳动法学应强化对这三个基本范畴的研究，尤其要加强对劳动力问题的创新探讨，解放思想、转换视角、实事求是、立足国情，将劳动力问题的法学研究推进到一个新的历史阶段。

第四节　劳动力市场的法律规制

一、劳动力市场的概念与特征

（一）劳动力市场的概念

劳动力市场是劳动力资源得以流动和配置的生产要素市场。劳动力市场是市场体系的重要组成部分，它与生产资料市场、资本市场一起为企业生产经营提供人、财、物生产要素。在劳动力市场上，劳动者可以根据市场信号（供求信息、工资），按照自己的意愿，自主选择职业和用人单位，自主决定自身劳动力的配置方向和与生产资料的组合方式（公雇或私雇、正规或非正规、定期或不定期等）。在劳动力市场上，用人单位也可以根据自己的需要，自主选择劳动力，行使用工自主权（经营权的组成部分）。

劳动力市场由两部分构成：市场硬件和市场软件。市场硬件是指交易场所及其配套设施；市场软件是指市场规则和交易自由。在现代社会，没有交易场所，市场却可能依然存在（网上交易），甚至更为发达和高效，但是倘若没有交易自由，市场就会荡然无存或仅流于形式。发展和完善劳动力市场，必须从完备硬件设施和完善软件规则两方面作出努力。

（二）劳动力市场的特征

劳动力市场作为一种人力交易市场，与其他市场类型相比，具有以下几个特征：

（1）劳动力市场是一种典型的要素市场，它与企业的生产经营活动密切相关。劳动力市场的发育和完善程度，直接影响着市场经济的发展。在市场经济条件下，企业生产经营所需的劳动力只能通过劳动力市场，按照市场价格来选择获取。平等开放的劳动力市场的形成，既可以促进劳动者就业，又可以满足企业对劳动力的需求。

（2）通常情况下，劳动力市场处于供大于求的“买方市场”状态，但是由于人口出生率的下降和结构性需求的变化，供不应求的“卖方市场”情形也常会出现。根据统计和预测，2004 年以来，中国劳动力短缺一直是劳动力市场的基本态势。随着人口年龄结构发生变化，情况会更加严重。中国部分地区和行业领域的“用工荒”现象就直观地反映了此状态。就当今中国的劳动力市场而言，劳动力供给不足和失业现象同时存在。一般来说，劳动力买方市场形成的原因主要是劳动力的供给大于劳动力的需求。存在大量的失业劳动者，就业竞争激烈，有利于用人单位对人力进行充分选择，用人单位可能会压低工资水平和劳动条件。因此，买方市场是对劳动者不利的市场形态。在买方市场形态下，劳动者的可替代性增强，劳动者的弱者地位更为突出。在劳动合同的签订过程中，劳动者往往处于一种附属地位。加强对买方市场中劳动者的保护，自然成为劳动立法的重要任务。从劳动者整体角度来看，要想改变不利地位，必须通过职业培训、就业指导来调整劳动力的供给结构，提高劳动者的整体素质。从个体角度来看，劳动者要想改变在劳动力市场中的不利地位，必须不断提高自己的素质，跻身于人才的行列，增强自身的不可替代性。因为，人才市场作为特殊的高级劳动力市场，通常处于“卖方市场”这种对人才有利的市场态势。

（3）劳动力市场的进入受到严格的控制。劳动者进入劳动力市场，必须符合法定的最低就业年龄的要求，低于法定最低就业年龄不得进入劳动力市场。劳动者进入劳动力市场还应当先经过职业培训，即符合“先培训，后就业”原则的要求。进入劳动力市场的用人单位必须是经注册登记，领取营业执照，具有经营自主权的企业、个体经济组织或依法成立的国家机关、事业单位和社会团体。主体资格不合法而录用人员属非法招工，为法律所禁止。同时，还要注意两点：劳动者进入一些特殊的劳动力（爆破作业人才等）市场，必须取得特殊的作业资格；外国人进入中国的劳动力市场也需要申请获得中国政府颁发的就业证书。

(4) 劳动力市场中突显“三反”任务。所谓“三反”，是指反失业、反欺诈、反榨取。反失业的目的是实现劳动力资源的充分利用，提高整体效率；反欺诈的目的是促进劳动力市场交易的诚实信用和信息对称；反榨取的目的是确保劳动力市场价格机制有效运行，实现报酬分配的公正性。

参考案例 3-1

小李所学专业是财务管理，他被某矿山企业招用后，因故没能被安排到财务管理岗位，而是被安排到井下作业，后又被班组安排参与爆破工作。小李感到茫然和惶恐，也觉得企业的做法不合适，很想被安排到财务管理岗位上。

——爆破属于特种作业，应该由具有爆破资格的人员从事，小李不具有该特殊行业从业资格，不能进入爆破职业市场就业，也不能内部调岗从事爆破作业。该企业对小李的安排不合法，应该予以纠正，应该按照劳动合同所约定的岗位安排小李的工作。

二、劳动力市场的发育与规制

(一) 劳动力市场的发育和完善

劳动力市场的发育和完善是一个渐进的过程。这个过程蕴含着巨大功效：第一，促使劳动力资源从低效率的农业部门转移到高效率的非农业部门，为我国经济增长提供了人力支撑和推动力量。第二，提供了一种人力资本投资的激励机制，有效地激励个人对于自己及子女在人力资本上加大投资，提升素质和价值层次，提高自身的人才品级和不可替代性。这又直接或间接地实现了三个效果：提高了社会生产率；提高了个体及其家庭福利水平；充分发挥了我国的资源禀赋。应该看到，在我国劳动力市场发育和完善的过程中，政府的力量不可低估。因为，我国劳动力市场的发育过程与西方市场经济国家不同，不是经过一个自然孕育的过程，而是在政府主导下，通过改革的途径逐渐构建起来的。具体而言，就是通过变革僵化的统包统配的固定工制度，还给企业以用工自由，还给劳动者以择业自由。政府的行政力量在劳动力配置领域适度收缩和限缩，劳动力配置的市场因素就相应地生成和强化。政府在劳动力市场生成和发育过程中不仅有理性的收缩，更有积极的推动和促进。政府不论在劳动力市场硬件的建设上，还是在市场规则的完善和自由度的拓展上，都发挥着重要作用。

从 1986 年起，我国开始推行劳动合同制，真正意义的劳动力市场（曾一度被称为“劳务市场”）才开始发育。1992 年，我国确立了社会主义市场经济体制目标，经济市场化的进程加快，市场体系建设不断取得成就，劳动力市场的发育日益成熟，主要表现在：劳动力的需求主体和供给主体的主体地位确立起来；用人单位的人才观念和劳动者的择业观念都发生了较大的转变；劳动就业的公共服务体系（培训机制、中介机构及其他社会服务体系）逐渐健全；劳动力市场的法律规则体系基本形成，以就业促进法为核心的就业规则和劳动力市场的管制规则体系渐趋完善。

(二) 劳动力市场的问题及规制方向

我国劳动力市场建设虽取得了很大成绩，但也存在一些不容忽视的问题，主要表现是：国有企业，特别是作为大型国有企业的央企的独立用工主体地位还没有充分确立起来，尤其是企业的高级管理人员还不能完全在人才市场上通过聘用的方式得以获取，政府任命依然是大型国企法定代表人产生的主要方式；劳动力就业市场的地方封锁、地方保护现象依然存在，全国统一开放的劳动力大市场的建设仍在路上。这固然有某些制度上的障碍（如户籍制度限制、社保衔接不畅等），也有认识上的原因（歧视等）。此外，劳动就业服务机构的中介服务活动还不够规范，存在不合理收费和欺诈劳动者的现象；用人单位之间常常发生不正当的人才竞争，在某些职业和领域（飞行员和高校教师等）还有愈演愈烈之势，造成人才需求信号失真，误导和扭曲人才供给和价值取向。

依法规制劳动力市场需建立健全规则体系。政府要依据既定法律规则，裁判劳动力市场的主体活动，确保劳动力市场有序运行和健康发展。政府依法规制劳动力市场，应重点把握以下几个方面：一是防止和排除劳动力市场的欺诈行为，维护劳动者的利益；二是要规制劳动力市场上的不正当竞争，维护企业等用人单位的合法权益；三是要规制劳动力市场上的行政垄断行为，确保劳动力市场的统一和开放；四是严格审查劳动力市场中介组织的主体资格，规范市场中介组织的中介服务活动；五是建立和健全劳动力市场的监督检查机制，及时发现、暴露、纠正和惩处违法违规行为。

规制劳动力市场的实质是对劳动力市场自由度的合理限缩，是对自由滥用的防范。政府规制劳动力市场必须严格按照法律的实体规定和程序规定进行，不能随心所欲、滥用权力，不能破坏市场的自然规律，不能剥夺劳动力市场主体的法定自由和权利。

【引例评析】

1. 人才市场的说法是成立的。因为从性质上说，人才市场是中介组织，是劳动力市场中的服务机构，它为劳动者和用人单位之间订立劳动合同提供信息和介绍服务，但不是求职者的用人单位，也不能保证每一个求职者都能顺利就业。

2. 王某与人才市场之间不是劳动关系，而是一种民事关系。

【本章小结】

1. 劳动力是蕴含于劳动者体内的创造力，是人的一种能力。劳动力作为一种人力资源，由体力、智力、知识、技能四部分构成。

2. 劳动力作为一种人力资源，具有以下特点：生物性、创造性、时效性、再生性、条件性。

3. 劳动力作为一种特殊商品，对其使用不能为所欲为、没有限制，否则必然损害劳动者的身心健康。劳动力商品的使用必须符合人道主义的要求，必须符合劳动立法的规定。

4. 劳动力市场是劳动力资源得以自由流动、配置的生产要素市场。劳动力市场是市场体系的重要组成部分，它与生产资料市场、资本市场一起为企业生产经营提供人、财、物等生产要素。

5. 劳动力市场具有以下特征：劳动力市场是一种典型的要素市场，它与企业的生产经营活动密切相关；劳动力市场在通常情况下处于供大于求的“买方市场”状态，但是由于出生率的下降和结构性需求的变化，供不应求的“卖方市场”情形也会出现；劳动力市场的进入受到严格的控制。劳动者进入劳动力市场必须符合法定的最低就业年龄的要求，低于法定最低就业年龄不得进入劳动力市场。劳动者进入劳动力市场还必须先经过职业培训，即符合“先培训，后就业”原则的要求。进入劳动力市场的用人单位必须是经注册登记，领取营业执照，具有经营自主权的企业、个体经济组织或依法成立的国家机关、事业单位和社会团体。

【练习题】

一、名词解释

劳动力　劳动力市场

二、问答题

1. 劳动力的特点是什么？
2. 劳动力市场有哪些特征？
3. 劳动力商品的特殊性是什么？
4. 如何强化劳动力市场的法律规制？

三、案例分析题

某企业为了赶订单，连续安排职工加班，有些职工因不愿意加班而提出异议，该企业则以解除劳动合同相威胁，并扬言：劳动力是商品，企业花钱购买了劳动力，想咋用就咋用，不同意就走人！

问题：

1. 该企业的说法是否正确？
2. 该企业可否安排职工加班？

分析要点提示：

1. 该企业的说法不正确。劳动力是一种商品，但却是一种特殊的商品，其与劳动者不可分离。因为使用劳动力必须通过劳动者间接实现，所以对劳动力的使用必须恪守生理与人道的底线和法定要求，不能随心所欲。

2. 该企业可以根据需要安排职工加班，但是必须符合法定实体和程序要件，同时应该按照法律规定支付加班加点工资报酬。

在线练习

第四章　劳动法的基本原则

【本章引例】

孙某受聘于一家私人企业，该企业对员工管理严苛，不仅要求员工上下班打卡，还要求员工接受搜身检查，规定了统一的如厕时间，还经常安排员工加班加点，并扬言不接受管理就要解除劳动合同。为防止员工提前离开工作岗位，该企业将大门锁死，并派专人监督看管员工。该企业还经常拖欠员工工资，也没有依法组建工会。

请问：

1. 该企业的做法违反了哪些劳动法基本原则？
2. 该企业的管理行为侵犯了劳动者哪些权益？

【本章学习目标】

1. 认知劳动法基本原则的概念和性质；
2. 了解劳动法基本原则的作用；
3. 掌握劳动法基本原则的内容；
4. 领悟劳动法的基本精神和部门法品格。

第一节　劳动法基本原则概述

一、劳动法基本原则的概念

劳动法基本原则是指能够指导劳动法治全过程的、为劳动立法所确认和体现的总的指导思想和根本准则。劳动法基本原则体现着劳动法的基本理念和部门法追求，是把握劳动法理论和制度精髓的切入点。

劳动法基本原则指导整个劳动法治过程，即指导劳动立法、执法、司法和守法四个法治环节和过程，其作用领域非常广泛。它不同于仅能指导某个环节的劳动立法原则或劳动司法原则。

劳动法基本原则是总的指导思想，贯穿于各种劳动法律制度之中，使不同法律制度之间保持内在的逻辑性和价值统一性。因此，它不同于具体劳动法律制度的原则。

劳动法基本原则有两种存在方式：立法确认和制度蕴含。劳动法基本原则不以立法确认为唯一存在方式，立法应该确认而尚未确认或者通过各个具体制度加以蕴含和体现的，并不影响劳动法基本原则的客观存在和学理阐释。

二、劳动法基本原则的性质

劳动法基本原则的性质，是指劳动法基本原则具有的内在规定性，这些规定性是衡量一个所谓的原则是否能够成为劳动法基本原则的规格和标准。劳动法基本原则的性质包括下述三个方面。

（一）劳动法基本原则具有高度抽象性和权威性

劳动法基本原则是规范各种劳动关系的通则，具有相当程度的抽象性和权威性。正是在此意义上，基本原则也被称为一般规范，以区别于含义较为确定的具体规范。劳动法的基本原则并不是要告诉人们具体的行为方式，而是要为劳动法指明前进的方向和价值取向。抽象性决定了基本原则具有广泛的适用性、指导性和权威性，其能够为整个法律制度和法治活动提供指南和依据。劳动法律制度体系中的各种具体规定不能与基本原则相抵触，基本原则无条件适用于所有劳动关系及劳动法律调整的领域。

（二）劳动法基本原则的内容具有客观性和稳定性

劳动法基本原则应来源于宪法，来源于劳动关系法律调整的基本需求，更准确地说，应来源于社会的政治、经济制度和文化传统。因此，基本原则并非人为所能确定的，表述的不同并不意味着基本原则具有多样性或不确定性。一言以蔽之，劳动法基本原则的内容具有客观性，但表述方式却具有一定的主观性。这也是各种著述中关于基本原则的表述难求一致的原因。同时，由于基本原则的来源基础是相对稳定的，这就决定了基本原则的内容具有较高程度的稳定性。具体法律规范可以根据时代发展和现实需求适时修改完善，但基本原则却应该也必须保持相当程度的长期稳定。

（三）劳动法基本原则的表述应遵循一定的规格要求

劳动法基本原则在表述形式上应遵循一定的规格要求，应力求简洁明了、精准达意。应当以较少的文字表达一个内涵较少但外延较大的概念或者命题。一个概念或者命题的内涵越少，其外延就越大，抽象性就越强，其所涵盖的领域也就越广泛。一个所谓的基本原则，如果表述烦琐、冗长，那么其应该具有的抽象性和广泛适用性就会丧失或大大降低，就不符合基本原则在形式和内容两方面的要求。即便非得将其作为基本原则，那它也难以名副其实和担当重任。

三、劳动法基本原则的作用

（一）劳动法基本原则为劳动立法明确前进方向

劳动立法是整个劳动法治活动的初始环节。劳动立法的质量如何，直接决定或影响着劳动法治的质量。劳动法基本原则作为劳动法的灵魂，能够为劳动立法指明方向，使劳动立法工作在确保理性、科学的基础上健康发展。

（二）劳动法基本原则可以弥补立法规定之不足

劳动立法的步伐再快，也无法跟上现实生活发展变化的速度，在劳动立法与现实生活之间总会存有一定的立法空当。暴露于立法空当下的社会关系需要法律调整而具体法律规范供给不足，就不可避免地会产生法律调整不能和失职的现象。劳动法基本原则具有抽象性和弹性，通过解释论和适用论的努力，其作用可以合理延伸到缺乏具体规范的领域，发挥其一般条款的调整功能，以弥补立法的不足。

（三）劳动法基本原则能够整合制度，消减矛盾

劳动法各制度之间难免存在一定的冲突和矛盾，这些冲突和矛盾会影响劳动法系统调整功能的发挥，需要加以协调。劳动法基本原则内含着劳动法制度的统一的价值取向，能够指导各种制度矛盾之排解，实现系统性和协调性。

（四）劳动法基本原则是探求劳动法规范真意的基本依据

劳动法规范由于种种原因（如法律用语的概括性、立法技术的缺陷等），在具体适用时常常会产生歧义，必须加以正确解释。如何解释，直接关系到劳动法规范能否实现预期的调整功能，也关系到有关主体的权益能否得以实现。只有遵循劳动法基本原则的精神，衡量取舍法律规范的各种解释，才可能把握和确定劳动法规范的真实含义。

第二节　劳动自由原则

一、劳动自由原则的含义

劳动自由，是现代劳动法治存在和发展的基础。劳动自由包括两方面：劳动者的劳动自由和用人单位的用工自由。前者属于真正意义上的劳动自由；后者虽与前者密切相关，但实质上属于企业经营权的范畴，归根结底是招收录用劳动者进而使用劳动力的自由。作为一个整体来分析，劳动自由最本质的要求就是，维护劳动关系作为一定社会关系领域的独立存在，将劳动关系塑造成体现主体意志的社会关系。从历史发展来看，劳动关系的自由越来越受到公共力量的干预，本来属于私法调整的劳动关系日益打上了较为明显的公共意志的烙印。但是，劳动关系无论何时都不能被国家意志所代替，必须在承认劳动关系相对自由的前提下，寻求公共权力合理的介入空间和边界，以维护劳动者的利益，促进劳动关系的健康协调发展。发展市场经济，必须肯定和承认劳动关系的自主性，确保劳动关系具有适当的自由度，突出表现为确认和弘扬劳动契约自由。同时应看到，任何自由包括劳动契约自由都不是绝对的，都要受到来自法律或者公共利益的监督和限制。对于劳动契约自由，这种限制的必要性更为显著。

参考案例 4-1

王某受聘于一家外企，该企业管理严格，要求员工上下班打卡，五次以上迟到、早退或两次以上无故旷工，均视为严重违反规章制度而被解除劳动合同。王某对此不服，认为自己有劳动自由，不应该受刻板制度的约束。

——该企业的严格管理具有正当性与合法性，并不侵害王某的劳动自由。因为任何自由，包括劳动自由，都是相对的，不是随心所欲的自由。王某作为企业的员工，应该接受和服从用人单位的正当、合法的管理。该外企的管理制度及行为并不违反劳动自由原则，王某的想法是不对的。

二、劳动自由原则的具体要求

（一）劳动自由原则在劳动者方面的具体要求

就劳动者而言，劳动自由原则的要求如下：

（1）必须肯定和维护劳动者的人格独立。劳动者的人格独立是实现劳动自由的前提，劳动者没有独立的人格，就不能独立支配自己的劳动力，所谓的劳动自由也只能是一句空话。从历史来看，奴隶社会和封建社会之所以没有产生现代意义的劳动法，就是因为在奴隶社会和封建社会，劳动者（奴隶和农奴）没有独立的人格，不是法律意义上的人，不能独立支配自己的劳动力，甚至在奴隶社会劳动者连同劳动力都是剥削者的财产（会说话的工具）。在资本主义社会下，劳动者获得了法律上的独立人格，作为一个法律主体可以自由支配自己的劳动力。劳动法正是在这样的历史条件下诞生的。总之，没有劳动者的人格独立就没有劳动法的存在，劳动者的人格独立是劳动法存在的基础，维护劳动法的存在就必须确认和维护劳动者的人格独立。

（2）必须确认劳动者独立的法律地位。劳动者独立的法律地位是劳动者独立人格的法律确认。这种独立的法律地位体现为既独立于国家，又独立于用人单位，更独立于其他任何人。

（3）劳动自由最核心的表现是劳动者的就业自由，即择业自由。劳动者从事什么工作、受雇于哪个用人单位，都属于自己自由选择的范围。劳动者在就业方面不受任何力量强迫，任何有违劳动者意愿的强迫行为都应该受到法律的禁止。

（4）劳动自由还表现为劳动者支配自己劳动报酬的自由和维护自己劳动权益的自由。劳动者付出劳动所获得的劳动报酬，是劳动者正当的合法收益，如何使用应由劳动者按照自己的意愿来安排。劳动者享有支配自己劳动报酬的自由，任何人都不得剥夺劳动者的这一自由。为了维护这项自由，劳动法应该建立相应的制度予以保障。当劳动权益被侵犯时，劳动者可以自由决定是否主张自己的权利以及采用什么方式维护自己的权利。

（二）劳动者自由原则在用人单位方面的具体要求

就用人单位而言，用工自由是其经营权的重要内涵，包括相对于国家的用工自由和相对于其他用人单位的用工自由。用人单位逐渐获得用工自由，是我国劳动用工摆脱政府行政安排，实现契约化的劳动合同制改革的重要成果。今日观之，除一些国企和央企用工自由还受到一定的限制外，一般具有独立法人地位的用人单位，都具有了完整的或较大的用工自由。

（三）劳动自由的限缩

劳动自由是一项重要的劳动法原则，是需要予以彰扬的价值理念，但并非没有边界和限度。相比较而言，现代劳动法上的劳动自由受到了来自外在和内在两方面的限缩。外在的限缩表现为国家的和社会力量的干预；内在的限缩表现为无论是劳动者的劳动自由还是用人单位的用工自由，都不意味着可以随心所欲、不受约束，相反都要符合诚实信用的要求，因此，诚实信用成为我国劳动合同立法的一项原则性内容（《劳动合同法》第 3 条）。据此，在劳动合同缔约阶段和履行过程中，双方主体都要彼此诚实不欺、恪守诺言。缔约阶段要履行必要的“告知”和“说明”义务，即缔约明示义务；履行过程中要认真、全面、诚实信用地履行各自的合同义务。

第三节　劳动协调原则

一、劳动协调原则的含义

协调意味着和谐、稳定、有秩序、不失衡、不冲突。从美学上看，协调是一种平衡的美；从伦理学上看，协调是公平的体现；从经济学上看，协调蕴含着效率。总之，协调是人类追求的一种理想的社会状态。劳动协调既是劳动法的原则，又是劳动法追求的目标，也是劳动法调整的手段。劳动协调原则既是目的性原则，也是手段性原则。作为目的性原则，追求劳动权利义务统一、劳动关系契约化、劳动法主体利益平衡、各种力量有机组合等。作为手段性原则，注重运用和平谈判、协商、调解、仲裁等调整手段实现劳动关系的和谐。劳动法上的“三方性”也是贯彻劳动协调原则的制度设计，其将代表国家利益的政府、代表雇主（用人单位）利益的雇主组织和代表劳动者利益的工会凝聚在一起，完成国际劳动立法等重大事宜。

劳动协调原则是追求和实现劳动关系和谐的重要指引，在其引领和指导下，劳动关系不仅需要平衡劳动者和用人单位的物质利益，也需要满足劳动者人格尊重和发言参与的精神需求。总之协调的、和谐的劳动关系，一定是体现公平、效率与发言权之间平衡的劳动关系。

二、劳动协调原则的具体要求

（一）实现劳动权利义务统一

实现劳动权利义务统一是劳动协调原则在劳动立法结构上的要求。劳动权利义务统一，要求确立劳动既是权利也是义务，这已为我国宪法所确立。劳动的权利是一项重要的人权，它既是生存权，也是发展权。没有劳动权，劳动者就失去了生存的基础；没有劳动权，劳动者就丧失了实现个人价值和贡献社会的渠道。劳动的义务，既是一种道德义务，也是一种法律义务。作为道德义务，劳动是人类生存和发展的需要，是一种勤劳的美德，热爱劳动是一种崇高的道德素质。在就业之前，劳动义务表现为道德义务，要求劳动者热爱劳动，积极寻求劳动机会和创造劳动条件，积极参加职业劳动和各种义务劳动。在就业之后，劳动既是道德义务，也是法律义务。作为道德义务，要求劳动者以高度的热情和事业心从事职业劳动，爱岗敬业。作为法律义务，要求劳动者保质保量地完成本职工作任务，否则就要承担相应的法律后果。

劳动权利义务统一，也要求确保劳动法的主体既享有劳动权利，又负有劳动义务。在劳动法上，所有的主体包括用人单位、劳动者、国家、社会组织都应既是权利主体，又是义务主体。在市场经济条件下，要特别注重保障劳动者的劳动权和用人单位的用工权；要重视国家应负有的保障劳动权方面的义务。

劳动权利义务统一，更要求避免出现无权利的义务和无义务的权利。没有义务对应的权利是空洞的权利，是不能实现的权利；没有权利对应的义务，是无的放矢的义务，是没有意义的义务。在劳动法上，劳动者的权利，要么与用人单位的义务相对应，要么与国家的义务或者社会组织的义务相对应。缺少这种对应，劳动者的权利就会落空。比如劳动者享有就业权，国家就应负有保障和促进劳动者就业的义务；用人单位劳动方面的权利要与劳动者的义务或国家的义务相对应，用人单位享有用工自主权，国家就应负有不得侵犯用人单位用工自主权的义务。

（二）实现劳动关系契约化

劳动关系契约化是劳动协调原则在劳动法律关系上的具体要求。劳动关系的契约化，从整个社会的层面来看，是社会关系实现“从身份到契约”变革的一个重要组成部分，在我国尤其具有促进社会关系转型的先导意义。从劳动法的角度看，劳动关系契约化是劳动协调原则在劳动法律关系上的具体要求。劳动关系的契约化要求劳动关系的产生和维系要依赖于劳动契约，而不是行政的力量。劳动契约是由劳动者和用人单位自愿缔结的、双方协商的产物，反映着双方的意志。要实现劳动关系契约化，就要确立劳动契约为建立劳动关系的唯一的合法根据。

（三）实现劳动法主体利益平衡

实现劳动法主体利益平衡是劳动协调原则在主体利益分配和取舍上的要求。劳动法上的主体利益包括国家的利益、用人单位的利益和劳动者的利益。所谓劳动法主体利益平衡，是指国家、用人单位和劳动者的利益平衡。国家的利益是整体利益，主要表现为通过保障和促进劳动关系的健康稳定发展，实现国家政治稳定、社会安宁和经济、文化发展，从而为劳动权的实现和用人单位的事业发展创造良好的外部环境。用人单位的利益在某种意义上可以称为资本的利益。资本是实现社会生产的重要条件，没有资本的聚积和运作，社会财富就不能实现增长，劳动者的利益和国家的利益也就无从实现。尊重和保障资本的利益，是劳动法的任务之一。资本的利益集中表现在利润获取的水平及法律保障力度上。在劳动法上，资本的利润水平与劳动者的工资水平存在着一定的关系，保障和提高劳动者的工资水平必须考虑资本的利润水平，使这两者达到相对的平衡。

（四）实现劳动法上各种力量的有机组合

实现劳动法上各种力量的有机组合是劳动协调原则在劳动法动力机制上的要求。劳动法上各种力量的有机组合，是指劳动法上的国家力量、资本力量和劳动者力量的有机组合。国家力量是政治统治力量；资本力量是经济力量；劳动者力量是一种社会力量。劳动法上各种力量有机组合就是要实现政治、经济和社会这三种力量的有机组合。具体的组合方式主要有：劳动立法上的三方参与、工资水平的三方决定机制、劳动争议的三方处理机制。在劳动法上，国家的力量往往成为救济劳动者力量的重要手段。当劳动者的团体力量尚未发育成熟，不足以与资本力量相抗衡时，劳动者从事集体谈判的力量就相对较弱，此时国家就必须合理介入，劳动立法的强度就要加大；反之，如果劳动者的团体力量完全能够与强大的资本力量相抗衡，国家力量介入的程度就可以相对缓和一些。

第四节　劳动保障原则

一、劳动保障原则的含义

劳动保障或称劳动保护，是劳动法的宗旨和使命，是整个劳动法律制度努力的方向。劳动保障就是要维护劳动关系，促进劳动过程的实现，并尊重和保护各方主体的利益。劳动保障的对象，广义上包括劳动者、用人单位、国家和其他社会组织；狭义上特指职业劳动关系的主体——劳动者和用人单位。二者有根本利益的一致性，也有具体利益的矛盾性，它们处于相互依存又相互矛盾的对立统一关系中。否定或忽视用人单位的利益，劳动者的利益也就成了无源之水、无本之木。所以，在强调劳动法倾斜保护劳动者利益的同时，也应该重视对用人单位利益的兼顾保障。在资本利益和劳动利益平等尊重与保护的基础上突出对劳动关系中的弱者（劳动者）的保障，是现代劳动立法的使命和担当。

二、劳动保障原则的具体内容

劳动保障原则的具体内容是，保障主体的独立人格、法律地位和物质利益。主体的独立人格是获得法律地位的前提，而独立的法律地位又是实现物质利益的前提。所谓的劳动保障，首先要确立和维护劳动者和用人单位的独立人格和法律地位。劳动者要独立于国家、独立于资本、独立于其他任何人，成为能够自由支配自己劳动力、享有自主择业权的就业者；用人单位要独立于国家、独立于其他单位，成为能够自主经营、拥有用工自主权的市场主体。其次要保障主体的物质精神利益。维护主体独立人格和法律地位的目的是实现和保障主体的物质精神利益。保障劳动者和用人单位的物质精神利益必须贯彻平等、公平的原则，追求劳动者和用人单位在劳动关系中的物质精神利益的相对平衡。但是就物质利益而言，用人单位的物质利益与劳动者的物质利益的性质和意义不同。用人单位的物质利益是经营利益，而劳动者的物质利益则体现为一种生存利益。用人单位的物质利益实质是资本的收益，是一种纯粹的经济利益；劳动者的物质利益则是劳动力付出的回报，是生存与发展的物质保证。生存是人类的第一公理，生存利益是一切利益的基础，它高于其他利益。当劳动者的生存利益与用人单位的经济利益发生矛盾时，劳动者的生存利益应该被优先考虑。生存利益优先性决定了劳动立法的保护重心应当向劳动者倾斜。也正是在这个意义上，人们才说劳动法是保护劳工之法。

参考案例 4－2

《劳动合同法》出台后备受质疑。一些企业及其负责人常常认为，《劳动合同法》就是保护劳动者的法律，对企业而言就是管制，不是义务就是责任，甚至认为正是由于《劳动合同法》的实施，才造成了企业缺少用工自由而加大了用工成本。基于这些认知，企业往往产生对《劳动合同法》的抵触情绪。

——上述这些认知是片面的、不正确的。依据劳动协调原则，劳动法的权利义务必须统一，同时各方利益必须实现衡平。依据劳动保障原则，劳动法不仅是劳动者的保护法，也是用人单位的保护法，不存在只保护劳动者而忽视或抹杀用人单位利益的劳动法。《劳动合同法》所确立的服务期制度、竞业禁止制度等，都是限制劳动者的自由而保护用人单位利益的制度设计。

劳动立法追求劳动保障，主要通过以下调整方法和途径来实现：（1）确立劳动关系的契约机制，保障劳动者和用人单位的独立意志与人格。通过强化劳动契约的效力和对违约的补救，保护劳动者和用人单位的利益。（2）建立各种强行性的劳动基准，规范劳动契约的内容，限制契约自由的滥用，保障劳动者的利益。（3）赋予劳动者结社权，促进劳动者团体力量的形成，建立有效的集体协商（谈判）机制，寻求劳动与资本的力量平衡。（4）建立劳动纠纷的排解机制，确保劳动纠纷得到及时、公正的解决，疏通受阻的劳动法律关系，保护劳动者和用人单位的合法权益。

【引例评析】

本例中，该企业作为用人单位，一些管理手段和做法涉嫌违反劳动法基本原则。首先，对劳动者的人格不尊重，除打卡属于正常的管理行为外，无论是搜身还是定点如厕抑或是强迫加班，都是对劳动者的人身、人格和自由的侵犯，是违反劳动伦理和劳动法“劳动自由原则”的管理行为。其次，该企业一味强化劳动者的义务而自身又不履行相应的法定和约定义务，不按期支付工资，不依法组建工会，侵犯了职工的劳动报酬权和结社权，也违反了劳动自由原则和劳动保障原则。

【本章小结】

1. 劳动法基本原则是指能够指导劳动法治全过程的、为劳动立法所确认和体现的总的指导思想和根本准则。劳动法基本原则体现着劳动法的基本理念和部门法追求，是把握劳动法理论和制度精髓的切入点。

2. 劳动法基本原则的作用如下：劳动法基本原则为劳动立法明确前进方向；劳动法基本原则可以弥补立法规定之不足；劳动法基本原则能够整合制度，消减矛盾；劳动法基本原则是探求劳动法规范真意的基本依据。

3. 我国劳动法基本原则包括：劳动自由原则、劳动协调原则、劳动保障原则。劳动自由是现代劳动法治存在和发展的基础，包括劳动者的劳动自由和用人单位的用工自由。劳动协调既是劳动法原则，又是劳动法追求的目标，也是劳动法调整的手段。劳动协调原则既是目的性原则，也是手段性原则。作为目的性原则，它要求实现劳动权利义务统一、劳动关系契约化、劳动法主体利益平衡、劳动法上各种力量的有机组合等。作为手段性原则，它注重运用和平谈判、协商、调解、仲裁等调整手段。劳动保障是劳动法的宗旨和使命，是整个劳动法律制度努力的方向。劳动保障就是要维护劳动关系，促进劳动过程的实现，并尊重和保护各方主体的利益。

【练习题】

一、名词解释

劳动法基本原则　劳动自由原则　劳动协调原则　劳动保障原则

二、问答题

1. 劳动法基本原则有何作用？

2. 劳动自由原则有哪些具体内容？

3. 如何实现劳动协调原则？

4. 劳动保障原则有哪些具体内容？

三、案例分析题

王某受雇于一家国企，他经常以身体有病为由请病假，但却出去旅游，还经常迟到、早退。最近单位以违反诚信原则和规章制度为由，解除与他的劳动合同。王某不服，以自己享有劳动自由，单位解除劳动合同违反劳动自由原则相抗辩，并申请劳动仲裁。

问题：

1. 王某的抗辩理由是否成立？

2. 单位解除劳动合同的行为是否合法？

分析要点提示：

1. 王某的抗辩理由不能成立。劳动自由虽是劳动法的一项基本原则，但是其不能被歪曲理解和被滥用。本案中，王某受雇于该用人单位，就应该遵守单位的规章制度和恪守诚实信用原则。

2. 王某的行为违反了单位的规章制度，单位解除劳动合同的行为是合法的。因为劳动自由原则的基本内涵是反对强迫劳动和确保劳动者人格独立，同时劳动者和用人单位都应遵守诚实信用原则。本案中，用人单位按照规章制度管理员工王某，不是强迫劳动，也没有侵犯王某的人格，不违反劳动自由原则。相反，王某的行为却违反了作为劳动自由原则内涵的诚实信用原则。

在线练习

中篇

制度各论

第五章　劳动就业

【本章引例】

卫某于2022年6月以帮助安排工作为由，先后向张某收取现金80 000元，承诺为其办理某矿务局的正式工，交纳社保，享受矿务局职工的一切待遇。张某于2023年5月被告知工作已落实，单位是当地一家煤业有限责任公司。张某到该公司签订劳动合同书时，才知道该公司非矿务局单位，自己也不是该公司的正式员工，更谈不上享受矿务局的待遇。无奈之下，张某要求卫某退款，卫某拒不理睬。

请问：

卫某能否为张某安排工作?

【本章学习目标】

1. 了解就业和失业的概念；
2. 掌握就业的意义和原则；
3. 掌握促进就业的制度措施；
4. 树立平等就业和反歧视的观念。

第一节　就业与失业

一、就业的概念及其包含的要素

就业是一种社会现象，也是一种社会机制。从个人的角度看，就业是有劳动能力的人在社会中为自己劳动能力的发挥寻找到一个职业或岗位，并据此获得经济收入和生活保障。从社会的角度来看，就业就是根据社会的职业分工，为社会个体提供施展其才能的条件和生活的条件。可见，就业对个人来说，就是一种生存的必要行为和路径依赖；对社会来说，则是一种劳资联姻的机制和经济社会发展的动因。概言之，就业是指个人获得工作岗位，从事一定社会劳动的状态。详言之，就业是指有劳动能力和劳动意愿的人从事有一定经济收入的社会职业的状态。就业概念包含以下两个关键要素：

（1）就业主体是有劳动能力和劳动意愿的自然人。就业是个人从事社会职业的行为，这里的个人有特定的要求。首先，应该达到法定的最低就业年龄并具有劳动能力。其次，具有主观上的从事社会劳动的愿望。只有主观上具有就业动机和愿望，就业之人才具有主体性。否定或忽视劳动意愿，就会抹杀劳动者的主体地位，甚至导致大量强迫劳动现象的出现。

参考案例 5－1

某企业使用 10 岁左右的童工，要求其每天工作 10 多个小时，每月只给这些孩子几百元钱，而且还把工资先发给带这些孩子来的被称为“老大”的人，再由此人将工资分发给孩子们。

——该企业使用童工是违法行为，应受到严厉处罚。我国法律禁止用人单位招用未满 16 周岁的未成年人。文艺、体育和特种工艺单位招用未满 16 周岁的未成年人，必须依照国家有关规定，并保障其接受义务教育的权利。

（2）就业对象是有偿的社会职业。就业是从事服务于他人的为社会所承认的合法的职业。作为就业对象的职业应具有社会性、有偿性、合法性。例如，为自己洗衣服等家务劳动因不具有社会性和有偿性，所以不是就业；在我国，赌博为法律所否定，聚众赌博虽有收益也不是就业；义务劳动因不具有有偿性，所以也不是就业。就业未必一定要通过与他人建立劳动关系才能实现，如果未与他人建立劳动法律关系，但却为社会提供一定的服务，获得一定的收入，如从事个体经营，同样属于就业的范畴。就业的实质是劳动力与生产资料实现结合，是活劳动与物化劳动的联姻。通过就业，社会生产得以进行，社会生活获得经济保障。

参考案例 5－2

唐某因组织赌博被判刑，刑满释放后仍不思悔改，重操旧业，再次被捕。在法庭上，唐某振振有词：组织大伙儿一起玩玩也是就业，对社会没啥害处，警察就不应该抓我！

——唐某组织赌博活动，是违反法律规定和社会公共利益的，甚至构成犯罪，不能把组织赌博当作就业。

二、失业的概念及种类

与就业相对应的概念是失业。失业的本质就是有劳动能力的人未能就业，呈现为与提供经济收入的社会职业相分离的状态。失业是市场经济条件下不可回避的现象，是市场经济的伴生物。失业是劳动力资源的闲置和浪费，是人力资源与其他生产要素的失调。在市场经济条件下，虽不能完全消灭失业，但可以控制和降低失业率。失业与通货膨胀是困扰所有市场经济国家的两大难题，控制失业率和通货膨胀率也就成为各国政府首要的施政目标。

失业可以按照一定的标准划分类型。按照表现形式的不同，失业可以分为公开失业和隐蔽失业（隐形失业、半失业）；按照失业原因的不同，失业可以分为自愿失业、摩擦性失业和非自愿失业。公开失业与隐蔽失业的概念更适合于考察我国计划经济体制下的就业状况。在计划经济体制下，我国公开失业不突出，而隐蔽失业的现象却较为普遍。计划经济体制下的我国农村和城镇，特别是劳动生产率低下的国有企业都处于严重的隐蔽失业状态。隐蔽失业虽然从表面上看人们都有工作可做，但实际上却是以牺牲劳动生产率为代价的隐藏于就业表象下的人力资源的闲置或半闲置，仍然是劳动力资源的一种浪费形态。在市场经济条件下，采用自愿失业、摩擦性失业和非自愿失业的概念更有意义。自愿失业是指认为现行工资水平不符合自己的愿望，或出于其他原因而不愿意就业所导致的失业；摩擦性失业是指自然条件的变化和技术不断进步而导致的失业；非自愿失业是指虽然愿意接受现行的工资水平，愿意从事工作却找不到工作岗位的失业状态。一般来说，促进就业和实现充分就业都是要减少或消灭非自愿失业。

第二节　就业的意义与原则

一、就业的意义

在市场经济条件下，就业具有多重意义：

（1）从经济生活角度考察，就业是实现劳动力资源优化配置的途径，是实现社会生产的前提条件。不实现就业，劳动力就不能与生产资料相结合，社会财富就不会自我增长。只有人的因素与物的因素结合起来综合发挥作用，才能实现创造，进而推动社会生产力和物质文明向前发展。

（2）从社会生活的角度考察，就业可以使社会成员各得其所，安居乐业。就业是最基本的民生。劳动者有工作可做，就获得了谋生的手段，也就有了实现自身价值和为社会服务的机会。就业会增强人的自尊和自信，增强社会责任感。这一切都有助于稳定社会秩序，实现社会安宁。

（3）从文化的角度考察，就业有助于实现个体成员的职业化和社会化，有助于培养和塑造劳动者的竞争意识、责任意识和纪律观念。经过择业与就业的实践，劳动者不断得到锻炼，素质不断得到提高，从而满足现代化建设所需要的主体条件。

（4）从法律的角度考察，就业是实现劳动权的基础和保障。劳动权首先表现为就业权，只有实现就业，生存权才能得到保障。通过就业，劳动者的生存与发展获得了坚实的物质基础，从而为实现其他各项人权创造条件。

二、就业的原则

就业原则是劳动就业法律制度所应贯彻、体现和蕴含的基本精神，是整个劳动就业工作的法律指导。我国劳动就业的法律原则主要有促进就业原则和平等就业原则。

（一）促进就业原则

我国《劳动法》第 5 条规定，国家采取各种措施，促进劳动就业，发展职业教育，制定劳动标准，调节社会收入，完善社会保险，协调劳动关系，逐步提高劳动者的生活水平。《劳动法》第10条、第11条的规定更为全面地体现了国家促进就业的精神和任务。《就业促进法》第2条规定，国家把扩大就业放在经济社会发展的突出位置，实施积极的就业政策，坚持劳动者自主择业、市场调节就业、政府促进就业的方针，多渠道扩大就业。可见，国家促进就业是一项鲜明的就业方针，也是一项重要的法律原则。

国家促进就业不是用行政手段包揽就业事务，而是在不影响就业市场化、契约化的前提下，通过一定的经济手段和法律手段推动和规范就业。为了实现该项法律原则的要求，通常情况下，国家可以采取以下措施促进就业：健全和完善劳动力市场设施和规则，提供双向选择的就业机制；统筹协调产业政策与就业政策，增加公共事业投资，创造就业机会；通过税收、金融等调控手段，刺激社会投资，扩大就业需求；调整教育结构，适应就业需求；发展就业培训和职业介绍，为就业创造条件，提供公共就业服务；为就业提供信息和咨询服务，增强就业工作的理性化程度；建立健全城乡劳动者平等就业制度，引导农业富余劳动力有序转移就业；实施与非全日制用工等灵活就业形式相适应的劳动和社会保险政策，为灵活就业人员提供帮助和服务；国家建立健全失业保险制度，依法确保失业人员的基本生活，并促进其实现就业。

（二）平等就业原则

平等就业权是劳动权的基本内容。我国《劳动法》第11条、第12条和《就业促进法》第3条、第25条至第31条的规定，都充分体现了平等就业的法律精神和基本要求。平等就业的基本要求是，确保劳动者享有平等获得职业的权利，不因民族、种族、性别、宗教信仰等不同而受歧视。在录用劳动者时，除国家规定不适合妇女的工种或者岗位外，不得以性别为由拒绝录用妇女或者提高对妇女的录用标准。贯彻平等就业原则就要禁止就业歧视（性别、健康、户籍、学历、地域、民族等），特别是男女不平等的现象。同时要对其他特殊群体（残疾人、少数民族、退役军人等）的就业予以照顾，提供法律保障。

司法案例2：平等就业权纠纷案

第三节　促进就业的制度措施

在市场经济条件下，促进就业是政府的一项职责。政府促进就业有直接促进和间接促进两种途径。直接促进是指以提高就业率为直接目的而提供各种就业服务和保障；间接促进是指通过各种经济政策和宏观经济调控手段促进经济健康运行和人口结构优化，避免经济不景气和人口结构失衡，从而为就业提供有利的经济社会大环境。本节内容主要阐述直接促进就业的制度措施。在直接促进就业方面，各国的通行做法一般有：职业培训、职业介绍、职业指导、就业登记、就业援助、失业救济等。我国采纳这些通行做法并使之逐渐完善。

一、职业培训

职业培训也称就业训练，是指以促进就业为目的对劳动者进行的技能和素质的训练和培养，是一种通过提高劳动者职业技能，进而增强其就业能力和创业能力来促进就业的措施和机制。职业培训分为求职培训与在职培训。求职培训是劳动者失业期间为了能够获得工作而接受训练；在职培训是劳动者就业期间为了更好地胜任工作而接受训练。《就业促进法》将职业培训分为就业前培训、在职培训、再就业培训和创业培训，都可以归于上述两大类型。其中的就业前培训、再就业培训和创业培训属于求职培训。职业培训的推行，可以有效提升劳动者的素质，改善劳动力的供给状况，是人力资源开发的重要内容。为了更好地推进职业培训工作、促进就业，早在 1994 年 12 月，我国劳动部门就发布了《就业训练规定》和《职业培训实体管理规定》；1995 年 1 月 1 日起实施的《劳动法》和 2008 年 1 月 1 日起实施的《就业促进法》也都规定了职业培训的内容。

关于职业培训的主体及其职责、形式和内容、考核与发证等内容将在本书“职业培训”一章中具体阐述，这里暂不赘述。

二、职业介绍

职业介绍也称劳动介绍，是指特定的中介机构通过为劳动力供求双方提供媒介服务以促进就业的活动。职业介绍实际上是一种市场中介服务，目的是弥补劳动力市场供需双方的信息缺乏和视界狭窄的弊端。成功的职业介绍可以促进社会物化资源和人力资源的结合，提高社会就业率。

职业介绍获得成功，需有两个前提条件：一是需有劳动力与劳动机会之对立，职业介绍不过为其接触之媒介；二是需有订立劳动契约之自由。在强制劳动情况下，如古代的奴隶劳动或中世纪的农奴劳动，则无所谓职业介绍。我国在计划经济体制下，劳动者不具有选择职业、订立劳动契约的自由，因此也不存在职业介绍的需求和空间。在劳动关系日益契约化的背景下，劳动者获得了劳动的自由，用人单位获得了用工的自由，职业介绍才具有可能性。加之我国目前的就业压力很大，且呈现为有些人无工作可做而一些工作又无人能做的结构性失衡现象，这就决定了我国大力推行职业介绍工作不仅可能而且必要。为规范职业介绍行为，促进劳动者和用人单位的相互选择，我国劳动部门根据《劳动法》的有关规定，于 1995 年 11 月发布了《职业介绍规定》，将职业介绍工作纳入法治化轨道。《就业促进法》第二章将职业介绍作为公共就业服务的重要内容加以规范。

（一）职业介绍机构

职业介绍机构是指从事职业介绍服务的公共就业服务机构。职业介绍机构有公益性和经营性之分。在我国，公益性职业介绍机构是指各级人民政府和有关部门举办的不以营利为目的的职业中介机构。地方各级人民政府和有关部门不得举办或者与他人联合举办经营性的职业中介机构。经营性职业介绍机构是指除各级政府和有关部门举办的公益性职业介绍机构之外的，由企事业单位、社会团体和自然人开办的以营利为目的的职业中介机构。国家对职业介绍机构的开办进行严格的管理。政府和有关部门开办职业介绍机构要依法报批；其他组织和自然人开办职业介绍机构须依法申领职业介绍许可证；开办经营性的职业介绍机构还须办理注册登记。依据《就业促进法》设立职业中介机构应当具备下列条件：有明确的章程和管理制度；有开展业务必备的固定场所、办公设施和一定数额的开办资金；有一定数量具备相应职业资格的专职工作人员；法律、法规规定的其他条件。设立职业中介机构应当在工商行政管理部门（现为市场监督管理部门）办理登记后，向劳动行政部门申请行政许可。未经依法许可和登记的机构，不得从事职业中介活动。

（二）职业介绍活动

职业介绍机构应对劳动者的求职要求和用人单位的招聘要求进行登记。应向求职者提供职业需求信息，为求职者推荐用人单位；应向用人单位提供劳动力资源信息，为用人单位推荐求职者。职业介绍机构应建立劳动力市场信息库，开展劳动力供求预测、预报，进行劳动力信息咨询服务，汇集、整理和定期发布劳动力市场信息。从事职业中介活动，应当遵循合法、诚实信用、公平、公开的原则。用人单位通过职业中介机构招用人员，应当如实向职业中介机构提供岗位需求信息。禁止任何组织或者个人利用职业中介活动侵害劳动者的合法权益。地方各级人民政府和有关部门、公共就业服务机构举办的招聘会，不得向劳动者收取费用。营利性的职业介绍机构应按有关规定缴纳税费。职业中介机构不得有下列行为：提供虚假就业信息；为无合法证照的用人单位提供职业中介服务；伪造、涂改、转让职业中介许可证；扣押劳动者的居民身份证和其他证件，或者向劳动者收取押金；其他违反法律、法规规定的行为。

参考案例 5-3

老张是一名失业人员，到一家职业介绍所求职时，工作人员当即给老张联系了一家单位，条件是需交 100 元押金，如介绍成功则再交 50 元中介费，不成功则只需交 5 元服务费，100 元押金退回。老张去职业介绍所介绍的单位面试后，发现工作环境太差而且待遇很低，就没有签约。回到职业介绍所要求退回押金时，工作人员却执意不肯退押金，理由是单位已经给他找好了，已经介绍成功了，是老张自己不愿意去。

——该案中，该职业中介机构违背了《就业促进法》《就业服务与就业管理规定》中的相关规定：职业中介机构不得向劳动者收取押金。劳动行政部门应责令该职业中介机构限期退还老张的押金，并依法对该职业中介机构作出相应的处罚。

（三）职业介绍中存在的问题

在实践中，有些职业介绍活动尤其是那些经营性的介绍活动存在不规范的问题，主要表现在：任意提高收费标准；服务质量低劣；对劳动者不负责任；与用人单位恶意串通欺诈求职者等。可见，依法规范职业介绍活动，维护求职者的合法权益，是劳动立法所面临的课题。

三、职业指导

职业指导通常是与职业介绍联系在一起的，是职业介绍的前提或附随。但职业指导有时也可以成为一项独立的服务活动。职业指导的主要任务是通过个人面谈、集体座谈、报告会、授课、通信联系等多种形式，向劳动者和用人单位提供咨询和服务，使其实现双向选择。职业指导的基本功能是提高双向选择就业的理性化程度。根据劳动部 1994 年 10 月发布的《职业指导办法》的规定，职业介绍机构和就业训练机构均负有进行职业指导的职责。职业指导工作的主要内容是：调查分析社会职业变动趋势和劳动力市场供求状况；开展对劳动者个人素质和特点的测试，并对其职业能力进行评价；帮助劳动者了解职业状况，掌握求职方法，确定职业方向，增强择业能力；向劳动者提出培训建议，并负责向就业训练机构推荐；对妇女、残疾人、少数民族人员及退役军人等特殊群体提供专门的职业指导服务；指导用人单位选择招聘方法，确定用人条件和标准；对从事个体劳动和开办私营企业的劳动者，提供开业和生产经营方面的咨询服务；对就业训练机构的培训方向、训练规模和专业设置等提供导向；对在校学生的职业指导工作提供咨询和服务。

四、就业登记

广义的就业登记包括失业登记、求职登记和对用人单位需求的登记。就业登记的目的是准确掌握劳动力供求状况，实现劳动力社会化管理，保证各项就业服务工作得以实施。1995 年 9 月劳动部发布实施《就业登记规定》，要求城镇劳动者失业、求职和城镇用人单位招聘都应按照该规定进行登记。《就业促进法》第 43 条规定：国家建立劳动力调查统计制度和就业登记、失业登记制度，开展劳动力资源和就业、失业状况调查统计，并公布调查统计结果。统计部门和劳动行政部门进行劳动力调查统计和就业、失业登记时，用人单位和个人应当如实提供调查统计和登记所需要的情况。

失业登记能够为国家掌握社会失业状况、适时推行和调整就业政策提供第一手信息资料。因此，失业登记在各国都备受重视，有的国家甚至使之具有强制性。我国的失业登记制度也具有一定的强制性。失业人员登记后领取就业失业登记证（现更名为就业创业证），它是享受就业服务、办理就业手续和申领失业保险金的凭证。

五、就业援助

就业援助，是指各级人民政府采取税费减免、贷款贴息、社会保险补贴、岗位补贴等办法以及通过公益性岗位安置等途径，对就业困难人员实行优先扶持和重点帮助的制度性措施。就业困难人员是指因身体状况、技能水平、家庭因素、失去土地等原因难以实现就业，以及连续失业一定时间仍未能实现就业的人员。

政府投资开发的公益性岗位，应当优先安排符合岗位要求的就业困难人员。被安排在公益性岗位工作的，按照国家规定给予岗位补贴。地方各级人民政府加强基层就业援助服务工作，对就业困难人员实施重点帮助，提供有针对性的就业服务和公益性岗位援助。地方各级人民政府鼓励和支持社会各方面为就业困难人员提供技能培训、岗位信息等服务。各级人民政府采取特别扶助措施，促进残疾人就业。用人单位应当按照国家规定安排残疾人就业。县级以上地方人民政府采取多种就业形式，拓宽公益性岗位范围，开发就业岗位，确保城市有就业需求的家庭至少有一人实现就业。法定劳动年龄内的家庭人员均处于失业状态的城市居民家庭（零就业家庭），可以向住所地街道、社区公共就业服务机构申请就业援助。街道、社区公共就业服务机构经确认属实的，应当为该家庭中至少一人提供适当的就业岗位。国家鼓励资源开采型城市和独立工矿区发展与市场需求相适应的产业，引导劳动者转移就业。对因资源枯竭或者经济结构调整等原因造成就业困难人员集中的地区，上级人民政府应当给予必要的扶持和帮助。

六、失业救济

失业救济是指对失业人员进行物质帮助、生活照顾和政策倾斜的社会公共措施。其核心内容当属失业保险。失业保险作为社会保险的构成部分，其基本内容将在“社会保险”一章详细阐述。由于失业保险对于促进劳动力的维持与再生，转移和分散劳动风险，减少社会冲突与矛盾具有不可替代的功能，而且失业保险的待遇水平会影响就业意愿和积极性，因此，失业保险也被视为促进就业的一项措施。

第四节　新时代就业观念更新与就业新思路

目前，我国就业工作面临新任务、新要求，应转变和更新观念，确立新战略新思路。

首先，更新就业观念，树立正确的职业观和就业观。通过教育、咨询、培训、指导等环节树立大就业观念和职业平等观念。就业观念决定着劳动者的求职目标和择业范围。狭隘的就业观念必然阻碍“再就业”工程的推进。新时代的劳动者要树立起“大就业”观念和职业平等观念。大就业观念是指不以是否进入某一单位，建立职业劳动关系为衡量是否就业的唯一标准，劳动者只要通过为他人或社会提供某种服务而获得经济收入，都应视为就业。在倡导“全民创业，万众创新”的大背景下，重视并强化“创业型”就业，对就业者自身和社会就业工作都意义重大。职业平等观念是指将任何职业都视为服务社会、实现自身价值、进行谋生的手段和途径，没有高低贵贱的差别。从本质上说，任何职业都没有光环，职业上的任何光环都是人为赋予的，是人的主观意识使然。就职业本身而言，行政官员与环卫工人只是社会分工不同，并无本质上的区别。“转变观念天地宽”，树立大就业观念和职业平等观念有助于拓宽就业视野，使劳动者在选择职业时更加从容和坦然。同时，就业选择的考量因素不能也不应只考虑个人物质利益得失，应该也必须充分考量综合福利、国家需要，将个人专业知识、爱好选择与国家、社会和人民的需要相结合，在实现小我个人价值的过程中，充分实现大我的社会贡献，展现自我、放飞自我，在成就自我的过程中充分体现和践行家国情怀和社会责任感。具体而言，就业观念更新的内容如下：饭碗生存观转变为生活方式观；物质利益观转变为综合福利观；面子虚荣观转变为真我务实观；体制身份观转变为职业平等观；个人得失观转变为家国情怀观。

其次，确立就业新思路。具体分为以下五个方面：

（1）实施就业优先战略。因为就业是最基本的民生，所以应该也必须强化就业优先战略。为此，要健全就业促进机制，促进高质量充分就业；健全就业公共服务体系，完善重点服务群体就业支持体系，加强困难群体就业兜底帮扶；统筹城乡就业政策体系，破除妨碍劳动力、人才流动的体制和政策弊端，消除影响平等就业的不合理限制和就业歧视，使人人都有通过勤奋劳动实现自身发展的机会；健全终身职业技能培训制度，推动解决结构性就业矛盾；完善促进创业带动就业的保障制度，支持和规范发展新就业形态。

（2）确立充分就业的目标，综合运用产业政策、税收财政政策、金融货币政策保证其实现。要在振兴经济、扩大劳动力需求和改善劳动力供给两方面做出努力，将扩大需求与改善供给相结合。

（3）合理有序促进劳动力跨地区、跨国流动。劳动力流动是经济一体化和全球化的产物，是市场经济的必然现象。劳动力的合理有序流动，有利于实现劳动力资源的合理配置，促进就业。实现劳动力的充分流动需要破除一些制度性障碍，改革一些诸如户籍和签证等制度。我国劳动力向国外输出过程中的欺诈现象必须依法加以规范，以充分保护境外就业劳动者的合法权益。

（4）强化就业歧视法律治理，保障劳动者的平等就业权。当今世界，就业歧视无处不在，类型多种多样。就业歧视不仅侵犯劳动者的就业自由和人格尊严，成为个体就业的障碍，也恶化社会风气和职场环境，成为社会文明和进步的毒瘤。必须强化对就业歧视的法律治理，实现平等就业和反歧视的政策目标。在我国，性别歧视、户籍歧视、健康歧视、职场性骚扰和同工不同酬现象比较突出，已成为当下立法和司法反歧视工作的重中之重。我国《就业促进法》为此专设“公平就业”一章，在《劳动法》的基础上，进一步细化反就业歧视的法律要求和强化及就业歧视的法律力度。党的二十大报告也提出，要“消除影响平等就业的不合理限制和就业歧视，使人人都有通过勤奋劳动实现自身发展的机会”。

参考案例 5-4

2023 年 1 月 6 日，全某在网络上投递简历应聘汇智公司 Java 开发工程师职位。同年 1 月 9 日，汇智公司以邮件形式通知全某 1 月 10 日参加面试，全某通过了面试。2 月 7 日，汇智公司再次向全某发送邮件并附《全某薪酬福利书》。邮件提示：（1）该附件是公司新员工福利薪酬书（非录用通知书）。（2）如有疑问，可通过电话/微信（189××××1615）联系。（3）后续流程安排为入职体检（只需检查指定的一项，请与 HR 电话确认后到三甲医院进行指定项目体检）→体检结果反馈（通过邮件/微信回传照片）→（录用通知书）。2 月 8 日，汇智公司告知全某体检项目为乙肝三项，全某支付检查费用 96.5 元，体检结果显示全某系乙肝病毒携带者（大三阳）。2 月 14 日，全某将体检结果发送给汇智公司。2 月 16 日，汇智公司以电话形式告知全某不符合录用条件，不予录用。

——劳动者依法享有平等就业和自主择业的权利。用人单位招用人员，应当向劳动者提供平等的就业机会和公平的就业条件，不得实施就业歧视。本例中该公司不得以全某为乙肝病毒携带者为由拒绝录用，当然双方也要采取必要的防控措施。

（5）处理好就业工作中的几个重要关系。首先，要处理好国家促进就业和维护用工自由、就业自由的关系。在就业方面，国家干预要适格、适度，不得破坏就业的契约化双向选择机制。其次，要处理好积极促进和消极保障的关系。消极保障应予强化，但也不宜提供“从摇篮到坟墓”的高福利。消极保障的制度设计要有利于促进劳动者的积极就业。再次，要处理好就业工作中的常规措施与权宜之计的关系。常规措施是市场经济国家促进就业的普遍性做法。有时为了缓解就业压力而采取一些应急性措施也未尝不可，但不能破坏基本规律和否定常规制度。最后，要处理好传统实体经济和新型网络经济两种经济业态的关系。基于容纳就业和国家安全的考量，注重发展实体经济更有优势。但追求经济结构优化和经济竞争力提升，新型业态贡献更大，也更令人瞩目。综合衡量，二者各有利弊，应协调发展。

【引例评析】

每个用人单位都有自己的招工条件，而求职者的自身条件又千差万别。卫某不是用人单位，也无法改变张某的自身条件和用人单位的招工条件（如用人单位应向劳动者提供的平等就业机会和公平就业条件），因此，卫某不可能为张某安排工作。本案中，卫某承诺为张某找工作或安排工作，其实质就是卫某帮张某介绍工作，而卫某不具备这种中介资格，不能为他人有偿介绍工作。

【本章小结】

1. 就业是指有劳动能力和劳动意愿的人从事有一定经济收入的社会职业的状态。就业具有多重意义，促进就业是政府施政的基本目标。

2. 失业的本质就是有劳动能力的人未能就业，呈现为与提供经济收入的社会职业相分离的状态。失业具有多重弊害，反失业是国家的经济社会政策和法律目标。

3. 我国立法确立了促进就业原则和平等就业原则，并采取了诸多促进就业的措施，包括直接促进措施和间接促进措施。直接促进措施包括职业培训、职业介绍、职业指导、就业登记、就业援助、失业救济等。

4. 新时代应树立正确的职业观念和就业观念，反对就业歧视，实现平等就业。

【练习题】

一、名词解释

就业　失业　职业培训　职业介绍　就业援助　平等就业　就业歧视

二、问答题

1. 就业的意义是什么？
2. 我国劳动就业的法律原则有哪些？
3. 促进就业有哪些制度措施？
4. 如何理解平等就业和反歧视的内涵？
5. 新时代我国促进就业工作应该确立的基本思路是什么？
6. 新时代劳动者就业应该转变哪些就业观念？

三、案例分析题

某劳务公司在网站上发布招聘信息，标题为“某公司速递员三千加计件”，任职资格：男。邓某（女）在线投递简历申请该职位，并到某速递公司进行了面试。入职体检后双方未能签约，邓某给某速递公司打电话询问不能签合同的原因，该公司以确认邓某是女性为由不批准签合同。邓某称其应聘的快递员一职并不属于不适合妇女的工种或岗位，但该速递公司仅因为邓某是女性就坚持不予考虑。邓某自从被拒后一直没有找到一份满意的工作，情绪低落、沮丧、失眠。邓某遭受歧视的心理阴影难以消除，想依法维权。

问题：

1. 该速递公司的行为违反了哪些法律规定？

2. 邓某就自己所受到的性别歧视该如何救济？

3. 本案应该如何裁判？

分析要点提示：

1. 该速递公司违反了《劳动法》《就业促进法》的有关规定。具体内容是：劳动者就业不因民族、种族、性别、宗教信仰等不同而受歧视，妇女享有与男子平等的就业权利。

2. 根据《就业促进法》第 62 条的规定，违反法律规定，实施就业歧视的，劳动者可以向人民法院提起诉讼。据此，邓某可以就自己遭受的就业歧视向人民法院提起诉讼，请求获得精神损害赔偿和实际物质损失赔偿。

3. 该劳务公司虽然在网站岗位招聘信息中注明任职资格为男性，但该劳务公司并未因邓某是女性而拒绝提供就业机会，仍通知邓某进行面试，并未实施就业歧视行为，不应承担法律责任；该速递公司对邓某实施了就业歧视，给邓某造成了一定的精神损害，故应结合该速递公司在此过程中的过错程度及给邓某造成的损害后果，酌情支持邓某精神损害抚慰金和实际物质损失赔偿的诉讼请求。

在线练习

第六章　劳动合同

【本章引例】

张某自2005年起在某公司上班，担任仓库管理员一职，每周工作6天，每天工作时间为8：00—19：00，每月工资6 400元，未签订劳动合同。2023年6月12日，公司通知张某：公司因业务调整不再设仓库管理员一职，自2023年7月1日起张某无须再来公司上班。张某不服公司的决定，向劳动人事争议仲裁委员会申请仲裁，要求公司支付经济补偿金。

请问：

1. 张某与公司之间是否存在劳动合同关系？
2. 公司能否解除与张某的劳动关系？
3. 仲裁机构应当怎样裁决本案？

【本章学习目标】

1. 了解劳动合同的概念、特征和类型；
2. 把握劳动合同的作用和内容；
3. 掌握劳动合同解除的法定事由和程序；
4. 掌握经济补偿金和赔偿金的适用条件和程序；
5. 塑造“有诺必守”“诚实信用”的契约精神；
6. 培养订立和解除劳动合同的实践能力。

第一节　劳动合同概述

一、劳动合同的概念和特征

劳动合同也称为劳动契约、劳动协议，是指劳动者与用人单位确立劳动关系、明确双方权利和义务的协议。

劳动合同具有以下基本特征：

（1）劳动合同具有主体特定性。劳动合同的主体一方为劳动者，另一方为用人单位。劳动者是指达到法定最低就业年龄且具有劳动能力的自然人。用人单位主要是企业、个体经济组织，也可以是国家机关、事业组织、社会团体。两个劳动者之间或两个用人单位之间不能订立劳动合同。劳动合同以其主体特定性特征区别于民事合同。劳动合同在主体方面的特征也表明劳动合同是实现劳动力资源配置的法律形式。

参考案例 6-1

小王是一名孕妇，为了产后有人能照顾自己和孩子，通过中介找到赵阿姨在其产后的一个月内提供照顾服务，赵阿姨需入住小王家里。4 月 23 日，小王顺利产下一名男孩，赵阿姨开始提供服务。5 月 23 日约定的服务期届满，小王为赵阿姨结算工资时，赵阿姨称其工作期间包含 5 月 1 日，该日为法定节假日，根据劳动法应当支付 3 倍工资。对此主张，小王不予认可，双方产生争议。

——本案中，小王和赵阿姨均为自然人，因此不符合劳动合同的主体规定，双方成立的不是劳动合同关系，而是民法调整的劳务关系，因此不适用劳动法对工作时间及工资的规定。

（2）劳动合同内容具有双重性。劳动合同的内容既具有财产关系属性，又具有一定的人身关系属性。劳动合同权利义务确立了劳动者与用人单位之间的劳动力给付和工资等给付关系，同时也确立了双方之间的有关保护与忠实的人身关系内容。不过，这里所说的人身关系与一般的人身隶属关系不同。一般的人身隶属关系往往使一方丧失主体性，在意志和行动方面完全受另一方的支配。劳动合同所确立的劳动关系虽然也含有一定的支配性，即用人单位在劳动合同有效期内可以在一定程度上就劳动力的使用安排进行支配和调整，但是这种支配必须以充分尊重劳动者的主体地位为前提，以不损害劳动者的独立人格和利益为限度。

（3）劳动合同内容具有关系性质转化性。劳动合同具有从外部关系向内部关系转化的性质。在订立劳动合同的时候，劳动者和用人单位彼此独立、意志自由，订立劳动合同的过程呈现为一种外部关系。当劳动合同成立生效以后，在履行过程中，劳动者就已经成为用人单位内部的一个成员，成为用人单位的一个有机组成部分。此时，劳动合同已经转化成一种内部的劳动组织协作关系。这与民事合同不同，民事合同从订立到履行都是一种外部关系，不具有劳动合同的这种转化性特征。

（4）劳动合同具有双务性、有偿性、诺成性。劳动合同是双务合同，即双方主体都负有义务，劳动者的义务是完成工作任务、遵守劳动纪律、忠实于用人单位等；用人单位的义务是支付劳动报酬、提供安全卫生劳动条件及其他保护性义务。劳动合同是有偿合同，即双方主体履行义务都有特定的物质性回报，劳动者以提供劳动为条件获取工资收入；用人单位以支付工资报酬为条件获取对劳动力资源的利用以及相应的劳动成果。劳动合同是诺成合同，劳动合同的成立只需双方充分合意即可，除法律对某些劳动合同有特殊要求以外，不需要实际的行为要件。实践中，有一些用人单位在订立劳动合同之时，要求劳动者交付“抵押金”“入厂押金”等，这些做法既违背劳动合同的诺成属性，也违反有关的法律规定。

二、劳动合同的分类和作用

（一）劳动合同的分类

1. 根据劳动合同期限进行分类

根据劳动合同期限的不同，劳动合同可分为固定期限劳动合同、无固定期限劳动合同和以完成一定工作为期限的劳动合同。

固定期限劳动合同，是指用人单位与劳动者约定了合同终止时间的劳动合同，也可称为定期劳动合同。定期劳动合同期限明确、效力稳定，因而是普遍适用的一种合同类型。定期劳动合同又依期限长短分为短期劳动合同、中期劳动合同、长期劳动合同。短期劳动合同通常是指 1 年或 1 年以下的劳动合同；中期劳动合同是指 1 年以上 5 年以下（含 5 年）的劳动合同；长期劳动合同是指 5 年以上的劳动合同。

无固定期限劳动合同，是指用人单位与劳动者没有约定明确终止时间的劳动合同。用人单位与劳动者协商一致，可以订立无固定期限劳动合同。但有下列情形之一，劳动者提出或者同意续订而订立劳动合同的，除劳动者提出订立固定期限劳动合同外，应当订立无固定期限劳动合同：劳动者在该用人单位连续工作满 10 年的；用人单位初次实行劳动合同制度或者国有企业改制重新订立劳动合同时，劳动者在该用人单位连续工作满 10 年且距法定退休年龄不足 10 年的；连续订立二次固定期限劳动合同，且劳动者没有《劳动合同法》第 39 条和第 40 条第 1 项、第 2 项规定的情形，续订劳动合同的。用人单位自用工之日起满 1 年不与劳动者订立书面劳动合同的，视为用人单位与劳动者已订立无固定期限劳动合同。

以完成一定工作任务为期限的劳动合同，是指用人单位与劳动者约定以某项工作的完成期限为合同期限的劳动合同。用人单位与劳动者协商一致，可以订立以完成一定工作任务为期限的劳动合同。

2. 根据劳动者所从事工作的性质和内容进行分类

根据劳动者所从事工作性质和内容的不同，劳动合同可分为体力劳动合同和脑力劳动合同。脑力劳动者为具有一定文化水平、技术或其他专业知识的劳动者，是稀缺而宝贵的人才资源，在招收上通常采用聘用的方式。由于人才市场处于卖方市场形态，因此，用人单位往往主动竞争、吸引人才，其聘用条件也较一般录用体力劳动者的条件要相对优厚。如此也就有了聘用合同与录用合同之分。

3. 根据劳动合同的存在形式进行分类

根据劳动合同存在形式的不同，劳动合同可分为书面劳动合同、口头劳动合同和事实劳动合同。书面合同和口头合同之别无须赘述。但根据《劳动合同法》第 10 条的规定，用人单位招用劳动者，应当订立书面劳动合同。为了贯彻该条规定，《劳动合同法》规定劳动者入职满 1 年未签订书面劳动合同的，视为签订无固定期限劳动合同。事实劳动合同是指既无书面形式，又无口头约定，而是形成了事实劳动关系。事实劳动合同没有当事人的事前合意，即无事前的要约和承诺的过程。严格说来，事实劳动关系并非合同关系，之所以可以将其视为一种合同关系，完全是将事实行为推定为一种意思表达而已。同理，事实劳动合同因为不具有书面的表现形式，同样会在劳动者工作满 1 年后视为签订了无固定期限的劳动合同。由此可见，《劳动合同法》的颁布实施，使得书面形式成为劳动合同的必要条件。在现行法律框架内，我国的劳动关系实际上是采用“二分法”，即书面劳动合同和事实劳动关系。立法上不承认口头劳动合同是一种独立的劳动关系存在形态，而是将其归类于事实劳动关系范畴。

4. 根据劳动合同条款的形成方式进行分类

根据劳动合同条款的形成方式不同，劳动合同可分为普通劳动合同和标准劳动合同。普通劳动合同，是指由劳动者与用人单位通过协商确定条款内容而订立的劳动合同。标准劳动合同，是指劳动合同的基本条款和内容已由用人单位方面事先拟好，并提供给劳动者加以认同（承诺）而形成的合同关系。普通劳动合同一般能够充分反映双方的意愿，而标准劳动合同往往使劳动者处于不利的附和地位。尽管标准劳动合同存有一些弊端，但也有一些普通劳动合同所不具有的优势，如迅速、高效等。标准劳动合同的出现是不可避免的现象，劳动立法应严格规制标准劳动合同，尽量减少其副作用。

参考案例 6-2

李师傅在腾飞钢厂担任锅炉工，双方未签订劳动合同，但是李师傅每日 8：30 准时打卡上班，20：30 打卡下班。腾飞钢厂每月通过银行转账方式向其支付工资 5 500 元。2023 年 7 月李师傅在烧锅炉时忽然晕倒，经送院治疗后于当日抢救无效去世。李师傅的家属要求认定为工伤，腾飞钢厂以双方未签订劳动合同、不存在劳动关系为由予以拒绝。李师傅的家属遂向劳动行政部门提起工伤鉴定申请。

——本案中，双方虽然没有签订劳动合同，但存在着事实劳动关系，李师傅符合工伤认定的前提条件和标准。

（二）劳动合同的作用

在社会主义市场经济条件下，劳动合同可发挥如下作用：

（1）实现劳动力资源合理配置。劳动合同是劳动力资源市场配置的一种法律媒介。通过劳动合同确立起相对稳定的劳动关系，可以使人力资源与物化资源相互结合，互为条件，实现生产过程，发挥资源的最大效能，促进社会财富增长。

（2）确立劳动关系，明确劳动权利和义务，避免或减少劳动纠纷。劳动合同明确规定劳动权利、义务和责任，这对合同双方既是一种保障，也是一种约束，有助于在协调的劳动法律关系中实现劳动者的劳动权和用人单位的应有权利。在劳动生活中，认定劳动关系至关重要，其往往是决定是否适用劳动法调整的前提判断条件。劳动合同是确立和认定劳动关系的重要依据，但不是唯一依据。没有劳动合同，但存在用工事实，符合劳动关系从属性、支配性和持续性等特点，也可以认定存在劳动关系。

司法案例 3：劳动关系确认案

（3）有助于培养劳动者和用人单位的契约精神。契约精神是平等观念、自主意识、竞争意识和合作精神的有机结合，是现代劳动者应该具有的一种素质。劳动合同的订立、履行的过程，也是劳动者和用人单位培养和塑造契约精神的过程，其意义重大而深远。

第二节　劳动合同的订立

一、劳动合同订立的概念及原则

劳动合同的订立是劳动者与用人单位经过一定的程序、采用一定的形式确定劳动合同内容、建立劳动关系的活动。劳动合同的订立涵盖订立过程和订立结果两个方面。订立过程通常表现为当事人要约、承诺的过程；订立结果表现为由特定形式承载着特定内容的合同文本。

在市场经济条件下，订立劳动合同是建立劳动关系的基本途径。劳动合同的订立质量直接影响着劳动关系的质量。规范劳动合同的订立，提高劳动合同订立的质量和合法化程度是劳动立法的任务之一。订立劳动合同应当遵循合法、公平、平等自愿、协商一致、诚实信用的原则。合法原则要求双方主体在订立劳动合同时不得违反国家法律和行政法规；公平原则要求双方要尊重和承认对方的利益诉求，实现利益衡平；平等自愿原则要求双方在订立劳动合同时要平等待己待人，充分表达各自的真实意愿，不得将自己的意志强加于人；协商一致原则要求合同内容必须经过充分协商，达成合意；诚实信用原则要求双方诚实不欺、恪守诺言。

二、劳动合同订立的程序

劳动合同订立的程序是指劳动合同订立活动的具体步骤。劳动合同的订立一般分为两个步骤：准备阶段（确定签约相对人的阶段）和正式签约阶段（协商确定合同内容的阶段）。

（一）劳动合同订立的准备阶段

劳动合同订立的准备阶段是通过一定的方式实现主体特定化的选择确定过程，表现为不断趋近、接触和预约的活动过程。实践中的操作流程通常是：由需要招工并具有招工资格的用人单位向社会公开发布招工（招聘）公告或广告；认为符合条件的劳动者报名应招；招工单位对前来应招的劳动者进行全面考核；招工单位确定符合条件的招工对象并公布名单。这个活动过程体现了我国“面向社会、公开招收、全面考核、择优录用”招工原则的要求。

在劳动合同订立的准备阶段涉及两个有争议的法律问题，即要约邀请、预约的法律性质和效果问题。

要约邀请是希望他人向自己发出要约的意思表示。要约邀请的特点是以引出要约为目的，所以不包括合同的完整条款，不具有受约束的表示，通常情况下向不特定的对象发出。在劳动合同领域，要约邀请多表现为招工简章、招工（招聘）公告和报刊、广播、电视广告等。有人认为上述要约邀请的各种形式为要约，这种认识有悖要约理论并与实践效果不符。如果说用人单位发出的招工广告和简章都是要约，那么劳动者看到这些广告或简章就可以决定是否承诺。而劳动者一旦承诺，合同也就成立了，用人单位就没有任何的选择余地，必须接纳已承诺的劳动者，这不符合用人单位发布招工广告和简章的本来目的，也与实际效果不符。实际目的和效果应该是，用人单位通过发出招工广告、公告或招工简章等要约邀请，说明招工、招聘的基本条件和要求，吸引符合条件的劳动者前来应招，在引进竞争机制（应招者之间竞争）的前提下，用人单位的选择性增大而不是丧失，因为最终决定是否录用的权利仍掌握在用人单位手里。

预约，又称预备合同、意向书、意向协议。其内容是双方约定将来订立合同。预约的实质是设定缔约义务，约束双方订立本约（正式合同）。劳动合同订立前是否存在一个预约的问题，实质就是是否承认招工单位确定招工名单并予以公布后即负有强制缔约义务的问题。

参考案例 6－3

王某通过邮件与某公司人事部门就工作内容、地点、期限、岗位、入职时间进行了确定，但是当王某按照约定到公司报道时，却被告知公司招录了其他人，该公司拒绝与王某签订劳动合同，也拒绝承担责任。

——本案中，王某已经与公司达成预备合意，公司负有与王某签订书面合同的义务，拒绝签订合同录用王某要承担相应的责任。

（二）劳动合同订立的正式签约阶段

劳动合同订立的正式签约阶段是双方具体协商确定劳动合同内容并形成合意的过程，表现为要约（包括反要约）和承诺的过程。实践中的操作流程往往是：由用人单位事先提出劳动合同草案，劳动者可以提出修改意见（在标准合同文本状态下，劳动者几乎没有修改合同的可能），经过协商确定合同内容，双方签字盖章，合同成立。有一种情况越来越引人注意，就是在劳动合同的订立过程中，标准化倾向日益突出。用人单位提出标准劳动合同文本，劳动者只能选择是否承诺，不可修改合同内容，劳动者事实上处于一种被动的附和地位。如何保障和救济标准劳动合同订立过程中处于不利地位的劳动者，是劳动法治建设面临的时代课题。

劳动合同订立的结果是劳动合同的成立。劳动合同成立的标志是承诺的生效。承诺是对要约而言的，没有要约，承诺无的放矢；没有承诺，要约没有意义。要约是希望和他人订立合同的意思表示。要约的特点是内容具体确定；表明经受要约人承诺，要约人即受该意思表示约束；一般向特定的对象发出。承诺是受要约人同意接受要约的意思表示。承诺的内容应该与要约的内容一致，方能发生成立合同的效果。在签订书面劳动合同的情况下，合同成立的时间应该以当事人在合同文本上签字盖章的时间为准。一般来说，最后在合同文本上签字盖章的时间可认定为合同的成立时间。

第三节 劳动合同的内容

劳动合同的内容有两个指向：一个是指劳动合同中标示权利义务的具体条款；另一个是指劳动合同文本上记载的全部内容，除权利义务条款以外，还包括双方主体的自然状况、合同用语的解释、合同文本的备份、签字盖章、签订日期等记载事项。

劳动合同的内容可以从两个角度来考察：基于条款产生的根据及其性质，劳动合同的内容可以分为法定条款和约定条款；基于合同义务的主体归属，劳动合同的义务可以分为劳动者合同义务和用人单位合同义务。

一、法定条款和约定条款

法定条款和约定条款，是相对于法律要求而言的，法律要求必须具备的条款为法定条款，法律未要求必备而是由当事人选择的条款为约定条款。当然，合同条款的具体内容都是由当事人根据法律、行政法规和集体合同的基准和要求而协商确定的。因为法定条款是法律要求必须具备的条款，所以亦可称为法定必备条款。法定条款是每一个合同都应该具备的基本内容，欠缺法定条款，内容就不完备，劳动合同就不能成立和生效。

（一）法定条款

根据我国《劳动法》和《劳动合同法》的规定，劳动合同应当具备以下条款。

1. 双方当事人的自然情况

双方当事人的自然情况包括用人单位名称、住所和法定代表人或者主要负责人；劳动者的姓名、住所和居民身份证或者其他有效身份证件号码。

2. 劳动合同期限

劳动合同的期限分为固定期限、无固定期限和以完成一定的工作为期限。在实践中，劳动合同中固定期限为多数。固定期限包括合同开始生效的时间和合同终止的时间。劳动合同的期限实质就是劳动合同的约束期、效力期。关于无固定期限劳动合同，根据我国《劳动法》《劳动合同法》的规定，在一定情况下劳动者提出或者同意续订劳动合同的，除劳动者提出订立固定期限劳动合同外，应当订立无固定期限劳动合同。立法把签订无固定期限的劳动合同的选择权有条件地赋予了劳动者，这有助于保障劳动者的工作权。

3. 工作内容和工作地点

工作内容是关于劳动者的劳动岗位、劳动任务的条款。劳动岗位要明确劳动者工作的性质是生产工作、管理工作、技术工作，还是其他服务工作。如果是生产工作，一般还要明确是担任什么工种的工作。劳动任务要明确劳动者需完成的工作数量和质量要求。生产一线的工作，一般要明确一定时间内要完成的劳动定额。工作内容是劳动合同的核心内容，它是区分各种劳动合同的最重要的标志。

工作地点是劳动者履行劳动给付义务的具体地点，是衡量劳动者出勤情况和判定工伤的重要依据。一般来说，用人单位不能随意变更工作地点，除非地点变更对劳动者并非不利益变更，否则应当双方协商变更或者用人单位应补偿劳动者因工作地点变更所带来的负担和损失。

4. 工作时间和休息休假

工作时间是从事职业劳动的时间和安排，有定时和不定时之分，同时必须受到法定最高工时的限制。我国实行每日工作不超过 8 小时，每周工作不超过 44 小时（实际已经调整为 40 小时）的工时制度。休息休假是工作时间以外的休息时间，是可以自由支配和享受闲暇的休整时间。休息时间包括每日工作时间（8 小时）之外的时间和每周的两个休息日（周六和周日）；休假包括法定节假日（我国每年 11 天）和各种事假。劳动合同应该在法定最高工时之下将时间安排具体化并遵守休假的法定要求。

5. 劳动报酬

劳动报酬条款规定劳动者的工资收入，包括工资形式（计时或计件、月薪或年薪、底薪和奖金等）、工资数量（工资水平）。工资水平的确定必须符合本地区工资最低标准的要求，同时应符合集体劳动合同的相关约定。

6. 社会保险

社会保险是法律强制性要求，没有选择和取舍的可能。此项内容是将立法强制性要求加以落实和具体化，是将法律条款转化为契约条款。

参考案例 6-4

李某于 2023 年入职某公司，与公司签订了劳动合同。劳动合同中约定李某自愿放弃“五险一金”，不要求公司缴纳，双方签字盖章。

——李某与公司的此项约定是无效的，因为缴纳“五险一金”是法律规定的用人单位的强制性义务，劳动者和用人单位不能约定放弃。

7. 劳动保护、劳动条件和职业危害防护

劳动保护、劳动条件和职业危害防护条款规定了用人单位为劳动者提供的劳动安全卫生条件和必备的生产资料条件。劳动安全卫生条件和职业危害防护是为了保障劳动者的生命、健康不受职业伤害而为劳动者提供的良好的工作环境。劳动条件是为了保障职业劳动的实现（履行劳动义务）而为劳动者提供的生产要素和工作条件，包括劳动场所、原材料、设备和工具等。

（二）约定条款

约定条款是指法律未作强制要求而由当事人自由选择确定的条款。约定条款又可以具体分为两类：法律规定可以约定的条款和完全由当事人选定的条款。

1. 法律规定可以约定的条款

法律规定可以约定的条款，其选择权在当事人，但一旦选择约定，条款的具体内容必须符合法律的要求。属于此类条款的有试用期条款、保密条款、竞业限制条款和违约责任条款等。

（1）试用期条款。我国法律规定，劳动合同可以约定试用期，劳动合同期限 3 个月以上不满 1 年的，试用期不得超过 1 个月；劳动合同期限 1 年以上不满 3 年的，试用期不得超过 2 个月；3 年以上固定期限和无固定期限的劳动合同，试用期不得超过 6 个月。应当把试用期理解为双方相互试用的期限，不能单纯理解为只是用人单位试用劳动者的期限，否则对劳动者不公平。

（2）保密条款。保密条款是约定劳动者保守用人单位商业秘密的有关事项的条款。保密条款对于保护用人单位利益，促进市场公平竞争有积极意义。保密条款往往是一些大企业或高新技术企业与技术人员或处于关键地位、能够获知商业秘密的员工之间在签订劳动合同时约定的。保密条款是能够产生后合同义务的合同条款，即能够在劳动合同关系消灭之后仍对劳动者有约束力。如果劳动合同约定的保密条款的后合同约束期间过长，又使劳动者负担过重，则有失公允，所以法律必须对保密条款的后合同约束期间有所限制，规定最长保密期限。

（3）竞业限制条款。竞业限制是指禁止劳动者在劳动合同关系存续或消灭后的一定期间内进入与原单位有竞争关系的企业生产同类产品或提供同类服务，或者自己生产、经营与原用人单位有竞争关系的同类产品或业务。关于竞业限制的内容，我国《劳动合同法》作出了明确的规定。竞业限制的范围、地域、期限由用人单位与劳动者约定，竞业限制的约定不得违反法律、法规的规定，且离职（劳动合同解除或终止）后竞业禁止期限不得超过 2 年。

（4）违约责任条款。违反劳动合同的责任只限于当事人之间的民事责任，不包括违反劳动法的行政责任和刑事责任。劳动合同当事人之间的民事责任主要指违约金和赔偿金两种责任。其中赔偿金的概念及规则在《劳动法》中已作出规定。对于违约金，《劳动合同法》第 22 条和第 23 条也予以明确规定。根据该法之规定，劳动合同违约金属于法定可以约定的违约金，是劳动者在特殊情况下承担的责任。其他情形下约定由劳动者承担违约金责任是违法的行为。至于约定由用人单位承担违约金责任是否合法有效，是一个需要解释的有争议的问题。

司法案例 4：竞业限制纠纷案

2. 完全由当事人选定的条款

完全由当事人选定的条款，由双方当事人自由选定，对合同是否规定该条款以及具体内容都可以充分协商确定，法律不加干涉。说法律不加干涉，并不是说法律对此种条款不加评价，违反法律精神和原则的条款，法律当然不能赋予其效力。完全由当事人选定的条款种类繁多，无法一一列举。实践中常见的且易于引起纷争的条款主要有：劳动纪律、劳动合同终止的条件等。

（1）劳动纪律。劳动纪律主要是指用人单位制定的内部规章制度。单位内部的规章制度只要是合法有效的，劳动者都要遵守，严重违反规章制度，用人单位可以据此解除劳动合同。但是，限于劳动合同的篇幅，一般不能也无必要在劳动合同中将所有的规章制度都一一列举，通常是概括规定劳动者要严格遵守用人单位的规章制度。在这种情况下，用人单位内部的规章制度已经成为劳动合同的附件，补充劳动合同的内容。

（2）劳动合同终止的条件。劳动合同终止的条件实质就是双方事先合意缩短劳动合同期限的条件。双方约定的终止劳动合同的条件出现，劳动合同的期限就缩短至条件成就之时。在没有固定期限的劳动合同中规定明确的终止合同的条件，其意义显著，可在某种程度上弥补双方合意不完整的缺陷。此时，劳动合同已具有了相对确定的期限。

除上述两类条款之外，劳动合同中有时也会出现雇主免责条款、单身条款、抵押金条款等。这些条款的效力问题将在“劳动合同的效力”一节中具体分析。

司法案例 5：劳动合同纠纷案

二、劳动者的义务和用人单位的义务

劳动合同是确定当事人之间权利义务关系的法律协议。当事人的权利享有以对方的义务允诺为前提，所以考察劳动合同的义务即可窥见劳动合同内容之一斑。劳动合同的义务分为劳动者的义务和用人单位的义务。

劳动者的义务可概括为：劳动义务、忠实义务和附随义务。劳动义务是指劳动者保质、保量完成工作任务的义务，即劳动给付义务。除特殊允许的情况外，劳动义务必须由劳动者亲自履行完成。忠实义务包括遵守用人单位的劳动纪律、保守用人单位的商业秘密、关心与增进用人单位的事业发展，以及不损害用人单位的形象、声誉和利益。忠实义务是基于劳动关系含有身份要素而负有的义务，保密和竞业限制等义务都是典型的忠实义务。附随义务主要是指损害赔偿义务，即劳动者怠于履行或不完全履行或因可归责于自己的原因不能履行劳动合同时应赔偿用人单位受到的损害的义务。从本质上说，这种损害赔偿义务已属于法律责任的范畴了。

用人单位的义务可概括为给付义务、保护义务和附随义务。给付义务是指向劳动者支付劳动报酬的义务。给付义务与劳动者的劳动义务相对应，它们是劳动合同的基本义务。保护义务是指保护劳动者在劳动过程中的人身安全、身心健康等的义务。保护义务与劳动者的忠实义务相对应，也是基于劳动关系的身份要素而产生的义务。附随义务主要包括提供劳动条件的义务和费用返还的义务等。提供劳动条件是指为劳动者履行劳动义务提供必要的场所、工具和原材料，使劳动成为可能。费用返还是指用人单位返还劳动者在劳动过程中所支出的必要费用。

第四节　劳动合同的效力

一、劳动合同效力的概念

劳动合同的效力，是指劳动合同的法律效力，即劳动法赋予劳动合同在当事人之间（对内）或有时对第三人（对外）的相当于法律的约束力。劳动合同的效力问题是劳动合同的核心问题。具有法律效力的劳动合同，法律赋予其强制履行的效力，依合同而享有的权利即可获得法律的保护。劳动合同的生效与成立是两个不同的概念，合同成立是生效的前提，但合同成立未必都能生效。通常情况下，合同生效与成立同时完成，有时合同生效却迟于合同成立。

二、劳动合同效力的具体考察

（一）订立主体与效力

劳动合同主体是否合格，直接影响劳动合同的效力。劳动者必须达到法定最低就业年龄才可被招用，招用童工是违法行为，劳动合同当然无效。劳动者从事某些特种作业，必须具有相应的特种作业资格，否则劳动合同无效。用人单位订立劳动合同必须具有合法的经营资格，没有合法的经营资格即属非法招工，劳动合同无效。

（二）订立程序与效力

1. 承诺与效力

承诺生效，劳动合同成立。只有合同成立，才能谈到效力问题。承诺生效与劳动合同效力的具体关联形态表现如下：承诺生效，劳动合同即发生效力；承诺生效后尚需履行特定的程序合同才生效；承诺生效，但劳动合同不符合生效要件而不发生效力。

2. 特殊程序与效力

在劳动合同的订立过程中，有时需履行一些特殊的程序，如鉴证、批准、备案等。其中，备案不影响劳动合同的效力。凡是法律、法规要求必须鉴证和批准的劳动合同，只有履行了这些程序之后，才能发生法律效力。

（三）合同形式与效力

法律要求劳动合同采用书面形式而当事人没有采用书面形式，对劳动合同效力将会产生何种影响？严格地按照法律逻辑推导，形式不符合法律要求即为形式违法，违法即不能发生法律效力。但是，在劳动合同实务与司法实践中，只有灵活地对待形式与效力的关系问题，才能收到良好的法律效果。

合同形式与效力关系的处理规则如下：

（1）未采用书面形式的劳动合同已履行完毕，当事人之间没有产生纷争，也不涉及和影响他人利益，法律对此口头形式的劳动合同应予认可。

（2）没有采用书面形式的劳动合同在履行的过程中发生纷争，应该允许劳动者和用人单位对劳动合同内容提供证据加以证明，如果证明不了，则劳动合同无效，已履行的部分按事实劳动关系处理。

（四）意思表示与效力

劳动合同是意思表示一致的产物，即意思合致。依意思表示理论，只有合同双方当事人的意思表示都真实，劳动合同才能发生法律效力。所谓意思表示真实，是指劳动合同当事人的外在表示意思必须与其内心所追求的效果意思相一致。影响劳动合同当事人意思表示真实的因素主要有欺诈、胁迫和乘人之危。

欺诈是指一方当事人故意作出不真实的陈述或有意隐瞒客观情况，致使对方信以为真或发生误解，从而作出有违真意的意思表示。欺诈方主观上有恶意追求，法律必须予以否定；被欺诈方上当受骗，法律必须予以救济。基于此，法律不赋予采取欺诈手段订立的劳动合同以效力。

胁迫是指一方对另一方的人身、财产或与其有利害关系的人施加某种强制或提出某种要挟，使对方在不得已的情况下作出无奈的有违真意的意思表示。胁迫已不是单纯的语言欺骗，而是使用了强制手段，所以胁迫比欺诈的主观恶性还要大，法律必须予以否定。因胁迫所作出的意思表示是在无法选择的情况下作出的，对被胁迫方极为不利，法律必须予以否定，不使其发生法律效果。我国法律规定，采用胁迫手段订立的劳动合同无效。

乘人之危虽然不是胁迫，但却是趁他人在危难之时，订立对其不利的劳动合同。并不是在所有乘人之危的情况下订立或者变更劳动合同都无效，而必须是使对方在违背真实意愿的情况下订立或者变更劳动合同的，法律才否定其效力。

除此之外，误解在一定情况下也可以影响劳动合同的效力。所谓误解，是指一方当事人发生了认识上的错误而作出某种有违真意的意思表示。误解的发生可能有两种原因：一种是因对方的欺诈而导致的；另一种是因自己的经验不足或者粗心大意而导致的。前者可依欺诈认定劳动合同无效。后者如何处理，我国劳动立法没有相应的规定。从应然的角度看，劳动立法应该赋予误解方以撤销劳动合同的权利，撤销权应限定于劳动合同期限内行使。

（五）条款内容与效力

劳动合同的条款内容违法会导致劳动合同全部或部分无效。所谓违法，是指违反法律的原则或具体规定。导致劳动合同全部无效的原因是全部条款无效或者部分关键条款无效影响其他条款的效力。在实践中，劳动合同全部条款都无效的情况较少，劳动合同全部无效往往是由关键条款的无效造成的。具有这种连锁效应的条款主要是工作内容条款。劳动合同所规定的工作内容为法律所禁止，即使其他条款符合法律规定，劳动合同也不能发生法律效力。除此之外，用人单位违反法律规定招用不满16周岁的童工，也会导致劳动合同的全部无效。

导致劳动合同部分无效的条款既有法定条款，也有约定条款。法定条款中诸如劳动报酬条款、劳动保护条款、违约责任条款，如果其内容不符合法律的规定，则该条款无效。在约定条款中，属于法律规定可以规定的条款，其内容必须符合法律规定的限制性内容。属于当事人自由约定的条款，其内容也必须符合法律的基本精神，否则该条款无效。例如，“工伤事故概不负责”这样的雇主免责条款，虽然已由劳动者承诺，但是此条规定规避了雇主必须承担的法律责任，并与“谁获利谁承担风险”的原则精神相悖；“女子单身条款”限制了劳动者结婚权的行使并违反男女平等就业的法律原则；“抵押金条款”违反平等、公平的法律原则并限制了劳动者劳动权的实现。这些条款都不能发生法律效力。

三、劳动合同无效的后果处理

劳动合同无效的后果处理涉及两个方面：事实劳动关系的处理和无效责任的承担。

劳动合同无效即自始（订立）不产生效力。劳动合同无效使当事人之间已履行的内容缺乏相应的法律根据，形成一种事实劳动关系。一般来说，形成事实劳动关系有三个原因：劳动合同无效；劳动合同未成立；劳动合同终止没有及时续订。事实劳动关系是一种客观存在，由于其产生缺乏合法根据，因此应恢复到原来状态（恢复原状）。但是劳动过程一旦发生，劳动力这种特殊商品就不能返还，如果劳动者单方返还工资，那么用人单位就会不当得利。如果基于不当得利应该返还的法律原则，形成新的债务关系解决此问题，就会对劳动者极为不利，而且画蛇添足。所以对事实劳动关系不能作恢复原状的处理，也就是说，对劳动者已获得的工资法律予以默认，对拖欠的工资，法律应该承认劳动者的工资请求权。

劳动合同的无效可能给一方造成损害，如果另一方对此有过错，那么应该承担赔偿责任。我国《劳动法》第97条只规定了用人单位的赔偿责任，没有提及劳动者的责任。但是，由于劳动者的原因导致劳动合同无效，对用人单位造成损害的，劳动者也应该承担相应的赔偿责任。对此，《劳动合同法》第86条规定，劳动合同依法被确认无效，给对方造成损害的，有过错的一方应当承担赔偿责任。这里“有过错的一方”就应包括有过错的劳动者。

四、劳动合同的对外效力问题

所谓劳动合同的对外效力，是指劳动合同对当事人以外的其他人的效力。具有法律效力的合同对当事人以外的人是否具有法律效力，是一个有争议的问题。按照传统合同理论，除第三人受益合同之外，合同只在当事人之间发生法律效力。但是在近现代社会，由于商业竞争日益加剧，合同以外的第三人干扰、破坏他人之间合同履行的现象时有发生。为了保护合同当事人的利益，维护合同尊严，合同效力有向外延伸的趋向。英美合同法理论中的“侵犯债权”概念的提出，就是对此种合同效力扩张趋势的理论反映，某种程度上也是“债权物权化”的一种体现。在劳动合同领域，合同之外的其他人干扰、破坏劳动合同履行的现象更为突出，主要表现是以不正当的手段挖走人才或者招收录用没有解除、终止劳动合同关系的劳动者。为了维护人才的竞争秩序和正常的劳动秩序，允许劳动合同的效力适当地向外延伸，赋予劳动合同当事人直接追究第三人干扰、破坏劳动合同履行的法律责任的权利，实属必要。我国《劳动法》第 99 条和《劳动合同法》第 91 条确立了此种对外效力。《劳动法》第 99 条规定：用人单位招用尚未解除劳动合同的劳动者，对原用人单位造成经济损失的，该用人单位应当依法承担连带赔偿责任。《劳动合同法》第 91 条规定：用人单位招用与其他用人单位尚未解除或者终止劳动合同的劳动者，给其他用人单位造成损失的，应当承担连带赔偿责任。比较发现，二者的表述虽略有差异，但基本精神和法律效果相同。

参考案例 6－5

某 IT 公司急需一名软件开发人员，短期内又难以在市场上招聘到合适的人员，自己培训更需要时日。公司通过考察发现，作为同业竞争对手的一家软件公司有一位非常优秀的员工孙某，于是主管人事的副总经理私下与孙某接触，承诺支付高额年薪，最终将孙某“挖”到了自己的公司。但孙某与软件公司之间的劳动合同并未解除。该软件公司将孙某和 IT 公司一同告上法庭，要求赔偿损失。

——该案中，孙某与软件公司并没有解除劳动合同，该 IT 公司的“挖”人行为给该软件公司造成了损失，应依法承担连带赔偿责任，也就是该 IT 公司与孙某应当一起对该软件公司承担赔偿责任。

第五节　劳动合同的履行

一、劳动合同履行的概念与特征

劳动合同履行，是指劳动合同主体按照劳动合同的约定履行各自义务的行为。劳动合同履行是劳动合同运行过程的核心环节，劳动合同的目的只有通过履行才能实现。

劳动合同履行具有以下特征。

（一）继续性

劳动合同属于继续履行合同。双方合同义务的履行都必须延续一定的时间，经过一定的过程方能完成。劳动者履行的继续性主要表现在反复不断释放劳动力完成创造的过程；用人单位履行的继续性表现在按一定间隔时间向劳动者支付报酬和连续不断地为劳动者的劳动实现提供物质条件和安全卫生条件。

（二）依存性

劳动合同履行双方的依存关系比任何合同关系都密切，它不单纯是一种履行的对价关系，而且是一种事实上的依赖关系。任何一方的履行都必须以对方的履行为前提才成为可能。劳动力的再生需要以工资为经济条件；工资的支付必须以劳动者的劳动创造为源泉；劳动者的劳动实现又必须以用人单位提供相应的条件为前提。劳动合同履行的依存性的外在表现是履行的同时性和交替性的结合。

（三）受限性

现代劳动者具有劳动自由，但并不是说劳动者履行劳动合同时可以随心所欲。恰恰相反，劳动者在劳动合同关系中进行职业劳动，其自由会受到很大的限制。这表现在：劳动者须在用人单位安排的时间、地点、环境里，遵守特定的规章制度和操作规程完成特定的工作任务；用人单位则必须在确定的时间、地点，以特定的方式（货币支付）支付工资报酬，并提供符合法律规定的安全卫生条件。

二、劳动合同履行的原则

（一）亲自履行原则

亲自履行原则是由劳动合同的特殊性质所决定的。劳动合同除具有财产因素以外，还有一定的身份因素。劳动关系比其他任何合同关系主体的牵连性都密切，合同的履行也具有非常严格的相对性。劳动合同亲自履行原则要求双方必须严格遵守合同约定，亲自完成各项合同义务，一般不允许将合同义务转让给第三人代为履行。

（二）全面履行原则

全面履行劳动合同是劳动合同法律效力的必然要求。劳动合同是一个包含众多义务条款的整体，各条款之间有其内在的联系，不能割裂。所谓履行合同，是指对所有合同义务条款的履行。全面履行原则要求双方当事人完整、全面、准确地履行劳动合同义务，不能只重视主要条款的履行而忽视其他条款的履行。按照全面履行的要求，劳动合同任何条款的不履行、不适当履行都属违约，在没有免责事由的情况下，都要承担相应的法律责任。

（三）协作履行原则

协作履行原则是诚实信用原则在劳动合同履行方面的反映，也是劳动合同履行依存性的必然要求。劳动合同只有在劳动者和用人单位双方彼此信赖、友好合作的氛围中，才能得到切实的履行。协作履行原则要求双方主体要为对方履行合同义务提供条件和便利，并积极合作。劳动者要关心企业，体谅企业，忠实于企业，为企业的发展出谋划策。用人单位要爱护职工，关心职工，为职工的工作、学习和生活创造便利条件。双方发生纠纷应该通过协商或者其他方式予以解决，不应彼此对抗或采取暴力行为。总之，协作履行原则要求双方在劳动合同履行过程中相互配合，并展示诚意、善意、爱心和人道。

第六节　劳动合同的变更、终止与解除

劳动合同变更，是指劳动者与用人单位通过合意将劳动合同或者其中某些条款变更为新的合同内容或者条款的行为。劳动合同变更，实质就是劳动合同的更生。与此不同，劳动合同终止和解除都会导致劳动合同的消灭。但终止和解除的条件、后果有所不同，有必要分别加以考察。

一、劳动合同的变更

根据《劳动法》的规定，劳动者与用人单位协商一致，可以变更劳动合同的内容。变更劳动合同，应当采用书面形式。变更劳动合同应该协商一致，在没有协商一致的情况下，用人单位的单方变更行为一般不具有法律效力。但是，在司法实践中，认定变更行为的效力通常考虑用人单位单方做出的变更决定对劳动者利益所产生的影响。如果变更决定对劳动者利好（利益增进），此种变更属于“利益变更”，则通常认定此种变更行为有效；如果变更行为对劳动者利空（利益减损），此种变更属于“不利益变更”，则通常认定此种变更行为无效。这种解释适用的精神符合劳动法所特有的“有利解释”原则的基本要求。

二、劳动合同的终止

劳动合同的终止是表示劳动合同自然消灭状态的概念。导致劳动合同终止的因素有两大方面：当事人的合意和不可抗力事件。当事人的合意是指当事人约定的合同期限届满、合同目的实现或约定的终止条件成就。不可抗力事件主要是指主体消灭，表现为劳动者的死亡或者丧失劳动能力以及用人单位消灭（如因遭受战火或自然灾害而不复存在）。我国《劳动法》第 23 条规定，劳动合同期满或者当事人约定的劳动合同终止条件出现，劳动合同即行终止。这里只规定了劳动合同当事人预期终止的两种情况，对当事人不可预期的终止状态没有规定。《劳动合同法》第 44 条规定了劳动合同终止的诸种情形：劳动合同期满的；劳动者开始依法享受基本养老保险待遇的；劳动者死亡，或者被人民法院宣告死亡或者宣告失踪的；用人单位被依法宣告破产的；用人单位被吊销营业执照、责令关闭、撤销或者用人单位决定提前解散的；法律、行政法规规定的其他情形。

在上述终止劳动合同的情形中，有三种情形用人单位应当向劳动者支付经济补偿金：除用人单位维持或者提高劳动合同约定条件续订劳动合同而劳动者不同意续订的情形外，劳动合同期满终止劳动合同的；用人单位被依法宣告破产的；用人单位被吊销营业执照、责令关闭、撤销或者用人单位决定提前解散的。

三、劳动合同的解除

（一）劳动合同解除的概念与类型

劳动合同解除是劳动合同当事人提前消灭合同关系的法律行为，是当事人阻却合同存续的一种意志行为。可见，劳动合同解除是表示劳动合同被人为消灭的概念，通过人为的解除行为，使具有法律效力的劳动合同在合同期限届满以前自解除之时失去效力，从而实现主体特定的目的。劳动合同解除是劳动合同整个动态过程的一个环节，虽不是必经环节，却影响甚大，因而备受劳动立法的关注。

劳动合同解除分为两大类型：双方解除和单方解除。

劳动合同的双方解除又称协商解除、协议解除、合意解除，是指双方当事人通过协商达成解除协议而解除劳动合同。劳动合同是双方当事人的协议，双方当事人有订立劳动合同的自由，也有解除劳动合同的自由。双方当事人通过协商解除劳动合同，法律应当予以认可，并且不施加限制条件。

劳动合同的单方解除即一方通过行使解除权而解除合同。单方解除是一方当事人的意志行为，不以对方是否同意为转移。单方解除不当，就会破坏合同效力和尊严，损害对方权益。所以，劳动立法要严密规范单方解除。劳动合同的单方解除又分为用人单位解除和劳动者解除。根据我国《劳动法》《劳动合同法》的规定，用人单位解除包括三种类型：过失性辞退、非过失性辞退、经济性裁员。劳动者解除包括两种类型：一般性解除（预告解除）和特殊性解除（即时解除）。

（二）用人单位解除的条件与程序

用人单位解除劳动合同有三种情况，法律分别规定了不同的适用条件和程序。

1. 过失性辞退的条件

过失性辞退的条件是：(1) 在试用期间被证明不符合录用条件的。(2) 严重违反用人单位的规章制度的。(3) 严重失职，营私舞弊，给用人单位造成重大损害的。(4) 劳动者同时与其他用人单位建立劳动关系，对完成本单位的工作任务造成严重影响，或者经用人单位提出，拒不改正的。(5) 因《劳动合同法》第 26 条第 1 款第 1 项规定的情形（以欺诈、胁迫的手段或者乘人之危，致使对方在违背真实意思的情况下订立或者变更劳动合同的）致使劳动合同无效的。(6) 被依法追究刑事责任的。

司法案例 6：劳动合同纠纷案　　**司法案例 7：劳动合同纠纷案**

这里需要对上述第 (1) 项和第 (6) 项条件加以说明。劳动者在试用期间被证明不符合录用条件，可视为劳动者有过错。劳动者被依法追究刑事责任，按照劳动部《关于贯彻执行〈中华人民共和国劳动法〉若干问题的意见》（以下简称《若干意见》）第 29 条的解释，是指被人民检察院免予起诉的；被人民法院判处刑罚的；被人民法院依据《刑法》第 32 条免予刑事处分的。其中，被人民法院判处刑罚包括判处拘役、3 年以下有期徒刑缓刑。我国 1996 年修改了《刑事诉讼法》，取消了检察机关免予起诉制度，所以“被依法追究刑事责任”概念中已不包括被人民检察院免予起诉的情形。再者，我国 1997 年修改了《刑法》，原第 32 条规定的免予刑事处分的内容已改由第 37 条规定。可见，所谓被依法追究刑事责任包括被人民法院判处刑罚的和被人民法院依据《刑法》第 37 条免予刑事处分的。仔细分析会发现，这里存在着一定的矛盾。被人民法院判处管制刑罚的，用人单位可以依法解除劳动合同。但是从管制刑的特点和刑事立法规定来看，对被判处管制的犯罪分子不予羁押，仍要回原单位被公安机关限制自由，而且要坚持同工同酬。这就造成了劳动法立法精神与刑事立法精神的矛盾。另外，被免予刑事处分即实际上没有被追究刑事责任，而仍将其作为被追究刑事责任的一种情况，实属不当。按照这个解释，凡是没有被人民法院经过审判宣告有罪的（包括行政拘留、犯罪嫌疑人在公安预审和检查起诉阶段），都不能解除劳动合同。虽然被人民法院经过审判宣告有罪，但被免予刑事处分的、被判缓刑的、被判管制刑和单独判处附加刑的，也不应据此解除劳动合同。上述这种限缩性解释虽与《若干意见》的解释不符，但此种限缩性解释有助于扩大劳动者劳动权的实现范围，并且有助于一些轻微犯罪分子和监外执行犯罪分子的改造和自食其力。

概括相关法律规定，过失性辞退有条件、无程序、无补偿。

2. 非过失性辞退的条件与程序

非过失性辞退的条件是：(1) 劳动者患病或者非因工负伤，在规定的医疗期满后不能从事原工作，也不能从事由用人单位另行安排的工作的。(2) 劳动者不能胜任工作，经过培训或者调整工作岗位，仍不能胜任工作的。(3) 劳动合同订立时所依据的客观情况发生重大变化，致使劳动合同无法履行，经用人单位与劳动者协商，未能就变更劳动合同内容达成协议的。

司法案例 8：劳动合同纠纷案　　**司法案例 9：劳动合同纠纷案**

非过失性辞退须履行提前通知的法定程序。解除通知必须提前 30 日以书面形式直接送达劳动者本人或额外支付劳动者一个月的工资。没有履行通知程序或者 30 日预告期间未满或未支付一个月的工资，用人单位解除劳动合同即为程序违法。

概括相关法律规定，非过失性辞退有条件、有程序、有补偿。

3. 经济性裁员的条件与程序

经济性裁员的条件是：(1) 依照《企业破产法》规定进行重整的。(2) 生产经营发生严重困难的。(3) 企业转产、重大技术革新或者经营方式调整，经变更劳动合同后，仍需裁减人员的。(4) 其他因劳动合同订立时所依据的客观经济情况发生重大变化，致使劳动合同无法履行的。经济性裁员有裁员人数限制，是指需要裁减人员 20 人以上或者裁减不足 20 人但占企业职工总数 10%以上的。此外，裁减人员时，应当优先留用下列人员：与本单位订立较长期限的固定期限劳动合同的；与本单位订立无固定期限劳动合同的；家庭无其他就业人员，有需要扶养的老人或者未成年人的。

经济性裁员赋予用人单位较为宽泛的解除权，如果不适当加以限制，用人单位很容易以企业经营困难为由，任意辞退职工。所以，在条文解释上应作出适当限缩并通过严格的程序规定加以限制。在条文的解释上，主要是阐明如何衡量是否达到“严重困难”程度。是否达到严重困难应该严格按照当地政府规定的严重困难企业标准来衡量，而不应该由用人单位自己任意衡量困难程度。根据《劳动法》第 27 条、《劳动合同法》第 41 条和《企业经济性裁减人员规定》（劳部发〔1994〕447 号）第 4 条的规定，用人单位裁减人员，应按下列程序进行：提前 30 日向工会或全体职工说明情况，并提供有关生产经营状况的资料；提出裁减人员方案，内容包括被裁减人员名单、裁减时间及实施步骤，符合法律、法规和集体合同约定的被裁减人员的经济补偿办法；就裁减人员方案征求工会或全体职工意见，并对方案进行修改和完善；向当地劳动行政部门报告裁减人员方案以及工会或者全体职工的意见，并听取劳动行政部门的意见；由用人单位正式公布裁减人员方案，与被裁减人员办理解除劳动合同手续，按照有关规定向被裁减人员本人支付经济补偿金，并出具裁减人员证明书。法律规定用人单位裁减人员须征求工会或全体职工的意见和听取劳动行政部门意见，这很有必要，问题是如果工会或全体职工提出了不同意见或者劳动行政部门提出了不同意见，是否会影响或阻却用人单位的裁减活动。如果职工方面和劳动行政部门提出不同意见，对用人单位的裁减活动不具有影响力或阻却力，那么征求和听取意见的程序就形同虚设，没有实际意义了。

对于经济性裁员，法律规定了一个特殊的内容，即用人单位裁减人员，在 6 个月内录用人员的，应当优先录用被裁减的人员。这是对用人单位施加的附条件的义务，实质是赋予了劳动者附条件的优先录用权。用人单位没有履行此项义务，劳动者的优先录用权被侵犯，劳动者可以提请仲裁或诉讼。

用人单位在下列情形下禁止进行非过失性辞退和经济性裁员：劳动者患职业病或者因工负伤并被确认丧失或者部分丧失劳动能力的；患病或者负伤，在规定的医疗期内的；女职工在孕期、产期、哺乳期的；法律、法规规定的其他情形。

概括相关法律规定，经济性裁员有条件、有程序、有补偿。

参考案例 6－6

姜某是某公司的财务人员，该公司共有员工 40 余人。2024 年 1 月，该公司以经营状况不佳为由直接向姜某下达了经济性裁员通知书，包括姜某在内的 3 名员工被解除劳动合同关系。

——该公司所谓的经济性裁员行为不符合法律规定：裁减人员没有达到 20 人以上或者达到职工总数的 10%以上的法定要求，而且也没有履行经济性裁员的法定程序。

（三）劳动者解除的条件与程序

劳动者解除劳动合同有两种情况，其适用条件和程序不同，现分别阐释如下。

1. 劳动者一般性解除劳动合同

此种解除即指《劳动合同法》第 37 条规定的情形。劳动者适用此条规定解除劳动合同没有条件限制，只需履行提前 30 日或 3 日通知的程序义务即可。关于“通知”，需要明确以下内容：

（1）通知的内容。通知是一种具有法律效力的意思表示，必须包含相应的内容。根据通知书的功能和有关法律规定，通知书只需载明解除劳动合同的意愿、通知日期、期限届满日、通知人姓名即可，无须载明解除的原因、目的等内容，也不必恪守固定的格式。

（2）通知的形式。关于通知的形式，法律明确要求采用书面形式。问题是：如果通知未采用书面形式，而是采用口头形式，其效果该如何认定？对于口头通知，司法实践应采取灵活的态度。若双方对通知无异议，法律确认其效力；若用人单位对通知有异议，劳动者必须提供相应的证据予以证明，否则法律不确认其效力。

（3）通知的对象。通知当然应向用人单位作出，问题是：应向用人单位的何人、何部门作出？通知向用人单位的法定代表人作出，当然没有问题。除此之外，通知向用人单位主管人事工作的副职领导或人事部门作出，同样应该具有法律效力。

（4）通知的送达与接收。为了防止用人单位否认已接到通知，劳动者在提交通知时可要求接收人（能够代表用人单位的人员）在通知书上签收。通知书一式两份，劳动者自己保管备份作证明。在劳动者提交通知，用人单位拒绝接收的情况下，劳动者可邀请两名无利害关系的见证人签字或者由工会组织予以签字证明。

2. 劳动者特殊性解除劳动合同

此种解除即《劳动合同法》第 38 条规定的情形。劳动者适用此条规定解除劳动合同，除随时通知用人单位之外，没有特殊的程序限制，但有严格的条件限制。特殊性解除的通知没有时间的限制，也没有形式的限制（书面和口头均可）。特殊性解除的条件包括：未按照劳动合同约定提供劳动保护或者劳动条件的；未及时足额支付劳动报酬的；未依法为劳动者缴纳社会保险费的；用人单位的规章制度违反法律、法规的规定，损害劳动者权益的；因《劳动合同法》第 26 条第 1 款规定的情形致使劳动合同无效的；法律、行政法规规定劳动者可以解除劳动合同的其他情形。用人单位以暴力、威胁或者非法限制人身自由的手段强迫劳动者劳动的，或者用人单位违章指挥、强令冒险作业危及劳动者人身安全的，劳动者可以立即解除劳动合同，不需事先告知用人单位。

参考案例 6-7

胡某为某公司员工。2023 年 8 月 16 日上午，胡某与公司管理人员因工作发生争执，其间发生推搡。2023 年 8 月 17 日，该公司向工会发送《解聘通知书（致工会）》，工会的意见是：该员工违法违纪情况属实，同意解除劳动合同。2023 年 8 月 20 日，该公司发布《处罚通告》，载明："胡某，8 月 16 日 8：30 左右，不服从上级管理，粗暴争执行为造成他人人身伤害、扰乱正常厂区秩序。该员工无视公司规章要求，妨碍正常管理秩序，予以解除劳动合同。"2023 年 9 月 26 日，胡某向劳动人事争议仲裁委员会申请仲裁。仲裁裁决驳回胡某提出的仲裁请求。胡某不服劳动人事仲裁裁决，向法院提起诉讼。法院认为公司解除劳动合同的决定符合法律规定，驳回了胡某的诉讼请求。

——该案中，如果能够依据证据证明胡某的行为达到了严重违反公司规章制度的程度，公司则有权依法解除劳动合同，劳动人事争议仲裁委员会的仲裁裁决和人民法院的判决就是合法的，应予肯定。

（四）劳动合同解除的效力与后果

劳动合同一经解除，其权利义务关系就消灭了。也就是说，劳动合同一经解除，其合同义务就无须履行了。这是解除的当然效力（对后效力）。有争议的问题是：劳动合同解除后，其解除的效力是否应当溯及解除之前已履行的部分？对于一般合同探讨解除的溯及力问题，不能否定其意义，但对于劳动合同而言，意义不大。因为合同解除如果溯及以前的话，那么合同一经解除，其已履行的部分就没有法律根据，应当恢复原状。但劳动合同与一般民事合同不同，劳动合同无法彻底恢复原状。所以，不论劳动合同解除是否溯及既往，其解除前已履行的部分法律都得认可。对此，劳动部发布的《若干意见》中已明确指出，劳动合同的解除，只对未履行的部分发生效力，不涉及已履行的部分。

劳动合同解除后，虽然合同权利义务消灭，但会产生或继续存在以下后果：用人单位有应劳动者的请求出具劳动证明书的义务，同时也有对向其了解情况的其他用人单位如实说明劳动者情况的义务；有支付拖欠工资的义务和返还劳动者支出的必要费用或借用的劳动者财产的义务；劳动者有返还占用的用人单位财产的义务；规定保密条款和竞业禁止条款的劳动合同解除后，劳动者在约定的合法期间内，继续负有保密和竞业禁止的义务。

（五）劳动合同解除的经济补偿与赔偿问题

1. 劳动合同解除的经济补偿

劳动合同解除的经济补偿，是指用人单位在协议解除劳动合同或者因非过失性辞退、经济性裁员解除劳动合同的情况下，依法向劳动者支付一定数额的经济补偿金。可见，劳动合同解除的经济补偿仅指用人单位对劳动者的补偿，不存在劳动者对用人单位的补偿问题。确立经济补偿制度是劳动法贯彻公平原则的体现。经济补偿的基本要义是：用人单位在劳动者无过错的情况下解除劳动合同，不管劳动者是否同意，都会使劳动者失去工作和生活来源，劳动者处于弱势和不利的地位，需要用人单位给予一定的物质补偿以实现利益衡平。

劳动合同解除的经济补偿金由用人单位一次性支付，具体支付标准是：用人单位应根据劳动者在本单位工作年限，每满 1 年发给相当于 1 个月工资的经济补偿金，工作时间 6 个月以上不满 1 年的按 1 年计算；工作时间不满 6 个月的按半个月的标准发给经济补偿金。劳动者月工资高于用人单位所在直辖市、设区的市级人民政府公布的本地区上年度职工月平均工资 3 倍的，按职工月平均工资 3 倍的数额支付，向其支付经济补偿的年限最高不超过 12 年。此处所称的“月工资”是指劳动者在劳动合同解除或者终止前 12 个月的平均工资。

概括梳理立法规定可知，用人单位应当向劳动者支付经济补偿金的劳动合同解除情形包括：（1）协商解除（仅限用人单位向劳动者提出解除劳动合同的情形）。（2）劳动者即时解除。（3）非过失性辞退。（4）经济性裁员。（5）劳动合同期满终止（用人单位维持或者提高劳动合同约定条件续订劳动合同，劳动者拒绝续订的除外）。（6）因用人单位被依法宣告破产而终止劳动合同。（7）因用人单位被吊销营业执照、责令关闭、撤销或者用人单位决定提前解散而终止劳动合同。（8）法律、行政法规规定的其他情形。

2. 劳动合同解除的赔偿

劳动合同解除的赔偿，是指劳动者或用人单位违法违约解除劳动合同，给对方造成财产损失或其他损害而依法给予的赔偿。劳动合同解除的赔偿与补偿的性质和功能不同。补偿是用人单位的单方义务，是合法解除劳动合同的一个附带义务；赔偿对双方当事人都适用，是违法违约解除劳动合同后应承担的法律责任。补偿的功能是实现一种特殊的照顾，而赔偿的功能是实现对损害的弥补和平复。劳动合同解除的赔偿包括用人单位解除的赔偿和劳动者解除的赔偿。

用人单位违反法律规定解除或终止劳动合同的，按照《劳动合同法》第 47 条规定的经济补偿金标准的 2 倍支付赔偿金。

劳动者违反法律规定或劳动合同的约定解除劳动合同，对用人单位造成损失的，赔偿用人单位下列损失：用人单位招收录用其所支付的费用和用人单位为其支付的培训费用，双方另有约定的按约定办理；对生产、工作造成的直接损失；劳动合同约定的其他赔偿费用。

【引例评析】

1. 张某虽然未与该公司签订劳动合同，但是根据《劳动合同法》的规定，用人单位应当在用工之日起 1 个月内与劳动者签订劳动合同，超过 1 年未签订的视为订立无固定期限劳动合同。张某与该公司应当视为已经订立无固定期限劳动合同。

2. 该公司以业务调整为由解除与张某的劳动关系应当属于劳动合同法中的非过失性辞退，即劳动合同订立时所依据的客观情况发生重大变化，致使原劳动合同无法履行，经当事人协商不能就变更劳动合同达成协议。但非过失性辞退须履行提前通知的法定程序。解除通知必须提前 30 日以书面形式直接送达张某或额外支付张某 1 个月的工资。

3. 本案中，该公司没有与张某就劳动合同变更问题进行协商，也没有提前 30 日告知或者支付 1 个月的工资，因此用人单位解除劳动合同为违法解除，应当向张某支付经济补偿金和赔偿金。

【本章小结】

1. 劳动合同是指劳动者与用人单位确立劳动关系、明确双方权利和义务的协议。劳动合同的特征包括：主体具有特定性；内容具有双重性；从外部关系向内部关系转化的性质；属于双务、有偿、诺成合同。

2. 根据期限的不同，劳动合同可分为固定期限劳动合同、无固定期限劳动合同和以完成一定工作为期限的劳动合同。根据劳动者所从事工作性质和内容的不同，劳动合同可分为体力劳动合同和脑力劳动合同。根据劳动合同存在形式的不同，劳动合同可分为书面劳动合同、口头劳动合同和事实劳动合同。根据劳动合同条款形成方式的不同，劳动合同可分为普通劳动合同和标准劳动合同。

3. 劳动合同的法定条款包括：用人单位的名称、住所和法定代表人或者主要负责人；劳动者的姓名、住址和居民身份证或者其他有效身份证件号码；劳动合同期限；工作内容和工作地点；工作时间和休息休假；劳动报酬；社会保险；劳动保护、劳动条件和职业危害防护；法律、法规规定应当纳入劳动合同的其他事项。

4. 劳动合同的解除是劳动合同当事人提前消灭合同关系的法律行为，是当事人阻却合同存续的一种意志行为。劳动合同的解除分为两大类型：双方解除和单方解除。单方解除是劳动合同一方行使解除权的行为。劳动合同单方解除包括劳动者单方解除和用人单位单方解除。劳动者单方解除包括一般性解除（预告解除）和特殊性解除（即时解除）两种类型；用人单位单方解除包括过失性辞退（有条件、无程序、无补偿）、非过失性辞退（有条件、有程序、有补偿）、经济性裁员（有条件、有程序、有补偿）。

【练习题】

一、名词解释

劳动合同　劳动合同效力　劳动合同履行　劳动合同解除　经济补偿金　赔偿金

二、思考题

1. 劳动合同的特征和种类有哪些？
2. 劳动合同的内容（条款）有哪些？
3. 劳动合同履行的原则是什么？
4. 劳动合同终止能够导致什么后果？
5. 劳动者解除劳动合同有哪些情形？
6. 用人单位解除劳动合同有哪些情形？
7. 经济性裁员的条件有哪些？应当履行什么程序？
8. 经济补偿金的支付情形和支付标准有哪些？

三、案例分析题

A公司将该公司的部分业务外包给B公司，并将部分厂房及设备在外包协议期限内免费提供给B公司使用。在业务外包协议期间，王某与B公司建立劳动关系后被安排至A公司工作。B公司为王某缴纳了基本养老保险等社会保险。2023年12月20日，王某与其他员工因对工资标准有异议，虽按时到达工作场所但均拒绝工作。A公司和B公司为此与包括王某在内的职工代表进行了沟通和协商。王某等员工实际该日均未提供劳动，造成A公司停产一日。B公司当日决定对王某等6名员工予以开除。

2023年12月22日，B公司工会对B公司解除与王某等6名员工劳动关系的决定书面表示无异议。2024年1月17日，王某向劳动人事争议仲裁委员会申请仲裁。（B公司的员工手册于2016年6月1日公布，公司曾组织王某等员工多次学习，王某书面承诺知悉及遵守。员工手册明确规定：煽动他人停工或在公司闹事、无理取闹导致公司停止办公或导致客户单位停产达0.5小时者属于解除劳动合同的情形。）

问题：

1. 王某与哪个公司建立了劳动关系？
2. B公司的开除行为属于劳动合同的终止还是解除？
3. B公司的开除行为是否符合劳动法律的规定？

分析要点提示：

1. 本案表面是外包，实际是派遣（假外包真派遣）。A公司是用工单位，B公司是派遣单位（用人单位），王某与B公司之间存在劳动关系。

2. 劳动合同的终止是劳动合同的自然消灭；劳动合同的解除是劳动合同当事人提前

消灭合同关系的法律行为。本案B公司的行为属于劳动合同的解除。

3. 本案涉及的是过失性辞退。适用的情形是劳动者严重违反用人单位规章制度。认定B公司的行为是否合法的关键，在于认定王某的行为是否属于严重违反B公司规章制度的行为。

在线练习

第七章　工作时间和休息休假

【本章引例】

2020 年，小林与银星科技公司签订了劳动合同，期限为自 2020 年 7 月 1 日至 2023 年 6 月 30 日，工作时间约定为每天 8：30—17：30，每周工作 6 天，周日休息。2023 年 1 月小林怀孕，预产期为 2023 年 11 月。2023 年 6 月 30 日，该公司以劳动合同到期终止为由不再与小林续签劳动合同。小林不服公司的决定，遂向劳动人事争议仲裁委员会申请劳动仲裁，主张继续履行劳动合同并要求公司支付加班工资。

请问：

1. 小林与公司签订的劳动合同是否合法？
2. 公司能否终止与小林的劳动合同？
3. 小林的主张能否获得仲裁机构的支持？

【本章学习目标】

1. 了解工作时间的概念及具体形式；
2. 掌握延长工作时间的条件及工资支付方式；
3. 掌握休假的概念、种类及功能；
4. 树立工作与生活平衡兼顾的理念。

第一节　工作时间的概念和种类

一、工作时间的概念

工作时间是指劳动者从事本职工作所需要或实际耗用的时间。具体来说，工作时间就是劳动者在用人单位中或虽不在用人单位但接受用人单位指令，为完成工作任务而将自己的劳动力与生产资料相结合，实现劳动创造过程所使用的时间。工作时间长度通常是以一日和一周之内的工作时数来衡量，由此形成日工作时间和周工作时间，习惯上把日工作时间称为“工作日”，把周工作时间称为“工作周”。

工作时间是劳动者创造物质财富和精神财富的时间，也是衡量劳动者贡献大小、支付劳动报酬的依据。从用人单位方面看，提高产值和利润有两种途径：一是提高生产率；二是延长工作时间。提高生产率必须提高科技水平和劳动者素质，往往需要付出很高的成本而且有时效果迟延。延长工作时间往往成为提高产值和利润的常规办法。从劳动者的角度看，有时为了不丢掉工作，不得不接受延长工时的安排；有时又为了能够多获得一些工资收入，主动要求加班加点。由此观之，延长工作时间有时会成为劳资双方共同的需求。劳动者一日或一周之内的时间总量是固定的，工作时间的延长必然会减少休息时间，影响劳动者的身心健康。从保护劳动者的角度出发，劳动立法要严格限制工作时间的长度。通常是规定一日和一周之内的最长工作时间，严格限制工作时间的延长，由此形成劳动法工时制度。

二、工作时间的种类

工作时间是一个法律概念，它在法律效果上笼统地表示劳动者从事职业劳动的有效时间。如果按照实际状态进行分类，工作时间可以细分为正常工作时间和辅助工作时间。正常工作时间是劳动者实际工作的时间；辅助工作时间是指没有从事工作但与正式工作有密切关联的时间，主要包括必要的准备时间和整理时间、停工待料的时间、在职培训时间、必要的工间休息时间等。辅助工作时间虽然不是实际的创造过程，但因其与实际的创造过程有密切关联，在法律效果上也被认定为工作时间。

根据具体的实施形式，工作时间通常分为一般工作时间和特殊工作时间。一般工作时间即标准工作时间，是由国家法律规定的基本的工时标准，通常为工时最高标准；特殊工作时间即非标准工作时间，包括延长工作时间、缩短工作时间、计件工作时间、不定时工作时间和综合计算工作时间。

第二节　8小时工作制的确立及其启示

一、8小时工作制的确立

从历史上看，工作时间的长短，决定着资本家的利润，也影响着工人的身体健康。所以，工作时间的长度问题一直是劳资斗争的焦点。在“工厂立法”以前的时代，工人的劳动时间很长，一般都超过12小时，有的甚至达到或超过了人的生理极限。当时的“劳工法规”非但不限制工作时间的长度，反而强迫工人接受资本家的残酷剥削，允许资本家延长工作时间。面对工人阶级的斗争和社会各方面的压力，1802年英国议会通过了《学徒健康与道德法》，规定纺织工厂18周岁以下的学徒每日工作时间不得超过12小时，并禁止学徒在晚9时至翌日5时期间工作。这是世界上第一个限制工厂工作时间的立法，具有重要意义。以《学徒健康与道德法》为转折，劳动立法的保护重心实现了转移，开始体现出保护劳工的理念。正是基于此，《学徒健康与道德法》被认为是“工厂立法”的开端、现代劳动法诞生的标志。《学徒健康与道德法》产生了深远的影响，继这项立法之后，一些发达的资本主义国家如瑞士（1815年）、德国（1839年）、法国（1841年）也相继颁布了有关的“工厂立法”，并把限制工作时间作为其中的重要内容。

早期工厂立法所确定的最高工时都在8小时以上。随着人道主义思想的传播、工人阶级政治力量的增强，争取8小时工作制的斗争日益高涨。1866年第一国际第一次代表大会（国际工人协会日内瓦代表大会）提出了“8小时工作、8小时自己支配、8小时休息”的口号，要求各国制定法律予以确认。1877年美国铁路工人展开了争取8小时工作制的斗争。1884年美国和加拿大的8个国际性的工人团体在芝加哥集会，决定举行总同盟罢工争取实现8小时工作制。1886年美国工人举行全国性大罢工，要求实现8小时工作制。美国芝加哥工人为此付出了很大的代价，经过工人阶级的流血斗争，资本家承认了工人8小时工作制的权利。为了巩固这次罢工的成果，共产国际于1889年7月14日在巴黎召开国际代表大会，通过了把每年的5月1日作为国际劳动节的决议。

此后，8小时工作制成为指导各国工时立法的普遍原则。但是，由于各国资产阶级的反对，西方主要的资本主义国家在20世纪才通过立法确立8小时工作制。新西兰最早制定了关于8小时工作制的法律。此后英国于1908年，法国、德国、瑞士于1919年，比利时于1921年，意大利于1923年分别制定法律，确立了8小时工作制。美国工人通过罢工斗争争取到的8小时工作时间的权利，虽然为资本家所认可，但是美国联邦政府直到1912年才颁布法律确立8小时工作制，其适用范围也有一定的限制，只适用于政府机关和公用事业的劳动者。美国国会于1938年通过《公平劳动标准法》，正式规定雇主不得使雇员在一个工作周内的工作时间超过40小时，实际也就普遍规定了劳动者的工作时间每日不得超过8小时。现在世界各国在普遍实行了8小时工作制的基础上，又相继缩短工作周，成为当代工时制度改革和工时立法的主要趋势。工作周从每周工作6天48小时缩减到每周工作5天40小时，北欧一些国家已减到35小时。

《中国人民政治协商会议共同纲领》明确规定，公私合营企业中一般实行8～10小时工作制。1952年8月政务院在《关于劳动就业问题的决定》中指出：应有计划、有步骤地贯彻8小时至10小时工作制，一些较大的公私合营工矿交通运输企业应尽可能实行8小时工作制；有害健康的工作，每天工作的时间应低于8小时；一切公私企业的加班加点，均应受到严格的限制。1960年12月《中共中央关于在城市坚持八小时工作制的通知》指出：全国各城市的一切单位、一切部门，在一般情况下，无例外地必须严格执行8小时工作制，不得任意加班加点，不得任意侵占干部和群众的休息时间。1988年国务院通过的《中华人民共和国私营企业暂行条例》规定，私营企业实行8小时工作制。1994年2月国务院发布的《国务院关于职工工作时间的规定》指出，国家实行职工每日8小时，平均每周44小时的工时制度。1994年7月全国人大常委会通过的《中华人民共和国劳动法》规定，国家实行每日工作时间不超过8小时，平均每周工作时间不超过44小时的工时制度。1995年3月国务院发布《关于修改〈国务院关于职工工作时间的规定〉的决定》，确立了我国目前正在实行的工时制度，即职工每日工作8小时，每周工作40小时。国家机关、事业单位实行统一的工作时间，星期六和星期日为周休息日。

二、历史启示

通过上述考察，可以得出以下几点历史启示：

（1）工时立法是现代劳动法内容体系中最传统也最有代表性的部分。通过确立劳动者工作时间的法律基准来保障劳动者休息权的充分实现，是现代劳动法的任务。

（2）缩短工时是人类社会进步的要求，但促其实现的强大动力是工人阶级的斗争。同时，技术科学的发展，劳动生产率的不断提高，为劳动者工作时间的缩短奠定了物质基础。

（3）缩短工作周，创造更多的闲暇是世界工时立法的潮流，也是劳动法文明和进步的标志。世界上任何一个国家不管采用何种制度、何种体制，都必须顺应这一历史潮流，不断创造条件以扩大劳动者的自由时间，实现人真正意义上的全面发展。

第三节　工作时间的具体形式

工作时间的形式简称工时形式，是指工作时间的具体计算与实现形式。根据我国有关法律、法规的规定，我国的工时形式包括标准工时、延长工时、缩短工时、计件工时、不定时工时、综合计算工时。

一、标准工时

标准工时，是指国家法律规定的在正常情况下一般劳动者从事职业劳动的时间。标准工时是最基本的工时形式，是建立和实现其他工时形式的基础。

标准工时的特点如下：

（1）以每日8小时为基准，确定周工作时数。

（2）标准工时广泛适用于机关、团体、事业单位，企业往往会在标准工时的基础上作出变通。

（3）标准工时为国家法律明确规定，具有强制力，代表着一个国家的工时状况。

（4）标准工时是其他工时形式存在的基础，没有标准工时，就无法确定其他工时形式的合法性。

需要加以明确的是，我国《劳动法》第36条的规定中，使用了“不超过”的字样，这一条规定中的“8小时”和“44小时”不是标准工时，而是法律确立的最高工时基准。我国的标准工时是在法律确立的最高工时基准的前提下，通过法规加以具体明确的。我国的标准工时是：8小时工作日，40小时工作周。

二、延长工时

延长工时，是指依法在特殊情况下实行的一种一定限度内超过标准工时的特殊工时形式。严格来说，延长工时是违法的，是对劳动者休息权的侵犯。但根据现实需要，一般都作出灵活规定，允许有条件地延长工作时间。延长工时只适用于特殊的情况，并有条件和程序的限制。延长工时是由标准工作时间和延长的工作时间构成的。延长的工作时间有加班时间和加点时间之分。加班是指在公休日或休假日安排工作；加点是指在工作日之内超出标准工作时间安排工作。不论加班还是加点，都会侵占劳动者正常的休息时间，所以都受到法律的严格限制。限制延长工作时间的法律制度主要有三项内容：延长工作时间的条件和程序、延长工作时间的限度、延长工作时间的工资支付。

（一）延长工作时间的条件和程序

延长工作时间有一般延长和特殊延长。一般延长的条件是生产经营需要，程序是经与工会和劳动者协商。特殊延长只有条件限制，没有程序限制。特殊延长的条件是：发生自然灾害、事故，或者其他原因，威胁劳动者生命健康和财产安全，需要紧急处理的；生产设备、交通运输线路、公共设施发生故障，影响生产和公众利益，必须及时抢修的；必须利用法定节日或公休假日的停产期间进行设备检修、保养的；为完成国防紧急任务，或者完成上级在国家计划外安排的其他紧急生产任务，以及商业、供销企业在旺季完成收购、运输、加工农副产品紧急任务的。

（二）延长工作时间的限度

延长工作时间的限度是，一般每日不得超过 1 小时；因特殊原因需要延长工作时间的，在保障劳动者身体健康的条件下延长工作时间每日不得超过 3 小时，并且每月不得超过 36 小时。

（三）延长工作时间的工资支付

延长工作时间就会挤占劳动者的休息时间，而休息时间是非常宝贵的。所以法律要求用人单位在不能安排补休或能安排但已丧失本来意义的情况下，支付较高标准的工资待遇。一般来说，加点和利用法定假日加班不安排补休，直接按标准支付加班加点工资，而休息日加班的可以安排补休，不能补休的，按标准支付加班工资。法律根据休息时间的性质及价值程度，分别规定不同情况下的工资支付标准：加点的，支付不低于工资 150％的工资报酬；休息日加班的，除安排补休的以外，支付不低于工资 200％的工资报酬；法定假日加班的，支付不低于工资 300％的工资报酬。

参考案例 7-1

李某与 A 公司签订劳动合同，约定李某在 A 公司生产部工作，实行标准工时制，月工资 5 800 元。在 2023 年 3 月至 2024 年 3 月期间，李某在休息日加班累计达 35 天，A 公司未能提供证据证明已安排李某进行补休。

——根据《劳动法》第 44 条的规定，休息日安排劳动者工作又不能安排补休的，用人单位支付不低于工资的 200％的工资报酬。由此，A 公司应向李某支付休息日加班工资 18 667 元（5 800 元/月÷21.75 天/月×200％×35 天）。

三、缩短工时

缩短工时，是指在特殊情况下实行的少于标准工作时间的工时形式。缩短工时的法律依据是《劳动法》第 39 条。该条允许企业在不能实行标准工作时间的情况下经过批准实行其他工作和休息办法。缩短工时的具体法律依据是《国务院关于职工工作时间的规定》第 4 条。该条规定，在特殊条件下从事劳动和有特殊情况，需要适当缩短工作时间的，按照国家有关规定执行。我国目前可以实行缩短工时的职工类型如下：

（1）在特定行业（纺织、化工、采矿、冶炼、森林采伐和装卸装运）从事矿山、井下、高山、高温、低温、有毒有害、特别繁重或过度紧张的劳动的职工。从事这些劳动，劳动者的付出较大，而且往往有害健康，因此应该在一定程度上缩短工作时间，以减轻职业危害和劳动付出，保障劳动者的身心健康。

（2）从事夜班工作的劳动者。夜班工作时间是指从本日 22 时至次日 6 时的时间。夜班工作时间是人睡眠休息的时间，如果用来工作，势必会改变人的生活规律而增加疲劳，影响健康。所以夜班工作要严加控制，并且要缩短工作时间。一般从事夜班工作每日要缩短工作时间 1 小时。

（3）哺乳期工作和怀孕的女职工。哺乳未满周岁的婴儿要给予一定的哺乳婴儿的时间。一般是一个工作日给予两次哺乳时间，每次 30 分钟。哺乳时间和哺乳往返在途时间算在工作时间之内。对怀孕 7 个月以上的女职工，在工作时间之内应安排一定的休息时间。

（4）未成年工。未成年工是指已满 16 周岁未满 18 周岁的职工。安排未成年工从事工作，除在工作岗位和时间安排上要符合未成年工特殊保护的法律规定以外，还要缩短工时，以保障未成年工的健康。一般未成年工每日要缩短工作时间 1 小时。

四、计件工时

计件工时的特点是表面上不计时而计件，但实际上是以完成工作定额的时间为工作时间。计件工时的激励性较为明显，有利于提高劳动生产率，而且劳动者只要努力，就可获得更多的休息时间或者更多的报酬。实行计件工作制应该符合以下要求：

（1）劳动定额的确定必须适当，不能过高。如果一般的劳动者经过努力都不能在 8 小时以内完成任务，实际就是变相延长工时。

（2）完成劳动定额就能领取足额工资，余下的时间如何利用，劳动者应该有决定权。如果劳动者选择继续工作，其工作成果应该得到相应的报酬。

五、不定时工时

不定时工时，是针对因生产特点、工作特殊需要或职责范围的关系，无法按标准工作时间衡量或需要机动作业的职工所采用的一种工时形式。所谓不定时，是指无固定的起点和终点，无法计算和衡量工作日长度。企业可以实行不定时工时的人员包括：

（1）企业中的高级管理人员、外勤人员、推销人员、部分值班人员和其他工作无法按标准工作时间衡量的职工。

（2）企业中的长途运输人员、出租汽车司机和铁路、港口、仓库的部分装卸人员，以及因工作性质特殊，需机动作业的职工。

（3）其他因生产特点、工作需要或职责范围的关系，适合实行不定时工时的职工。

实行不定时工时要在保障职工身体健康并充分听取职工意见的基础上，采用集中工作、集中休息、轮休调休、弹性工作时间。同时，实行不定时工时需要履行审批程序。具体审批办法是：中央直属企业实行不定时工时的，经国务院行业主管部门审核，报国务院劳动行政部门批准；地方企业实行不定时工时的，由省、自治区、直辖市人民政府制定，报国务院劳动行政部门备案。

六、综合计算工时

综合计算工时是指综合计算工作时间，是针对因工作性质特殊、需连续作业或受季节及自然条件限制的企业的部分职工，采用以周、月、季、年为周期综合计算工作时间的一种工时形式。综合计算工时制的特点是时间连续使用和计算，进行平均量控制。也就是说，为了工作上的需要，不按正常工作时间间隔进行休息而是连续工作、连续休息，但平均日工作时间和周工作时间应与法定标准工作时间基本相同。企业对符合下列条件的职工可以实行综合计算工时制：

（1）交通、铁路、邮政通信、水运、航空、渔业等行业中因工作性质特殊，需连续作业的职工。

（2）地质及资源勘探、建筑、制盐、制糖、旅游等受季节和自然条件限制的行业的部分职工。

（3）其他适合实行综合计算工时工作制的职工。

实行综合计算工时制的企业也要采取适当的方式确保职工休息和生产、工作任务的完成。实行综合计算工时制的审批办法与不定时工作制的审批办法相同。

第四节　休息休假的概念和意义

一、休息休假的概念

休息是指劳动者利用工作时间之外的可以自由支配的时间所实现的身体和精神的放松、休整和调适。因为休息和休假在广义上都属于休息的范畴，所以广义的休息时间包括休息和休假的时间。狭义的休息时间是指劳动者依法获得的以工作日和工作周为循环周期的不计付工资报酬的自由支配时间，即当日下班后到次日上班前的 8 小时以外的休息时间和周六、周日两个公休日时间。法定休假时间是指劳动者依法获得的具有某种特定意义的以日为单位的计付工资的自由支配时间。

休息时间和休假时间的区别在于：休息时间的总量要大于休假；休息时间固定而且普遍享有，而休假时间除法定节日外，不具有固定性且享有的程度不同；休息不带薪，而休假一般都带薪；休息一般是为了放松和休整，不具有特定意义，而休假往往具有特定的目的，承载着某种伦理和文化的意义，例如春节、国庆节、劳动节、中秋节等都有特定的文化含义。

二、休息休假的意义

（一）确保劳动力资源得以恢复与再生

劳动力是一种蕴含于人体内的易消耗的资源，也是一种可再生的资源。劳动力的消耗，就是劳动者体力和脑力的消耗。要想恢复和再生劳动力资源，必须遵循劳动者生命有机体的特殊规律，确保劳动者实现必要的休息和休养。

参考案例 7-2

“五一”假期，张大姐没有出去游玩，而是在家里拆洗被褥、打扫卫生，忙得不亦乐乎。有人认为，张大姐“五一”根本就没有休假，她一直在劳动。

——本例中，张大姐是在劳动，但她不是在从事职业劳动，不是在工作。她仍在休假，干家务活属于她自己自由掌握和支配休息时间的一种形式。

（二）满足劳动者品味生活真谛的需要

相对于劳动时间是被用人单位所约束的时间，休息休假时间就是劳动者可以完全按照自己的意志自由活动的时间。人们只有在自己能够自由支配时间（闲暇）的世界里，才能真正成为自己的主人，才能获得更多的精神放松和愉悦，也才能充分感受生活的乐趣和真谛。正因为如此，马克思非常看重闲暇时间的获得，认为闲暇时间的获得是人类从“必然王国”走向“自由王国”的开始，对人类的解放具有重要的意义。

（三）促进劳动者职业素质的提升

在工作之外的闲暇时间，劳动者可以进行学习、培训和进修，提高自己的技能和素质，提升劳动力的质量，从而提高劳动生产率和单位整体竞争能力。

（四）实现劳动者作为人的全面发展

劳动者不仅要努力工作，爱岗敬业，还需要在其他各方面都得到锻炼和提高。需要在家庭生活、社会生活、文化生活、政治生活各方面倾注必要的时间、精力和经济力量，实现感情沟通、人际交往、文化交流、政治参与。总之，要实现劳动者作为人的全面发展，就必须确保其有可自由支配的闲暇时间。

第五节　休假的种类

一、法定节假日

法定节假日是指国家法律规定的全体人员放假休息的节日。法定节假日不仅与其他休息时间一样具有保障休息权的功能，更为重要的是，这些法定节假日还蕴含着文化的内涵和意义，体现和承载着一个民族的文化传统和价值观念。

我国于 1949 年 12 月 23 日发布了《全国年节及纪念日放假办法》（以下简称《办法》）。《办法》分别于 1999 年 9 月 18 日、2007 年 12 月 14 日和 2013 年 12 月 11 日进行了三次修订。

根据第三次修订所形成的现行《办法》的规定，属于全体劳动者的节假日全年共计 11 天，具体安排如下：新年（元旦），放假 1 天（1 月 1 日）；春节，放假 3 天（农历正月初一、初二、初三）；清明节，放假 1 天（农历清明当日）；劳动节，放假 1 天（5 月 1 日）；端午节，放假 1 天（农历端午当日）；中秋节，放假 1 天（农历中秋当日）；国庆节，放假 3 天（10 月 1 日、2 日、3 日）。属于全体劳动者的假日，如适逢星期六、星期日，应在工作日补假。

属于部分公民放假的节日和纪念日有：妇女节（3 月 8 日），妇女放假半天；青年节

（5月4日），14周岁以上的青年放假半天；儿童节（6月1日），不满14周岁的少年儿童放假1天；中国人民解放军建军纪念日（8月1日），现役军人放假半天。凡属少数民族习惯的节日，由各少数民族聚居地区的人民政府，按照各民族习惯，规定放假日期。此外，“二七”纪念日、“五卅”纪念日、“七七”抗战纪念日、“九三”抗战胜利纪念日、“九一八”纪念日、教师节、护士节、记者节、植树节等其他节日、纪念日，均不放假。

二、带薪年休假

带薪年休假是指劳动者连续工作满一定期限后所享受的一段时间的有工资收入的连续休假。带薪年休假的特点是：享受年休假有一定的条件限制，须连续工作达到一定时间以上；带薪年休假是一段时间的连续放假，一般不能间隔和跨年累积；带薪年休假期间劳动者享受工资和福利待遇。2008年1月1日起实施的《职工带薪年休假条例》确立了我国现行带薪年休假制度，具体内容包括主体范围、条件与假期、效力与待遇、保障与救济。

（一）主体范围

机关、团体、企业、事业单位、民办非企业单位、有雇工的个体工商户等单位的职工连续工作1年以上的，享受带薪年休假。单位应当保证职工享受年休假。职工在年休假期间享受与正常工作期间相同的工资收入。

（二）条件与假期

职工累计工作已满1年不满10年的，年休假5天；已满10年不满20年的，年休假10天；已满20年的，年休假15天。国家法定休假日、休息日不计入年休假的假期。职工有下列情形之一的，不享受当年的年休假：职工依法享受寒暑假，其休假天数多于年休假天数的；职工请事假累计20天以上且单位按照规定不扣工资的；累计工作满1年不满10年的职工，请病假累计2个月以上的；累计工作满10年不满20年的职工，请病假累计3个月以上的；累计工作满20年以上的职工，请病假累计4个月以上的。

（三）效力与待遇

带薪年休假是法定假日，具有强制执行的效力，不允许劳资双方约定排除，一般劳动者也不能单方加以放弃。单位根据生产、工作的具体情况，并考虑职工本人意愿，统筹安排职工年休假。年休假在1个年度内可以集中安排，也可以分段安排，一般不跨年度安排。单位因生产、工作特点确有必要跨年度安排职工年休假的，可以跨1个年度安排。单位确因工作需要不能安排职工休年休假的，经职工本人同意，可以不安排职工休年休假。对职工应休未休的年休假天数，单位应当按照该职工日工资收入的300%支付年休假工资报酬。

（四）保障与救济

县级以上地方人民政府人事部门、劳动保障部门应当依据职权对单位执行带薪年休假的情况主动进行监督检查。工会组织依法维护职工的年休假权利。单位不安排职工休年休假又不依照相关条例规定给予年休假工资报酬的，由县级以上地方人民政府人事部门或者劳动保障部门依据职权责令限期改正；对逾期不改正的，除责令该单位支付年休假工资报酬外，单位还应当按照年休假工资报酬的数额向职工加付赔偿金。对拒不支付年休假工资报酬、赔偿金的，属于公务员和参照公务员法管理的人员所在单位的，对直接负责的主管人员以及其他直接责任人员依法给予处分；属于其他单位的，由劳动保障部门、人事部门或者职工申请人民法院强制执行。

参考案例 7-3

姜小白于2021年3月进入A公司担任设计师，工作5个月。2022年1月姜小白入职B公司担任行政人员，工作11个月。2022年12月20日，姜小白入职C公司担任设计师。2024年1月4日，姜小白以C公司未为其安排年休假为由向劳动人事争议仲裁委员会申请仲裁。

——本案中，姜小白虽然入职过A、B、C三家公司，但其在A、B公司的工作时间未能连续满一年，因此在A、B公司其不享受年休假。2023年12月21日，姜小白在C公司连续工作满一年且在一个年度内，因此姜小白符合年休假条件，C公司应当为其安排年休假。

三、事假

事假是指除上述法定假日以外，因出现法定事由，由劳动者提出申请并由用人单位予以批准的特定休假。与法定假日所不同的是，它不是全体劳动者在每年都当然能够享受的休假，而是个别劳动者在特定事由出现时才可能享受的休假。事假因请假事由不同，可具体分为探亲假、婚丧假、产假和病假等。

（一）探亲假

探亲假，顾名思义，是探望亲人的假期。其中，亲人限定在两地分居的配偶和父母。探亲假是用来与配偶、父母团聚的时间，具有一定的伦理价值。目前我国职工探亲假的执行依据是国务院1981年发布的《国务院关于职工探亲待遇的规定》，该规定明确了职工享受探亲假的条件、假期期限和有关待遇。职工享受探亲假的条件是，工作满一年又不能利用公休日与两地分居的配偶和父母团聚。

探亲假的假期标准为：探望配偶的，每年给假一次，假期30天；未婚探望父母的，原则上每年给假一次，假期20天，若自愿申请两年探亲一次，假期为45天；已婚探望父母的，每4年给假一次，假期为20天；实行休假制度的职工（如学校教职工）应在休假期间探亲，如假期较短，可由本单位适当安排，补足探亲假的天数。在探亲假之外，可根据需要给予路程假。探亲假期间逢公休日和法定节日，不予扣除和补假。探亲假的待遇是工资照发；探望配偶和未婚职工探望父母的路费由单位承担，已婚职工探望父母的路费在本人月标准工资30%以内的，由本人自理，超过部分由单位承担。

（二）婚丧假

婚丧假是职工在本人结婚和直系亲属死亡时享受的假期，包括结婚假和丧葬假。1980年国家劳动总局和财政部颁布的《关于国营企业职工请婚丧假和路程假问题的规定》授权单位批准决定1～3天的假期。结婚时双方不在一地工作的和外地直系亲属死亡需前往外地的，可以根据路程另外给予路程假。在批准的婚丧假和路程假期间，工资照发，费用自理。2015年我国通过了修正后的《人口与计划生育法》，将婚假的具体休假细则下放到各省、自治区、直辖市。各地相继出台新的地方人口与计划生育条例，对婚假有了新的规定。总体而言，在立法理念上，基本是对婚假天数予以适度扩张。

（三）产假

产假即妇女生育假。享受产假的基本法律根据是《劳动法》第 62 条的规定。该条规定明确了女职工享受产假的权利和产假的最低标准（90 天）。除此之外，关于产假的法律规定还有劳动部 1994 年发布的《企业职工生育保险试行办法》和 2012 年国务院发布的《女职工劳动保护特别规定》。《企业职工生育保险试行办法》要求将产假待遇纳入劳动保险范畴，实行社会统筹，由劳动部门所属的社会保险经办机构负责收缴、管理生育保险基金并负责支付保险待遇。《女职工劳动保护特别规定》规定，女职工生育享受 98 天产假，其中产前可以休假 15 天；难产的，增加产假 15 天；生育多胞胎的，每多生育 1 个婴儿，增加产假 15 天。女职工怀孕未满 4 个月流产的，享受 15 天产假；怀孕满 4 个月流产的，享受 42 天产假。

2015 年我国修订了《人口与计划生育法》，将产假的具体休假细则下放到了各省、自治区、直辖市，各地相继出台了新的地方人口与计划生育条例，对产假作出新的规定。有的地方给予男职工陪产假，有的地方对产假天数予以适当延长。

（四）病假

病假是劳动者因患病或非因公负伤需要治疗或休养而经申请所获得的休假。请病假应该履行请假程序，并应出示医院证明。病假工资应该按照法定或集体合同、劳动合同的约定支付。

【引例评析】

1. 小林与银星科技公司签订的劳动合同约定每日工作 9 小时，每周工作 54 小时，这明显违反了我国工时立法的规定，工作时间条款无效，应该按照法定标准工时执行。

2. 公司不能在小林孕期、产期和哺乳期解除劳动关系。小林与银星科技公司的劳动合同虽然可以到期终止，但是应当顺延至小林哺乳期结束。

3. 小林主张继续履行劳动合同符合法律规定，但履行期限至小林哺乳期满。小林主张加班工资符合法律规定，小林每日工作时间为 9 小时，每周工作 6 天，周工作时间为 54 小时，超过了 40 小时，且公司未安排小林调休。公司应当分别按照工资标准的 150%和 200%向小林支付加班加点工资。

【本章小结】

1. 工作时间是指劳动者从事本职工作所需要或实际耗用的时间。工作时间通常分为一般工作时间和特殊工作时间。一般工作时间即标准工作时间，是由国家法律规定的基本的工时标准，通常为工时最高标准；特殊工作时间即非标准工作时间，包括延长工作时间、缩短工作时间、计件工作时间、不定时工作时间和综合计算工作时间。

2. 延长工作时间的工资支付标准为：加点的，支付不低于工资 150%的工资报酬；休息日加班的，除安排补休的以外支付不低于工资 200%的工资报酬；法定假日加班的，支付不低于工资300%的工资报酬。

3. 带薪年休假是指劳动者连续工作满一定期限后所享受的一段时间的有工资收入的连续休假。年休假在1个年度内可以集中安排，也可以分段安排，一般不能跨年度安排。

4. 事假是指除法定假日以外，因出现法定事由，由劳动者提出申请并由用人单位予以批准的特定休假。与法定假日所不同的是，事假不是全体劳动者在每年都当然能够享受的休假，而是个别劳动者在特定事由出现时才可能享受的休假。事假包括探亲假、婚丧假、产假和病假等。

【练习题】

一、名词解释

工作时间　标准工时　加班加点　法定节假日　带薪年休假　事假

二、问答题

1. 工作时间的法律意义是什么？
2. 标准工时的特点是什么？
3. 法定节假日有哪些？
4. 延长工作时间的法律要求是什么？如何支付工资报酬？
5. 带薪年休假的休假条件和假期如何？
6. 事假的种类与法定内容有哪些？

三、案例分析题

向某于2022年4月到鸿盛公司上班，从事物管保洁工作。2022年7月1日双方签订劳动合同，约定：合同期限从2022年7月1日到2023年6月30日；向某的工作属于不定时工作制，平均每周工作40小时，带薪年休假一天，除此之外全年无休；工资报酬为每月基本工资4 000元，绩效工资400元。合同约定的不定时工作制没有经劳动行政管理机关审批。2023年3月3日，鸿盛公司口头通知向某解除劳动合同，向某要求鸿盛公司依法支付经济补偿金、双休日及法定节假日工资，鸿盛公司予以拒绝。2023年3月21日，向某向劳动争议仲裁委员会申请仲裁。劳动争议仲裁委员会作出不予受理通知书。向某不服，于2023年5月27日向法院提起诉讼，要求判令鸿盛公司因违法解除劳动关系向其支付经济补偿金，支付双休日、法定节假日加班工资。

问题：

1. 向某的工作时间是否能够被认定为不定时工作制？
2. 向某是否存在加班的事实？
3. 鸿盛公司是否应当支付解除劳动合同的经济补偿金？

分析要点提示：

1. 实行不定时工作制需要履行审批程序。本案中向某的工作时间没有经过审批，不能被认定为不定时工作制。

2. 标准工时制为每日工作不超过8小时，每周工作不超过40小时。此外，劳动者享受的休息时间还包括法定节假日、带薪年休假、每周至少1天的休息日。据此，向某存在加班的事实。

3. 用人单位单方解除劳动合同须符合法律规定，违法解除劳动合同的，除依法支付经济补偿金外，还应当支付赔偿金。本案中，向某没有提出要求支付赔偿金的诉求，只提出要求支付经济补偿金的诉求，应当予以支持。同时对向某双休日和法定节假日加班工资的诉求，法院应当予以支持，鸿盛公司应分别按照 200％和 300％的支付标准支付。

在线练习

第八章　劳动工资

【本章引例】

陈某与某文化传播有限公司签订了固定期限劳动合同，合同期限为2020年9月至2023年8月。合同约定陈某在该公司业务部任职，月工资为6 200元。2023年6月，陈某共加班3.5天。该公司未向陈某支付2023年7月23日至8月3日的工资，且以实物的形式支付陈某2023年6月的工资。陈某要求该公司以货币形式支付其2023年6月的工资（包括加班工资）以及2023年7月23日至8月3日的工资。

请问：

陈某的要求能否获得支持？

【本章学习目标】

1. 掌握工资的概念和性质；
2. 理解工资立法的原则；
3. 了解工资形式和工资水平的决定机制；
4. 把握最低工资标准的效力；
5. 掌握工资支付的原则和工资权的内容；
6. 树立劳动致富和按劳分配的观念。

第一节　工资与工资制度

一、工资概述

（一）工资的概念和性质

1. 工资的概念

工资又称薪金、薪水，是指劳动者因付出职业劳动所获得的，由用人单位按照一定的标准和形式所支付的劳动报酬。这是对于工资概念的一般定义，其外延包括基本工资（标准工资）、奖金、津贴。但工资的概念使用比较混乱，内涵和外延不够统一。有时向外延伸至各种补贴、福利等，使工资概念泛化为所有由用人单位支付或者代为支付的劳动者的收入项目，导致工资概念的外延越来越庞杂。有时工资概念又向内紧缩，专指工资构成中最基本和最稳定的部分，即基本工资，不包括奖金和津贴。但作为一个法律概念，工资概念的内涵和外延应当相对确定，不能任意扩大或缩小，一些工资外的支付项目不能被随意纳入工资的范畴。

工资概念与报酬、收入两个概念的关联性较大，有辨析的必要。

报酬泛指各种付出的回报。资本付出的回报是利润，劳动付出的回报是劳动报酬。劳动报酬包括两个部分：基于民事合同从事各种服务性劳动所获得的报酬和基于职业劳动所获得的报酬。基于职业劳动所获得的报酬即为工资。可见，工资是报酬范畴内的劳动报酬的一部分，是基本的劳动报酬。工资作为基本的劳动报酬，与其他劳动报酬相比较，其特点是具有稳定性、普遍性和限定性。所谓稳定性，是指工资水平和支付变化较小，在一定时期内相对保持不变。所谓普遍性，是指工资的适用范围广泛，适用对象普遍，一般的公民都属工薪阶层，都要受领工资。所谓限定性，是指工资的水平和支付与其他劳动报酬相比受到的约束较大，这种约束来自法律上的最低工资标准和集体合同。

收入泛指所有经济所得，其适用范围非常广泛。从主体角度来说，有个人收入、集体收入、企业收入和国家收入；从内容角度来说，有劳动性收入和非劳动性收入；从法律评价的角度来说，有合法收入和非法收入。劳动收入有以下特点：收入的根据是职业劳动付出；收入的标准是按劳取酬；收入的形式是货币支付；收入实现的可预期性较高（收入风险小）。工资对于劳动者来说，是其收入的组成部分，而且往往是最重要的部分。由此可见，工资实质就是劳动者个人合法获得的劳动收入。

参考案例 8-1

甲与某公司签订固定期限劳动合同，约定在合同存续期间公司按月支付甲 3 000 元；乙与某公司签订承揽合同，乙为该公司运输货物，该公司支付乙 3 000 元。

——本例中，前者 3 000 元为甲的工资；后者 3 000 元为乙的运输费用，属于劳动收入，不是工资。

2. 工资的性质

工资的性质可从以下两方面进行考察：

（1）工资是劳动力价值的货币体现，即劳动力的价格。劳动力是一种特殊的商品，也有价值和使用价值之分。劳动者从事职业劳动，把劳动力的使用价值转移给用人单位，从而实现其价值。工资就是劳动力价值的一种体现。劳动力具有创造性，能够创造出高于自身价值的价值。自身价值以工资形式实现，高于自身价值的价值则以利润的形式实现。

（2）工资是社会分配个人消费品的一种形式。人要生存必须消费，要消费就必须获得消费品。消费品是社会资源，必须采用一定的形式，按照一定的原则在社会个体之间实现分配。其中有些分配是有偿的，有些是无偿的。无偿的分配形式有社会福利、社会救济等，有偿的分配形式主要是工资等。

（二）工资的作用

在市场经济条件下，工资发挥着以下作用：

（1）保障生活。工资是劳动者生活的主要经济来源，是职工个人及其家庭成员生存和发展的物质保障，在一定意义上也是社会稳定的物质基础。

（2）分配财富。社会财富是劳动者全体辛勤劳动创造出来的，应该公平、合理地分配给每一个劳动者。工资是向劳动者分配财富的主要形式，它以按劳分配为基本原则。在社会财富还没有达到极大丰富的条件下，工资是一种主要的分配形式。

（3）配置资源。工资是劳动力市场的价格信号，劳动力资源的流动与配置深受工资水平的影响。一般来说，劳动力倾向于从工资水平较低的地区和行业流向工资水平较高的地区和行业。工资作为一种市场利益杠杆，其水平差异及调整，必然成为影响劳动力资源配置的重要因素。

（4）刺激经济。工资是劳动力价值的货币体现。合理且不断提高的工资水平，是对劳动力价值的充分肯定，有利于激发劳动者的劳动积极性和创造性，为经济发展注入活力。工资分配以后，一部分会转化为储蓄，而大部分会转化为现实购买力，进入消费环节。旺盛的消费会创造市场需求，引导和刺激经济发展。

二、工资制度的构成及改革

（一）工资制度的构成

工资制度的构成可分为形式构成和内容构成。工资制度的形式构成是指关于工资问题的政策和法律。在法治条件下，确立工资制度主要通过立法，应尽量减少工资制度形式构成中的政策成分。在此意义上，工资制度与工资法律制度基本为同义语。工资制度的内容构成主要包括：工资形式、工资水平、工资支付、工资管理与调控。

（二）工资制度的改革

新中国成立初期，对旧社会混乱、不合理的工资制度进行了调整。东北地区最早建立了新的工资等级制度，规定 13 等 39 级，另加等外 5 级（学徒），工人职员实行同一工资标准，即“一条龙”的工资制度。后经 1950 年和 1951 年两次改革，我国形成了以下工资制度：企业实行 8 级工资制，划分 5 个产业，执行 5 种工资标准；企业、事业单位、国家机关的工程技术人员实行 24 级工资制；企业、事业单位的管理人员和国家机关的工作人员实行 32 级工资制。在华北等地区，为了便于接管，有利于稳定局势，实行了“原职原薪”的政策。后来又进行了一些改革，在提高工资水平的前提下，拟定了新的工资等级制度。

从 1952 年至今，我国主要进行了三次全国性的工资制度改革。

1952 年，我国进行了第一次工资制度改革，其主要内容是：统一以“工资分”作为工资的计算单位，并统一工资分所含实物的品种和数量；建立了新的职工工资等级制度，国营企业大多数工人实行 8 级工资制，少数实行 7 级制或 6 级制，职员多数实行职务等级工资制，少数实行职务工资制；将供给制完全改变为工资制，结束了供给制与工资制并存的局面。

1956 年，我国进行了第二次工资制度改革，其主要改革内容是：随着物价的稳定，取消了工资分，实行直接按货币规定工资标准的制度；调整产业、地区、部门之间的工资关系；进一步改革职工的工资等级制度，在全国范围内按产业、部门统一职工的工资等级制度。全国按产业统一规定工人工资标准，分别实行了 8 级工资制、7 级工资制（如建筑业工人）、岗位工资制（如纺织工人）、职务工资制（如邮电工人）。普通工、勤杂工、炊事员、汽车司机等工种和学徒工，基本上按地区规定统一工资标准。各产业部门进一步修订了工人的技术等级标准，并且强调严格按照技术等级标准考工升级。1956 年工资制度改革所确立的工资制度，20 多年没有做过大的改动，只进行过一些局部的调整或改革试点。这套工资制度在制定时就没有很好地结合我国实际情况，某些工资关系规定得不合理，而且过于烦琐。由于没有建立正常的升级制度来保证等级制度的贯彻执行，也没有适时地进行调整，这套工资制度不能很好地体现职工之间的劳动差别和反映合理的工资关系。这套逐步建立起来的与计划经济体制相适应的工资制度，其主要弊端在于：工资等级标准烦琐、混乱；工资收入水平较低，缺乏正常增长机制；工资分配平均主义现象严重，工资不能与职工劳动成绩和企业效益相联系；工资管理权限过于集中，企业缺乏应有的工资自主分配权。

第三次工资制度改革始于 1978 年，至今改革目标尚未完全实现，仍在探索完善之中。经济体制改革的推进、市场经济的发展，客观上都要求对僵化的、不合理的工资制度进行改革。始于 1978 年的第三次工资制度改革，旨在克服 1956 年改革所确立的工资制度的弊端。但因其关系职工的切身利益，又会受到诸多因素的影响和制约，其涉及面广、震动强度大，所以决定了本次工资制度改革不可能一步到位，只能随着各方面条件的逐渐成熟，有计划、有步骤地推进。建立和完善适应社会主义市场经济发展的、充分体现分配公正性和共享理念的新型工资制度，至今仍在探索之中。

总体而言，我国工资制度改革的目标可概括为：将僵死、呆板的工资制度转变为充满生机和活力的工资制度（已经实现）；把工资执行劳动报酬的单一职能转变为兼具经济调节杠杆和实现分配正义的多重职能（正在探求）。具体来说，在工资管理权限上，放权于用人主体，使之具有工资自主分配权；在工资水平上，确保工资水平随着生产力的发展、综合国力的提升而不断提高；在工资分配上，应确立公平、合理的标准，确保工资分配更好地贯彻按劳分配原则和共享发展成果的理念。

第二节 我国工资立法的原则

一、工资立法原则的概念和依据

（一）工资立法原则的概念

工资立法原则是指导和统率工资立法的基本精神。工资立法原则能够使工资法律制度具有统一的价值追求，形成相对独立的劳动法律制度。准确把握工资立法的原则，有助于从宏观上、整体上透视工资制度的精髓和灵魂，是构建工资法律制度的重要指引。

（二）工资立法原则的依据

确立我国工资立法原则的依据是：工资的性质和地位；工资制度改革的目标；劳动法基本原则的要求。关于工资制度改革的目标和劳动法基本原则的要求，已在前面有关内容中涉及，无须赘述。仅就我国工资的性质和地位而论，工资立法原则应体现和依据以下两点：

（1）工资属于社会分配范畴，社会分配决定于社会生产并反作用于社会生产。一种良好的分配制度应该能够促进和刺激生产的发展，体现经济生活效率原则的要求。同时，社会分配必须体现公平与公正的社会伦理价值目标。其基本要义是确保社会分配制度能够为利益主体所认同，能够促进社会人际关系的和谐，减少或弱化主体间的利益矛盾，实现社会整合，推动社会进步。

（2）我国绝大多数城镇居民都是职业劳动者，工资为其收入的主要形式，甚至是其唯一的生活来源。工资水平在某种程度上决定着劳动者及其家庭成员的生活水准和全面发展的程度。这就决定了工资水平的增长幅度除受制于生产力的发展水平、劳动力在要素市场中的供求状况和劳资力量对比等因素外，尚须考虑劳动者的现实生活需要。现实需要是多层次的且不断发展变化的，这就要求国家工资立法要树立起全面的、发展的眼光。工资立法应该追求工资水准满足个体发展的物质需要、推动社会经济增长、实现社会公正等目标。

二、我国工资立法原则的内容

我国工资立法应贯彻以下原则：公平分配原则、水平提高原则、支付保障原则、权限优化原则。

（一）公平分配原则

公平是法律所追求的目标。在工资分配领域追求公平，有三种技术方案可供选择：一是立足于结果，确保每个劳动者的收入绝对均等；二是以需要为依据，确定每个劳动者的收入水平；三是以劳动者的劳动成果（数量和质量）为依据，分别给付不同的劳动报酬。

上述第一种方案是“大锅饭”式的平均主义的分配制度，这种分配制度追求理想化的绝对平等。它忽视主体自身状况和贡献上的差别，必然损害劳动者的劳动积极性，使经济生活丧失效率，与法的效率价值目标相悖。

上述第二种方案缺乏法律上的现实可操作性。因为劳动者的需要千差万别，难以准确把握。同时，目前的生产力发展水平还远没有达到可以满足人的各种需求的程度，人的整体素质也还没有达到能够支持按需分配的理想水平。实际上，按需分配作为人类的一种理想，只能在未来的共产主义社会才能普遍实现。

上述第三种方案肯定劳动者的贡献差别，以一定的尺度加以衡量，根据劳动者的劳动付出决定其所得，鼓励多劳多得，把公平与效率两个价值目标有机地结合起来，具有可操作性。应该明确，按劳分配是工资分配应该遵循的基本原则，它并不排斥在其他分配领域实行不同的分配方式。在我国现阶段，在以按劳分配为基本分配原则的前提下，应该发挥其他分配方式的补充作用。如社会公共服务领域和社会保险领域，就应该存在一定的按需分配的成分。在生产经营领域，就应该允许按生产要素（如土地、资金、技术、管理水平等）进行分配。

按劳分配原则要求按照劳动者的劳动贡献支付劳动报酬，建立起“劳”与“酬”的法律联系，充分发挥工资对劳动的补偿和激励作用。

贯彻按劳分配原则要注意解决以下几个问题：一是克服平均主义，防止两极分化；二是努力实现同工同酬，防止因性别、年龄等人的自然因素而导致劳动报酬上的差别；

三是切实解决脑力劳动与体力劳动、复杂劳动与简单劳动之间的不合理收入差别问题。

（二）水平提高原则

水平提高原则要求劳动者的工资水平应随着社会生产力的发展而逐步提高，不应长期停留在一个水平。工资水平提高原则的合理性在于：劳动者的需求不断增长，应该予以满足；社会财富蛋糕在不断做大，提供了满足需求的物质基础。以上主客观两方面因素决定了工资水平不断提高不仅必要，而且可能。为此，必须努力提高居民收入在国民收入分配中的比重，提高劳动报酬在初次分配中的比重

正确理解工资水平提高原则，需要澄清以下几点认识：

（1）工资水平的提高并不等同于工资总额的增长。因为影响工资总量变动的因素除工资水平外，还有就业总量，即就业劳动者的总人数。在工资水平不变的前提下，一方面，随着社会生产的发展、投资规模的扩大、就业人数的不断增多，工资总量也逐渐增长；另一方面，由于大机器和先进技术的采用、劳动生产率的提高，劳动者的就业数量也存在减缩的趋势，工资总量的减少也是可能的。

（2）工资水平的提高是对劳动者整体而言的，工资水平有一个逐步增长的趋势，但并不是说在同一时期，社会各行各业的劳动者的工资水平都普遍提高。

（3）工资水平的提高应指劳动者实际收入水平的提高，工资的增长幅度应足以克服物价上涨的因素，确保其净增长，否则，工资水平的增长就徒有虚名，不具有提高劳动者生活水平的实际意义。

贯彻工资水平提高原则，立法应该作出努力：一是国家要确立和保障最低工资水平；二是国家要建立工资总量宏观调控机制，确保工资水平与企业的经济效益挂钩浮动；三是国家要建立和保障工资集体协商机制。

（三）支付保障原则

工资支付保障原则要求劳动法要确保劳动者能够安全、足额地获得工资并自由地支配工资。根据我国《劳动法》的规定，工资应当以货币形式按月支付给劳动者本人，用人单位不得克扣或者无故拖欠劳动者的工资。

贯彻工资支付保障原则，工资立法要对用人单位支付工资的行为提出各种强制性的要求，主要是在支付的时间、地点、对象、形式和数量方面提出法律要求。同时应该确立和保障工资权，为工资权的行使提供法律救济机制。工资权包括工资自由支配权和工资支付请求权。工资自由支配权是劳动者劳动自由和人格独立的必然要求，保障劳动者对劳动报酬的自主支配权是工资立法的神圣职责。工资支付请求权属于债权范畴，除适用债权保护的各项法律制度之外，劳动立法还确立了独立的保护制度，如经济补偿金制度等。

参考案例 8-2

甲与某公司于2022年4月签订了2年的固定期限劳动合同，合同约定每月支付甲5 000元工资。后该公司在2024年1月、2月均仅支付甲3 000元工资。甲向劳动人事争议仲裁委员会申请仲裁，要求该公司足额支付工资，获得支持。

——该公司的行为属于拖欠工资的行为，违反了工资支付保障原则及其具体法律要求。

（四）权限优化原则

权限优化原则要求确保有关工资的各种权力（权利）适当分离，紧密衔接，避免互相否定或代替。工资的权力（权利）群由作为国家公权力的工资管理权、作为经营权范畴的工资分配权和劳动者的工资权构成。在市场经济条件下，国家不能用公权力代替私权利，包揽工资问题。一般来说，国家的工资管理权主要表现为：确立并保障最低工资水平；调控工资总量；管理工资基金；救济劳动者工资权。企业的工资分配权主要表现为：根据企业自身的状况自主决定适合于本企业的工资、奖金的分配方式和分配规模。国家的工资管理权与企业的工资分配权、劳动者的工资权之间存在着此消彼长的关系。国家的工资管理权强度过大、范围过广，企业的工资分配权和劳动者的工资权就会弱化。企业和劳动者的工资权要受制于国家的工资管理权，同时也为国家的工资管理权划定了禁区。国家要切实保护而不是侵犯或剥夺企业和劳动者的工资权。

我国工资立法只有按照上述基本精神设计制度，才能满足市场经济的法律需求。

第三节　工资形式

工资形式是指工资计量和支付的具体操作方式。在市场经济条件下，工资具体应该采用什么形式，属于用人单位工资分配权的选择范围，但也要符合国家的有关法律要求。由于用人单位的种类差别、劳动者的劳动差别以及目的不同，实践中工资的具体形式丰富多样。加之对工资形式分类考察的角度多元，更容易造成工资形式名目繁多，交叉重复。择其要者，工资形式主要有：计时工资与计件工资；奖金与津贴；等级工资制、岗位工资制与岗位技能工资制；实物工资与货币工资；月薪与年薪等。

一、计时工资与计件工资

计时工资，是指按照预先确定的工资标准和劳动者付出的有效劳动时间计付的工资。决定计时工资数量的因素有两个：工资标准与工作时间。工资标准是单位时间的工资水平，通常以小时工资量的形式体现。同一工资等级的劳动者，其适用的工资标准是一样的，但由于所从事劳动的时间长短不同，导致实获工资量有所差别。计时工资可以分为小时工资、日工资、周工资、月工资和年工资等类型。

计件工资，是指按照预先确定的工资标准与劳动者完成的有效劳动成果计付的工资。这里的工资标准是以单位劳动成果工资量的形式体现的。单位劳动成果工资量预先确定，劳动者的劳动成果不同导致其所获工资量有差别。计件工资又可分为单一计件、个数计件和加成计件。单一计件是以完成一项固定的工作任务为依据计算工资，由于单一计件工资总量事先已经确定，因此具有工作承包的性质。个数计件与我们通常所理解和使用的计件方式相同。加成计件采用累进递增的方式计算工资，具有一定的奖励性质。

计时工资和计件工资的差别主要在于计算工资的依据不同。计时工资以时间计算，计件工资以劳动成果计算。相比较而言，计时工资操作比较简单，而计件工资操作略显复杂。劳动者所从事工作的时间一目了然，容易确定；但确定劳动成果必须统计数量、检定质量。不过，计件工资能够较为准确地反映和肯定劳动贡献差别，具有鼓励和刺激劳动的作用，能够充分体现按劳分配原则。适用计件工资有一定的条件限制，只有劳动成果容易计量的工作岗位，特别是生产企业的一线工作岗位比较适合采用计件工资。实践中，计件工资与计时工资可以结合使用，具体结合方式有两种：一种是现实结合，即工资部分采用计时形式，奖金部分采用计件形式；另一种是条件结合，即确立最低工资保障额（底薪），达到或超过该保障额时采用计件形式，未达到该保障额时采用计时形式支付保障额工资。

二、奖金与津贴

奖金和津贴是工资构成的辅助形式，需要与基本工资一起使用。基本工资是工资构成中最稳定、最基础的部分，是劳动者在工作时间内提供正常而有效的劳动所获得的报酬。工资等级和工资增长主要是针对基本工资而言的。奖金和津贴作为辅助形式，分别执行着不同的功能。奖金是有效超额劳动的报酬，执行激励职能；津贴是对额外的劳动消耗和生活支出的补偿，执行补偿职能。

（一）奖金的种类及适用

根据需要，奖金可以采用多种形式。根据奖励目的不同，可以设置超产奖、质量奖、节约奖、安全奖、发明奖等；根据计付期间的不同，可以设置月奖、季度奖、年度奖（年终奖）；根据授奖对象和方式的不同，可以设置个人奖和集体奖、单项奖和综合奖。

适用奖金必须确定奖励条件和奖励标准。奖励条件必须适度，条件过高，虽经努力也难以实现，奖金就变成了可望而不可即的东西；条件过低，任何人稍加努力即可获得，奖金就失去了其应有的奖励功能。确立奖励条件一般要明确劳动定额，劳动定额是必须完成的获得基本工资的劳动任务，只有超过劳动定额才能计付奖金。奖励标准必须具体、明确、可操作并公布于众。奖励标准可采用固定标准和累进标准两种。累进标准分为全额累进和超额累进。不管是全额累进还是超额累进，都必须采用奖金递增的方式，否则就有损奖金的激励功能。

适用奖金必须注意以下几个问题：（1）奖金必须体现出奖励性、差别性，不能平均发放。没有奖励性和差别性，奖金就变成了集体福利而名不副实。（2）奖金必须纳入工资总额，接受工资基金管理和工资总量调控，否则奖金失控就会破坏宏观经济秩序。（3）奖金发放不能规避国家税收，用人单位必须履行代扣代缴个人所得税的义务。

（二）津贴的作用、种类及适用

计件工资、计时工资和奖励工资（奖金）主要反映在一般条件下的劳动消耗，体现不同劳动数量和质量的报酬差别，但对于劳动者在特殊劳动条件下的特殊劳动消耗和额外的生活支出，却不能充分体现并实现补偿。津贴的补偿作用可以弥补其他工资形式的不足。正是由于津贴对某些特殊工作岗位和工作条件进行了补偿，那些条件艰苦的工作才有人愿意从事，而从事那些工作的人，心理上也能够达到平衡。为此，津贴也就具有了一定的人力资源调节和公平分配的作用。

津贴种类繁多，主要有以下几类：具有补偿职工特殊劳动消耗性质的矿山井下津贴、高温津贴；具有补偿劳动消耗和生活额外支出的双重功能的野外工作津贴、林区津贴、流动施工津贴；维护职工在有毒有害作业中身体健康的保健津贴和医疗卫生津贴等。

改革开放以来，企业逐渐获得了工资分配权，可以探索适合本企业的灵活的工资形式。津贴虽然仍然是工资构成的补充形式，但其适用的领域已远没有计划经济时代那样广泛。适用津贴必须体现出补偿性和差别性，如果适用范围不加以明确限定，津贴待遇平均化，就与生活补贴和福利待遇没有本质的差别，津贴的补偿功能就会丧失殆尽。

三、等级工资制、岗位工资制与岗位技能工资制

（一）等级工资制

一般来说，工资的计算和支付都应该体现出一定的等级差别，在此意义上，所有的工资都可以称为等级工资。但严格意义上的等级工资制是指依据一定的标准划分若干个等级，并确定相应的等级工资标准而计付工资的工资制度。等级工资制的主要形式是技术等级工资制。技术等级工资制是依据工人技术水平划分工资等级、工资标准并据此计付报酬的工资制度。我国较长时期内在企业中广泛实行的 8 级工资制就是一种技术等级工资制度。它是由技术等级标准、工资等级标准和工作物等级标准构成的，因采用 8 个级别而得名。

（二）岗位工资制

岗位工资制是通过对工作岗位所需技能、所负责任、劳动条件和环境进行综合测评，按照测评结果确定工资等级并计付报酬的工资制度。岗位工资是根据岗位的客观情况划分等级，所以也可以将岗位工资制称为岗位等级工资制。岗位工资制与技术等级工资制的区别不在于是否划分工资等级，而在于划分工资等级的依据是什么。技术等级工资制划分的依据是工人的技术能力状况，而岗位等级工资制划分的依据是工作岗位的状况。相比较而言，前者的主观成分较大，后者的客观成分较大。因为人的技能外在可感知性较差，必须依据人的外在表现来认定，而人的外在表现又不是恒定的，会随着条件、环境、心情的变化而变化。所以，技术等级判定是否准确以及在既定的技术等级上是否履行了相应的职责，都很难认定。岗位评定虽是人的主观活动，但评定的对象是客观的。评定岗位通常采用国际劳工组织归纳的“能力、责任、负荷、条件”四要素测评方法。其中，能力指岗位所需技能；责任指岗位的职责范围；负荷指岗位的劳动强度；条件指岗位的危险程度、危害程度和环境状况。单纯采用技术等级工资制或岗位等级工资制都有不足，能够结合这两种工资制度优势的兼顾主客观的岗位技能工资制就显得更有生机和活力。

（三）岗位技能工资制

岗位技能工资制是指企业以按劳分配为原则，以加强工资宏观调控为前提，以劳动技能、劳动责任、劳动强度和劳动条件等基本劳动要素评价为依据，以岗位工资和技能工资为主要内容，根据职工实际劳动贡献大小确定劳动报酬的一种工资制度。岗位技能工资制的基本内容包括劳动评价体系、基本工资单元和岗位技能工资标准三个部分。劳动评价体系包括岗位劳动评价和职工技能、贡献评价。前者评价的对象是工作岗位，后者评价的对象是劳动者。整个评价体系包含主观和客观两个方面，能够比较全面地反映

人的素质、能力、贡献和岗位的各种状况和要求。基本工资单元是指构成岗位技能工资的基本成分。岗位技能工资的基本工资部分由技能工资和岗位工资两个单元构成。岗位技能工资标准要从行业、企业劳动测评和资金税利率、人均税利率、劳动生产率等情况出发，充分考虑各方面的承受能力和现行工资关系的情况合理确定。

四、实物工资与货币工资

实物工资和货币工资的区别在于工资支付手段（工资载体）不同。实物工资是以实物（包括各种生产、生活物品及其利用、收益的权利）支付的工资。货币工资是以金钱（包括本国货币、外国货币）及其凭证支付的工资。实物工资虽然能够直接提供实物及其权益，但难以满足劳动者多样化的需求，且实物工资不易领取和储蓄，所以工资日渐货币化。至现代社会，货币工资已成为法定的工资支付形式，劳动立法一般都否定实物工资或者只允许在特殊的情况下使用实物支付工资。

参考案例 8－3

孙某与某服装公司签订了5年期限的劳动合同，约定工资为每月4 000元。该公司2023年销售业绩不佳，服装积压过多。为了清理库存，该公司决定在支付2024年1月份工资时，仅支付孙某2 000元货币工资，其余部分以公司生产的服装进行充抵。对此，孙某不予认可。

——根据相关法律规定，用人单位应以货币形式向劳动者支付工资。若该公司并未破产或无其他法定情形，以实物充抵工资的行为不符合法律规定。据此，该公司应完全以货币形式足额支付孙某2024年1月份工资。

五、月薪与年薪

月薪和年薪的差别在于工资计算支付的时间间隔不同。月薪是以一个月为时间单位计算支付的工资类型；年薪是以一年为时间单位计算支付的工资类型。月薪是工资的普遍形式，我们通常所说的工资大都指月薪。年薪是工资的一种特殊形式，往往适用于特定的人员，如企业高级管理人员和技术人员。企业管理工作和技术工作责任大，素质要求高，且工作成效在短时间内无法衡量，所以不便于采用月薪的形式。

企业经营管理人员年薪制是以年度（一般是企业财务年度）为计算单位，依据经营管理人员的责任、风险和经营管理业绩确定其报酬所得的一种工资制度。其特点如下：

（1）年薪制是对经营管理者适用的一种特殊的工资制度。它是对在一个经营周期内所从事的特殊的、复杂的、创造性的高级劳动的制度反映。

（2）年薪制是有风险的效益工资制度。经营管理人员的年薪到底是多少，通常要根据企业在本年度所取得的效益来确定。

（3）年薪制是一种充分肯定素质和能力的工资制度。经营管理人员是高级的管理人才，其劳动报酬应该高于一般劳动者，以反映其特殊劳动力的价值水平，所以年薪一般都比较高。

第四节　工资水平

一、工资水平的概念及影响因素

工资水平决定工资量的多少，通常使用平均工资来反映。工资水平可以分为个体工资水平、企业工资水平和社会工资水平三个层次。个体工资水平是指劳动者个人的工资水平；企业工资水平是指企业劳动者的平均工资水平；社会工资水平则是指一定社会区域内的劳动者平均工资水平，分为地区工资水平、行业工资水平和全社会工资水平。

总的说来，随着经济的发展、财富的增长，工资水平提高是一种必然趋势，但有时也有下降的可能。即使在同一时期，工资水平的差别也很大。这说明，工资水平除受经济因素影响外，还受其他因素的制约。制约个体工资水平的因素包括：个人的素质、能力、贡献、所从事的工作岗位，以及工资谈判的能力。个体在企业工资水平和社会工资水平既定的前提下，要想获得较高的工资，必须在上述方面作出努力。但说到底，决定个体工资水平的主要因素是个人的素质和努力程度。制约企业工资水平的因素主要有企业效益状况、治理机制与理念、劳资力量对比状况。劳资力量对比突出表现在工会集体谈判的力量方面。制约社会工资水平的因素有社会生产力的发展水平、劳动者的基本生活需求、物价水平和社会就业状况等。

二、工资水平的决定机制

工资水平的决定机制是指决定工资水平的制度模式。从大的方面说，工资水平的决定机制有政府决定机制与市场决定机制之分。工资水平主要由政府控制和把握的机制为政府决定机制。我国计划经济体制下的工资水平决定机制就是政府决定机制。工资水平主要由市场影响和左右的机制为市场决定机制。我国改革开放后正在建立起来的工资水平决定机制是市场决定机制。

工资水平的市场决定机制有两种具体实现方式：一种是价值决定机制。该种机制完全取决于劳动力市场中的供求关系，劳动力市场是处于“买方市场”还是“卖方市场”对工资水平的影响很大。另一种是三方决定机制。该种机制在充分尊重市场价值规律的前提下由政府、雇主和劳动者三方来确定工资水平。最普遍的方式就是由国家确定和保障最低工资水平，由劳资双方通过集体合同和劳动合同来确定具体工资。而最低工资标准也要由劳动行政部门、雇主方面和劳动者方面共同协商确定。实践证明，工资水平的政府决定机制不符合市场经济的要求，完全的价值决定机制又不利于劳动者权利的保障，建立和完善工资水平的三方决定机制是符合市场经济体制目标，促进劳动关系和谐健康发展的必然选择。在工资水平的三方决定机制中，国家确立最低工资保障制度是核心。

三、最低工资标准及其立法保障

（一）最低工资标准的概念和构成

保障最低工资主要是通过确定和强制推行最低工资标准来实现的。最低工资标准是指劳动者在法定工作时间或劳动合同约定的工作时间内提供了正常劳动时，用人单位依法应支付的最低劳动报酬。正常劳动，是指劳动者在法定工作时间或劳动合同约定的工作时间内从事的劳动。劳动者依法享受法定节假、带薪年休假、探亲假、婚丧假、生育（产）假等法定假期间和事假期间，以及法定工作时间内依法参加社会活动期间，视为提供了正常劳动。

最低工资标准的特点如下：

（1）最低工资标准是法定工资标准，是依法确定并强制实现的工资标准。

（2）最低工资标准是劳动者所获工资的最低线，低于最低工资标准支付工资是违法行为。

（3）最低工资标准是正常工资标准，指在正常时间内完成正常劳动的最低工资，不包括延长工时、不正常缺少工时、提供额外劳动或完不成工作任务的情况下的特殊工资。

最低工资标准由国家规定的劳动报酬项目所组成，具体包括基本工资、奖金和浮动工资。根据我国《最低工资规定》的相关内容，在劳动者提供正常劳动的情况下，用人单位应支付给劳动者的工资在剔除下列各项以后，不得低于当地最低工资标准：延长工作时间工资；中班、夜班、高温、低温、井下、有毒有害等特殊工作环境、条件下的津贴；法律、法规和国家规定的劳动者福利待遇等。

（二）最低工资标准的作用

最低工资标准作为一种劳动工资法律制度，对保障经济发展和职工生活发挥着重要作用，主要表现在以下两个方面：

（1）保障劳动者及其家庭成员的基本生活需要。工资是劳动者及其家庭成员的主要甚至是唯一生活来源，工资的多少，直接影响着劳动者及其家庭成员的生活水平和质量。所以，保障工资收入，就是保障职工生活。但是，自由状态下的工资水平却往往呈下降趋势。这是因为，资本具有追求利润最大化的本性，在生产力水平相对稳定的情况下，降低劳动者的工资成本是提高利润水平的重要途径。失业是市场经济不可避免的现象，如果社会失业大量存在，劳动力市场就会形成“买方市场”。在“买方市场”中，劳动者就业竞争激烈，为了获取工作岗位，劳动者不得不接受较低的工资条件。国家保障最低工资，是对劳动契约自由的一定限制，是对市场调节工资缺陷的弥补，是对劳动者弱者地位的救济，其不仅具有合理性、合法性，而且具有现实必要性。

（2）促进企业公平竞争。公平竞争是市场经济发展的动力，是市场效率实现的保证。公平竞争的实现取决于多种因素的影响，其中企业的成本付出是非常重要的因素之一。确保企业成本付出大体平衡，有助于促进公平竞争。工资是劳动力成本，即获取人力资源的代价。工资的多少，影响着企业的成本水平。降低工资水平，就能获取市场竞争优势。工资成本不同，企业竞争的起点就不同，通过压低工资水平来获取竞争优势与公平竞争的基本精神相悖。竞相压低工资，对全体劳动者也极为不利，以保护劳动者利益为己任的劳动法必然要否定这种竞争方法。劳动法确立最低工资标准，赋予其强制推行的效力，能够在一定程度上促进企业的公平竞争。

（三）最低工资法的诞生与发展

最低工资法是在19世纪末诞生的一种劳动立法现象，是劳动者与雇主长期斗争的结果，是劳动立法在近现代的最新发展。世界上有关最低工资保障的立法最早诞生于新西兰和澳大利亚。新西兰在1894年制定《产业仲裁法》，规定仲裁法庭有决定最低工资率的权力。该法是关于劳资争议调解和仲裁的一般法律，还不是最低工资保障的专门立法。专门保障最低工资的立法是从澳大利亚开始的。澳大利亚维多利亚州于1896年颁布了有效期为4年的最低工资法令，该法令的适用范围限于工资最低的制鞋、面包、服装、家具制造等几个行业。在这些行业，由政府任命的人员和劳资双方选出的代表组成工资委员会，负责决定行业的最低工资率。由于该法令实施效果很好，于是被扩大适用于其他领域，1903年被议会修改为维多利亚州永久施行的法律。此后，澳大利亚其他一些地方也开始实行最低工资制度。英国于1909年效仿澳大利亚制定最低工资法案。之后，德国、法国、瑞士、意大利也相继制定了最低工资法。美国马萨诸塞州于1912年首先通过了关于最低工资的法案。该法以规定女工和未成年工的最低工资为目的。1913年以后，其他各州先后制定了类似的法律。到1945年时，美国已有26个州制定了保障最低工资的法律。美国国会于1935年通过《公共契约法》，对公共事业雇员的最低工资作了规定。1938年美国国会通过《公平劳动标准法》，对一般工人的最低工资作出了明确而具体的规定。北美的加拿大和南美的阿根廷也从1918年开始实行保障最低工资的立法。到1945年，几乎所有的资本主义国家都有了保障最低工资的立法。

最低工资法的发展不仅表现在制定实施最低工资法的国家逐渐增多，最低工资保障制度适用的主体范围、行业范围日益扩展，还表现在最低工资立法的国际化方面。1928年第11届国际劳工大会通过了第26号公约，即《制订最低工资确定办法公约》。该公约规定，批准国应承允制订或维持一种办法，以便为那些在不能通过集体合同或其他方法有效规定工资因而导致工资特别低的若干种行业或其部分（特别是在家中工作的行业）中工作的工人确定最低工资率。国际劳工组织在1970年的第54届国际劳工大会上通过了第131号公约，即《确定最低工资并特别考虑发展中国家公约》。该公约规定，批准国应承诺建立一种最低工资制度，其范围包括雇佣条件适合于该范围的一切工资劳动者群体。此外还规定了最低工资的效力和确定时的参考因素等内容。我国已承认旧中国政府批准的第26号公约，所以该公约对我国有约束力，我国负有按照该公约的要求建立最低工资保障制度的义务。

我国早在1948年第6次全国劳动大会通过的《关于中国职工运动当前任务的决议》中就指出，必须保障任何普通职工的最低生活水准，即职工最低工资，连同本人在内，要能维持两个人的生活。1949年《中国人民政治协商会议共同纲领》明确规定，人民政府应按照各地各行业情况规定最低工资。同年制定的《私营企业管理暂行规定》（现已废止）要求，私营企业职工的最低工资不得低于当地同行业集体企业同等条件下的最低工资水平。在以后的几次工资制度改革中，逐步建立了全国统一的工资等级制度，最低工资名存实亡。直到1993年，根据市场经济发展的需要，劳动部颁布了《企业最低工资规定》，开始实行新的企业职工最低工资保障制度。1994年我国制定了《劳动法》，规定国家实行最低工资保障制度，并对有关最低工资标准的确定问题作出了原则性规定。为贯彻实施最低工资制度，劳动部还下发了《关于实施最低工资保障制度的通知》（现已废止）。2004年劳动和社会保障部颁布《最低工资规定》，对最低工资相关事项进行了规定，并明确废止了原劳动部发布的《企业最低工资规定》。《劳动合同法》亦规定了在试用期、劳务派遣等相关情形中对最低工资制度的适用。我国目前的最低工资保障制度主要是由《劳动法》《劳动合同法》《最低工资规定》这三个立法所确立的。

（四）最低工资标准的确定

最低工资标准的确定有两种模式：一种是国家确定统一的最低工资标准，供各地区、各行业统一适用；另一种是立法授权各地区确定区域内适用的最低工资标准。《劳动法》第48条规定，最低工资的具体标准由省、自治区、直辖市人民政府规定，报国务院备案。可见，我国采用的是第二种模式。我国立法授权省级人民政府制定最低工资标准，主要是考虑到我国幅员辽阔，各地区经济发展不平衡，工资标准不能实现整齐划一，必须结合各地方情况具体确定，体现出一定的差别性。

最低工资标准的确定实行政府、工会、企业三方代表民主协商原则，这是劳动法三方性原则在工资法领域的具体体现。具体确定办法是在劳动行政部门的指导下，由省、自治区、直辖市人民政府劳动行政部门会同同级工会、企业联合会/企业家协会研究拟定。最低工资标准一般采取月最低工资标准和小时最低工资标准的形式。月最低工资标准适用于全日制就业劳动者，小时最低工资标准适用于非全日制就业劳动者。确定和调整月最低工资标准，应参考当地就业者及其赡养人口的最低生活费用、城镇居民消费价格指数、职工个人缴纳的社会保险费和住房公积金、职工平均工资、经济发展水平、就业状况等因素。确定和调整小时最低工资标准，应在颁布的月最低工资标准的基础上，考虑单位应缴纳的基本养老保险费和基本医疗保险费因素，同时还应适当考虑非全日制劳动者在工作稳定性、劳动条件和劳动强度、福利等方面与全日制就业人员之间的差异。最低工资的具体标准应该控制在高于当地的社会救济金和失业保险金标准而低于平均工资的水平。最低工资标准如果低于社会救济金和失业保险金，就会产生影响就业积极性的负面制度效应。最低工资标准如果高于社会平均工资，又会使其难以在现实生活中贯彻实现。可见，以社会救济金、失业保险金为下限，以平均工资为上限，是最低工资保障功能能够得以实现并发挥正面效应的边界。确定最低工资标准要体现差别原则，应该考虑同一地区不同区域和行业的不同特点，确定不同的最低工资标准。

最低工资标准的测算方法技术性较强，一般都有具体的测算公式。国际上采用的确定最低工资标准的测算方法有八种，分别是比重法、恩格尔系数法、累加法、超必需品剔除法、平均数法、生活状况分析法、分类综合计算法、经济计量分析法。其中最重要的是比重法和恩格尔系数法。所谓比重法，是指根据城镇居民家庭调查资料，确定一定比例的最低人均收入户为贫困户，统计出贫困户的人均生活费用支出水平，乘以每一就业者的赡养系数，再加上一个调整数。所谓恩格尔系数法，是指根据国家营养学会提供的年度标准食物谱及标准食物摄取量，结合标准食物的市场价格，计算出最低食物支出标准，除以恩格尔系数，得出最低生活费用标准，再乘以每一就业者的赡养系数，再加上一个调整数。采用具体测算方法计算出最低工资标准后，还要根据职工平均工资水平、社会救济金和失业保险金标准、就业状况、劳动生产率水平、经济发展水平等进行必要的修正。最低工资水平不能一成不变，应当根据各种因素的变化适时作出调整，才能发挥应有的保障功能。

（五）最低工资标准的效力

最低工资标准是强制推行的标准，具有法律效力，不允许变通和规避。其具体效力表现在：企业支付给劳动者的工资不得低于其适用的最低工资标准，集体合同和劳动合同约定的工资数额不得低于最低工资标准，只可在最低工资标准之上确定工资数额。如果低于最低工资标准，那么该工资条款无效，应该按照最低工资标准执行。用人单位支付给劳动者的工资低于最低工资标准，由劳动行政部门责令其限期补发所欠劳动者工资，并可责令其按所欠工资的1～5倍支付劳动者赔偿金。

参考案例8-4

董某与某公司签订固定期限劳动合同，约定劳动报酬金额为每月2 450元。已知该地区最低工资标准为2 490元。

——根据劳动法的规定，董某与该公司约定的劳动报酬条款无效，该公司应按照当地最低工资标准即2 490元支付劳动报酬。

第五节　工资支付

在工资法上，有两个制度最为关键，构成工资法律制度的核心内容：一个是工资水平保障制度，该制度决定着劳动者能够获取工资的数量；另一个是工资支付保障制度，该制度决定着劳动者能否安全、及时、足额、便利地实际获得工资收入。工资水平保障制度只是获取工资的一种可能性，工资支付保障制度将这种可能性转化为现实性；若没有工资水平保障的前提，工资支付的现实意义就会大大降低。所以，现代的工资保障制度都是由这两个部分所构成。不过，从工资法的发展历史来看，工资支付保障制度是工资法的传统内容，最低工资水平保障制度要晚于工资支付保障制度。

一、工资支付的概念及意义

（一）工资支付的概念

工资支付是指用人单位在劳动者有效地完成了本职工作任务的前提下，按照法律规定或劳动合同约定向劳动者支付劳动报酬的法律行为。工资支付的实质是用人单位履行劳动合同的行为，是一种债务清偿行为。

工资支付的特点如下：

（1）在后支付。在无法律特殊规定的情况下，工资都是在劳动者完成劳动任务之后予以支付。一般不存在先予支付或同时支付的情况。所以，在劳动合同中，不能适用同时履行抗辩原则。

（2）间隔支付。工资要每隔一个劳动期间支付一次，不能连续不断地支付，除特殊情况外一般也不能一次性集中支付，否则会涉嫌拖欠工资。

（3）亲自支付。工资是一种特殊的债务，不能适用一般债务的代位支付。也就是说，工资不能由用人单位转移给其债务人代为支付，以避免给劳动者造成负担或增加风险。但是委托银行代为支付不受此限制。

（二）工资支付的意义

工资支付具有如下意义：

（1）清偿工资给付债务。通过工资支付，用人单位负有的给付劳动者工资的义务得到履行，工资债务得以清偿。如果工资支付合法合约，没有瑕疵，就可以减少和避免工资纠纷，协调劳动关系，促进用人单位的事业健康发展。

（2）实现生活保障功能。工资是劳动者及其所赡养、抚养之人的生活来源，只有工资得到切实支付，工资的生活保障功能才能充分地发挥出来。

二、工资支付的法定要求

我国《劳动法》第 50 条规定：工资应当以货币形式按月支付给劳动者本人。不得克扣或者无故拖欠劳动者的工资。该条规定确立了我国工资支付的四项原则：金钱支付原则、定时支付原则、直接支付原则、足额支付原则。

（一）金钱支付原则

金钱支付原则要求工资支付必须采用金钱手段。所谓金钱，是指法定货币，包括本国货币和外国货币。法律不允许使用实物和有价证券替代支付工资。法律确立金钱支付原则的目的是：确保工资满足劳动者多样化的生活需求；确保劳动者受领工资的便利和安全。

（二）定时支付原则

定时支付原则要求工资支付必须按照集体合同和劳动合同的约定，在确定的时间支付。实行月薪制必须按月支付，每月至少支付工资一次。遇节假日或休息日，应提前在最近的工作日支付。实行小时工资制、日工作制、周工作制的单位也可以按小时、日、周发放。法律确立定时支付原则的意义在于避免工资拖欠，从而保障劳动者的生活需要，同时，也为判定是否违约支付工资提供了时间标准。

（三）直接支付原则

直接支付原则要求工资应该直接支付给劳动者本人，不能任意支付给其他人。工资与一般债务不同，它是劳动者生活的保障，必须确保劳动者获取工资的安全性和独立性。

（四）足额支付原则

足额支付原则要求用人单位按照劳动者实际应该获得的工资数量支付，不允许克扣或无故拖欠劳动者工资。克扣是指用人单位无正当理由扣减劳动者的应得工资。无故拖欠是指用人单位无正当理由未在规定工资支付时间支付工资。在法律有规定的情况下，用人单位可以扣除劳动者工资，否则，用人单位不能为自己或代他人扣除工资。

参考案例 8-5

李某与某公司签订了 2 年的固定期限劳动合同，2022 年 8 月至 2024 年 8 月全面负责该公司酒吧部、会员部和厨房的经营管理工作。双方对 2024 年 2 月 1 日至 2024 年 4 月 15 日的工资支付问题产生了争议。该公司认为因客人通过李某按照代码、挂账等方式订房，且李某挂账的金额大于该公司应向其支付的提成金额，故无须再向李某支付工资提成。对此李某不予认可。

——根据相关法律规定，用人单位应以货币形式向劳动者直接支付报酬。因该公司主张以挂账抵扣李某工资提成不符合用人单位向劳动者支付劳动报酬的形式要求，且李某对公司所主张的挂账金额也不予认可，不同意予以抵扣，因此，公司以挂账抵扣工资的说法和做法违反法律规定。该公司应向李某支付 2024 年 2 月 1 日至 2024 年 4 月 15 日期间的工资。

三、工资扣除问题

（一）代扣和自扣工资

工资支付应该贯彻足额支付的原则，不得克扣和无故拖欠工资，但是在法律有明确规定的情况下，可以扣除工资。我国法律规定的扣除有代扣和自扣两种类型。法律规定可以代扣劳动者工资的情形有：代扣代缴个人所得税；代扣代缴应由劳动者个人负担的各项社会保险费用；代扣法院判决、裁定中应予支付的抚养费、赡养费；其他法定可以扣除的情况。法律规定可以自扣工资的情形是，因劳动者本人原因给用人单位造成经济损失的，用人单位可按照劳动合同的约定要求其赔偿经济损失。经济损失的赔偿可以从劳动者本人的工资中扣除。

代扣和自扣的区别如下：

（1）代扣的各种费用是劳动者必须承担的费用，扣除的费用要转交他人。用人单位代扣工资是在履行法定义务，代扣不仅是可以扣除的情形，而且是必须扣除的情形。自扣是用人单位为自己的目的扣除工资，扣除的部分归自己所有。

（2）代扣不受具体扣除比例的限制，以需要扣除的费用数额为准。在按月扣除没有积压的情况下，需代扣的费用总额会小于工资数额，一般也不会危及生活。但当扣除费用有积压需要补扣的时候，应该有一个扣除额上限。对此，我国法律没有明确规定。用人单位自扣工资的数额有明确的法律限制。我国法律规定，每月扣除的部分不得超过劳动者当月工资的 20%。若扣除后的剩余工资部分低于当地最低工资标准，则按最低工资标准支付。有些国家规定允许扣除的比例为 10%，如法国、埃及等国。

（3）代扣项目及其数额是由法律直接规定的；自扣的赔偿金及其数额则需由劳动合同约定。

（二）其他扣除工资情形的合法性考量

除上述法定允许扣除的情形外，实践中还存在一些工资扣除情形，是否应予认可，有必要加以澄明。这些情形主要有预付工资的扣除，预借差旅费的扣除，党费、会费、捐助款的扣除等。

（1）工资一般应该在劳动者履行岗位职责后支付，但在法律有规定的情况下，可以进行预先支付。预先支付的工资可以从工资总额中予以扣除。

（2）差旅费是用于因工出差的费用，理应由用人单位承担。在实践中往往有两种情况：一种是出差人自己垫付差旅费，凭合理的有效票据报销；另一种是预借差旅费，出差完毕凭合理的有效票据结算，多退少补。在第二种情况下，如果出差人超过财务制度规定的结算期不予报销结算或者结算时不予返回多于实际出差费用的部分，用人单位往往就需要在出差人工资中予以扣除。对此种扣除，应该予以认可，但也需要限定一个扣除的比例，可以参照法律规定按照扣除经济赔偿的20%的比例执行。

（3）在工资中扣除党费、各种会费和捐助款的行为都是违法的，不能加以认可。原因是劳动者有自主支配其工资的权利，工资如何使用是劳动者的自由，用人单位不能加以干涉。党费和会费是党员和会员向其组织交纳的特定的费用，是检验党员、会员组织纪律观念的一个标准。超过一定时间不交纳党费和会费，应该由自己承担一定的组织上的后果。所以交纳党费和会费必须是党员和会员自己的行为，用人单位代扣党费和会费不仅侵犯了劳动者的工资支配权，而且抹杀了党费和会费的属性。捐助是一种个人自愿的行为，是否捐助、捐助多少、捐给何人，都应该由捐助人自己决定，用人单位采用扣除工资的形式代为捐助不仅侵害劳动者的工资自主支配权，而且使捐助变为一种强制的摊派行为，有违捐助属性。

四、工资拖欠问题

工资必须按时支付，不允许无故拖欠。但是在下列情况下的拖欠不属于无故拖欠：用人单位由于非人力所能控制的自然灾害、战争等原因，无法按时支付工资；用人单位确因生产经营困难，资金周转受到影响，在征得本单位工会同意后，可暂时延期支付劳动者工资，但不能超过延长时间的最长限制。上述两种情况下的拖欠非主观故意为之，不属于无故拖欠的范围，用人单位不负有拖欠责任。但不能认为法律对这两种拖欠行为就予以鼓励或听之任之。在实践中，拖欠工资的现象时有发生，特别是拖欠农民工工资的现象还较为普遍，已成为工资保障领域的一个顽疾。如何治理当代中国社会存在的工资拖欠问题特别是建设工程领域农民工工资拖欠问题，一直是党和政府高度重视的弱势群体保护的民生问题。为此，我国在法治建设的层面上作出了不懈的努力，具体体现如下：

（1）启动刑法机制（犯罪化处置），通过《刑法修正案（八）》增设了恶意欠薪罪（拒不支付劳动报酬罪）：以转移财产、逃匿等方法逃避支付劳动者的劳动报酬或者有能力支付而不支付劳动者的劳动报酬，数额较大，经政府有关部门责令支付仍不支付的，处3年以下有期徒刑或者拘役，并处或者单处罚金；造成严重后果的，处3年以上7年以下有期徒刑，并处罚金。

（2）建立并逐步完善了建设工程领域工资保证（障）金制度，确保农民工工资支付安全，防止拖欠现象发生。

（3）2019年制定公布了《保障农民工工资支付条例》（自2020年5月1日起实施）。该条例共计64条，明确规定了政府责任、拖欠农民工工资的清偿责任主体、建设领域工程款拖欠导致欠薪的预防、建设领域用工及工资支付规范和欠薪行为惩戒等内容。

五、特殊情况下的工资支付

工资是劳动者在法定工作时间完成了本职工作所获得的报酬。所谓特殊情况下的工资支付，可分为两种情况：第一种情况是对劳动者没有在法定工作时间里实际从事劳动但依法仍需支付劳动报酬；第二种情况是对劳动者在法定工作时间以外从事劳动所应获得的额外报酬的支付。

属于第一种情况的具体情形如下：

（1）劳动者在法定工作时间内依法参加社会活动期间，用人单位仍视其提供了正常劳动而支付工资。所谓的社会活动，包括：依法行使选举权和被选举权；当选代表出席乡（镇）、区以上政府、党派、工会、青年团、妇女联合会等组织召开的会议；出任人民法院证明人；出席劳动模范、先进工作者大会；《工会法》规定的不脱产工会基层委员会委员占用生产或工作时间参加的工会活动；其他依法参加的社会活动。

（2）劳动者依法享受年休假、探亲假、婚假、丧假期间，用人单位应按劳动合同规定的标准支付劳动者工资。

（3）非因劳动者原因造成单位停工、停产在一个工资支付期内的，用人单位应按劳动合同规定的标准支付劳动者工资。超过一个工资支付期的，若劳动者提供了正常劳动，则支付给劳动者的劳动报酬不得低于当地的最低工资标准；若劳动者没有提供正常劳动，应按国家有关规定执行。

属于第二种情况的具体支付情形与标准如下：

（1）在日法定标准工作时间（工作日）以外安排加点的，应支付不低于劳动合同约定的劳动者本人的小时工资标准的150%的工资。

（2）在公休日安排加班而又不能安排补休的，支付不低于劳动合同约定的本人日或小时工资标准的200%的工资。

（3）在法定休假日安排加班的，支付不低于劳动合同约定的劳动者本人日或小时工资标准的300%的工资。其中，日工资标准用月工资标准除以每月制度工时天数（21.75天）进行折算；小时工资标准用月工资收入除以月计薪天数与8的乘积进行折算。实行计件工资制和综合计算工时工作制的，如有加班加点情形也要按照上述的支付标准具体执行。

参考案例8-6

罗某与某培训机构签订固定期限劳动合同，后罗某主张其在2023年7月的公休日加班2.5天，要求该培训机构支付其加班工资。该培训机构辩称已经倒休，罗某不予认可，且该培训机构并未提供充分证据对自身主张予以证明。已知罗某2023年7月工资为5 373.31元。

——本案中，该培训机构应支付罗某2.5天加班的工资报酬1 235.24（5 373.31÷21.75×2.5×2）元。

六、工资权及其救济

工资权即劳动者获取劳动报酬和支配劳动报酬的权利，具体包括工资请求权和工资自主支配权。前者属于债权的范畴，后者具有物权的属性。一般情况下所说的工资权，都是指工资请求权。

在法律关系上，工资请求权是与用人单位的工资支付义务相对应的权利。具体来说，工资请求权也就是请求用人单位支付工资的权利。工资请求权作为一种特殊的债权，除具有一般债权的属性外，还具有自己的独特之处，主要表现在以下几个方面：

（1）工资请求权的发生根据是劳动者有效地完成了本职工作。通常情况下以劳动合同的约定为前提，但如果在没有劳动合同的情况下形成了事实劳动关系，为了保护劳动者的利益，法律也应承认劳动者具有工资请求权。

（2）工资请求权的转让受到严格的限制。工资请求权是请求支付工资的权利，谁享有工资请求权，谁就能够获得工资收入。工资收入是一种生活利益，不是商业利益。为了保障劳动者的生活不受影响，法律严格限制工资请求权的转让。

（3）工资请求权具有特定的优先受偿性。工资请求权作为一种特殊的债权，不适用约定担保（保证、抵押、质押、定金），法定担保（留置）一般也无法适用。为了强化工资请求权，法律规定在企业破产还债的过程中，工资应予以优先支付。这就使工资请求权的实现获得了法定优先权的保障。

（4）工资请求权在救济程序上有独特性。因工资请求权实现受阻而产生工资纠纷是一种较为常见的劳动争议。我国法律规定，劳动争议处理实行仲裁前置制度。工资请求权寻求公力救济时必须先进行仲裁，然后才可能进行诉讼。工资请求权在仲裁时效上也不同于一般债权。根据仲裁法的规定，法律对仲裁时效有规定的，适用该规定。法律对仲裁时效没有规定的，适用诉讼时效的规定。一般债权纠纷的仲裁时效为 3 年。关于工资请求权纠纷的仲裁时效，《劳动法》规定为 60 日。2008 年 5 月 1 日施行的《劳动争议调解仲裁法》规定劳动仲裁时效为 1 年。按照新法优于旧法、特别法优于普通法的原则，应该适用 1 年的仲裁时效规定。

第六节　工资管控

工资管控即工资的管理与调控，包括国家对工资总额的管理、调控和对工资基金的管理。国家管控工资的目的是：确保工资安全和国家利益安全；合理配置劳动力资源；促进经济健康发展。

一、工资总额的管理与调控

工资总额的管理是我国对国有企业工资数量进行管理的一种独特的制度，其实质是通过控制工资总额间接地调控企业容纳劳动力的数量，在劳动力资源的配置上起到一定的引导和促进的作用，并且有助于企业裁减冗员、提高效率。

（一）企业工资总额的概念、构成和管理内容

企业工资总额是指企业在一定时期内直接支付给本单位全部职工的劳动报酬总额。它由计时工资、计件工资、奖金、津贴、补贴、加班加点工资和特殊情况下支付的工资构成。企业工资总额管理包括企业工资总额的确定、使用、宏观调控和监督检查。

（二）企业工资总额管理的原则与体制

企业工资总额管理必须遵循以下原则：

（1）坚持企业工资总额与经济效益相联系的原则，正确处理国家、企业和职工的分配关系，在国民经济发展、企业经济效益提高的基础上保证三者利益的共同增进。

（2）坚持“两个低于”的原则，即坚持企业工资总额增长幅度低于经济效益增长幅

度，职工实际平均工资增长幅度低于劳动生产率增长幅度的原则。

（3）贯彻按劳分配原则，把职工的个人劳动所得与其劳动成果联系起来，克服平均主义。

（4）坚持工资宏观管好、微观搞活的原则，在充分保障国家利益的前提下，落实企业工资分配自主权。

企业工资总额管理体制是：实行国家宏观调控；分级分类管理；企业自主分配。

（三）企业工资总额的确定与使用

企业工资总额分别采用工资总额同经济效益挂钩、工资总额包干等办法确定。实行工资总额同经济效益挂钩办法的企业，根据劳动、财政部门核定的工资总额基数、经济效益指标基数和挂钩浮动比例，按照企业经济效益的实际情况提取工资总额。所谓工资总额基数，是指经劳动、财政部门审核确定的，工效挂钩企业用以计算年度工资总额提取量的基额；经济效益指标基数是用以计算经济效益指标增长幅度的基额；浮动比例是指工资总额随挂钩经济指标变化而浮动的比例系数或工资含量系数。

由于各种客观原因暂未实行工资总额随经济效益挂钩办法的企业，实行工资总额包干办法。其工资总额包干数以企业实行包干前的上年度工资统计年报实际发放数为基础，由劳动部门核定。在提取年度工资总额后，增人不增工资总额，完成生产任务的前提下减人不减工资总额。

企业对已确定的工资总额，有权自主使用、自主支配。企业的任何工资性支出都必须控制在工资总额之内，不得超出。在工资总额之内，企业有权选择用人的数量，有权选择适合于本企业的基本工资形式和分配规模。

（四）工资总额的宏观调控与监督检查

工资总额宏观调控不是对某一个企业工资总额的调控，而是指对地区或部门工资总量的调控。这种调控属于社会经济调控的范畴，是国家调控市场经济的一种途径。

工资总额宏观调控的办法有两种：一是实行弹性工资总额计划；二是实行工资总额同经济效益挂钩。

各级劳动、财政、税务、审计、银行等部门，运用经济、法律及必要的行政手段对企业的工资总额的确定和使用进行监督检查。

二、工资基金管理

工资基金是指国家要求用人单位依法设置的用于在一定时期内支付全体劳动者工资报酬的专门货币基金。所谓的工资基金管理，就是国家对用人单位工资基金的提取、存储、使用活动进行的统一管理。

对工资基金进行管理的意义是：确保工资支付；防止消费基金失控引起市场混乱和通货膨胀；协调国家、企业和个人三方利益。

工资基金管理通过劳动、人事、财政、税收、审计等主管部门和开户银行共同配合实现。按现行规定，我国工资基金管理的主要制度措施由以下几部分构成：

（1）用人单位在开户银行设立工资基金专项户头，专项存储构成工资总额的所有工资基金。工资基金要专项存储，专款使用，不得任意增加或减少。

（2）审批确定用人单位工资基金使用计划。用人单位应该按照年度、季度和月份编制工资基金使用计划，报国家有关部门审批或备案。用人单位必须按计划使用工资基金，可结余下转，但不得提前透支，也不得各项目互相串用。

（3）工资基金的存储银行监督工资基金的支出使用。用人单位必须向银行抄送工资总额计划、工效挂钩方案、工资总额基金和工资基金使用计划。存储银行据此监督工资基金的支出使用情况。

【引例评析】

陈某与某文化传播有限公司签订了劳动合同，建立了劳动关系，获取劳动报酬是其建立劳动关系的根本目的与核心利益，劳动者的报酬权益受到法律保障。根据我国劳动法的规定，该文化传播有限公司应以货币形式按时足额支付劳动报酬。在陈某休息日工作且未得到补休的情况下，应支付不低于工资200%的工资报酬。

【本章小结】

1. 工资是指劳动者因付出职业劳动所获得的，由用人单位按照一定的标准和形式所支付的劳动报酬。工资是劳动力价值的货币体现，即劳动力的价格，也是社会分配个人消费品的一种形式。工资发挥着保障生活、分配财富、配置资源和刺激经济的作用。

2. 工资立法原则包括公平分配原则、水平提高原则、支付保障原则和权限优化原则。

3. 工资形式主要有：计时工资与计件工资；奖金与津贴；等级工资制、岗位工资制与岗位技能工资制；实物工资与货币工资；月薪与年薪等。

4. 最低工资标准是指劳动者在法定工作时间或劳动合同约定的工作时间内提供了正常劳动时，用人单位依法应支付的最低劳动报酬。最低工资具有保障劳动者及其家庭成员基本生活需要和促进企业公平竞争的作用。企业支付给劳动者的工资不得低于其适用的最低工资标准；集体合同和劳动合同规定的工资数额不得低于最低工资标准。

5. 工资支付原则包括金钱支付原则、定时支付原则、直接支付原则和足额支付原则。

6. 工资权即劳动者获取劳动报酬和支配劳动报酬的权利，具体包括工资请求权和工资自主支配权。

【练习题】

一、名词解释

工资　计时工资　计件工资　最低工资标准　工资支付　工资权

二、问答题

1. 工资与报酬、收入之间是什么关系？

2. 工资有哪些形式？区别何在？

3. 何谓特殊情况下的工资支付？包括哪些情形？

4. 最低工资保障有何意义？

5. 工资支付的法定要求有哪些？

三、案例分析题

小董与某酒店签订固定期限劳动合同，约定在 2021 年 3 月至 2024 年 2 月负责该酒店的卫生清洁工作，酒店每月支付小董工资 1 500 元。小董因急性肠胃炎，委托好友陈某代为领取 2023 年 10 月的工资。小董于 2023 年 10 月共加班 3.5 天。小董后来发现他所在地区最低工资标准为每月 1 630 元。

问题：

1. 陈某是否可代替小董领取工资？

2. 小董加班后酒店应如何履行自身义务？

3. 2023 年 11 月至 2024 年 1 月，酒店应支付小董多少工资？

分析要点提示：

1. 工资应该直接支付给劳动者本人，不能任意支付给其他人。如果小董本人因故不能领取工资，可由其委托的陈某代领。

2. 在公休日安排加班而又不能安排补休的，应支付不低于劳动合同规定的本人日或小时工资标准的 200％的工资。该酒店应先安排补休，无法补休则支付小董日工资标准的 200％的工资。

3. 该酒店支付给小董的工资低于当地最低工资标准，应该按照最低工资标准 1 630 元支付。

在线练习

第九章 职业安全卫生

【本章引例】

于某与某运输公司订立劳动合同，建立劳动关系，具体从事旅客运输驾驶员工作。于某在驾驶大型普通客车从事旅客运输的过程中发生交通事故，致一名自行车骑行者王某死亡。该事故经交警认定，于某驾驶大型普通客车不按车道行驶、未保持安全车速，对事故负次要责任。该运输公司认为于某违反公司的职业驾驶员安全记分管理标准和劳动管理制度，属于严重违纪，以此为由解除了与于某的劳动合同。于某不服，申请劳动仲裁。

请问：

对于本案，仲裁机构应该如何裁决？

【本章学习目标】

1. 了解职业安全卫生制度的价值与职业安全卫生的立法原则；
2. 掌握职业安全卫生技术规程和管理制度的内容；
3. 掌握工伤的概念和认定条件；
4. 认知女职工和未成年工特殊保护的意义；
5. 培养安全生产意识和生命健康本位意识。

第一节 职业安全卫生概述

一、职业安全卫生的含义

职业安全卫生是指职业劳动条件与环境状况符合劳动者生命安全和身体健康的要求。职业安全卫生作为一种法律制度，就是保障职业安全与卫生的制度。具体来说，就是通过各种措施和途径来避免或减少职业危害，确保劳动者在职业劳动中的生命安全和身体健康的特定劳动保护制度。

职业安全卫生与劳动保护、劳动保险之间有较大的联系，厘清它们之间的界限，有助于正确理解职业安全卫生的含义。一般来说，所有的劳动法律制度都意在保护劳动者，在广义上都可以称为劳动保护制度。广义上的劳动保护涉及劳动者各方面的利益，有工作机会、工资收入、休息时间、人身安全、职业教育、物质帮助等。其中，人身安全是各种利益中最为宝贵的利益，舍去人身安全这个根本利益，其他利益都无从谈起。因此，保障劳动者在劳动过程中的人身安全是最为根本的保护制度。狭义的劳动保护特指保护劳动者在职业劳动中的生命和健康安全。狭义的劳动保护具体分为一般保护和特殊保护。一般保护是对全体劳动者都适用的保护制度，职业安全卫生就是这个意义上的劳动保护。特殊保护是专门为女职工和未成年工这两个特殊劳动者群体而设立的保护制度。狭义劳动保护制度的作用基点是以预防为主，避免或减少职业危害。当职业危害突破了劳动保护的防线而事实发生并造成危害后果后，就需要对受到伤害的劳动者进行救济。救济措施主要有两种：一种是赋予受害的劳动者及其法定继承人向用人单位提出损害赔偿的请求权，通过民事权利救济机制实现救济；另一种是建立工伤保险机制，保障受到职业伤害的劳动者能够从社会获得物质帮助，通过社会化的劳动权利救济机制实现救济。上述第二种职业伤害救济方式属于劳动保险（社会保险）的范畴。劳动保险除对职业伤害的救济项目以外，还包括对其他劳动风险（如失业、年老等）的救济。通过工伤保险来救济受到职业伤害的劳动者，是现代劳动法普遍采用的保障手段。

通过上述分析可知：职业安全卫生与狭义的一般劳动保护同义；职业安全卫生与劳动保险是两种不同的制度，前者重在防范职业危害，后者重在补救由劳动风险所带来的劳灾之害。

二、职业安全卫生制度的价值

职业安全卫生制度是劳动法制度体系中最为传统的制度构成，也是最有生命力的制度板块，尤其在当代社会，其价值更为明显。

（一）保障劳动者生命权和健康权，实现制度正义

生命权和健康权是人不可剥夺的首要人权，一般除犯罪受刑以外，生命权神圣不可剥夺。其他一切权利的获得都不能也不应该以牺牲生命和健康为代价。因此，保障人的生命安全和身体健康就成为法律的首要任务，也是法律正义的表现。劳动者参加职业劳动，主要目的是获得经济收入，保障生活或实现人生价值，为社会贡献个体力量。如果在职业劳动中付出了生命和健康的代价，则是舍本逐末，得不偿失。职业安全卫生制度防范职业危害，保障劳动者的生命安全和身体健康不受损害，是对劳动者最根本的关怀，是体现着人道和正义的劳动法律制度。

（二）减少损失和成本付出，提高企业效益

企业生产经营必然要付出成本，只有付出成本，才能获取利润。企业为了获得更大的效益，就需要尽量压缩成本。必要的成本要压缩，不必要的成本要避免，唯此企业才能提高效益，获得更大的利润。企业频繁发生安全事故，不仅会造成人员伤亡，还可能造成财产损失。一方面，人员伤亡要处理，财产毁损要补换，都会造成不必要的成本付出，降低企业的经济效益。另一方面，企业频繁发生伤亡事故，企业的社会形象也会降低，不仅直接影响企业的社会效益，还会间接影响企业的经济效益。一个没有效益的企

业是失败的企业，在激烈的市场经济竞争中终究会被淘汰出局。

（三）协调劳动关系，稳定社会秩序

劳动关系是一种内部关系，劳动关系是否和谐稳定，决定着单位是否具有内部凝聚力和外部竞争力。同时，劳动关系与其他社会关系也密切相连，劳动关系是否稳定协调，也直接影响着婚姻家庭关系和其他社会关系。如果劳动伤亡事故频繁发生，就会造成劳动者与用人单位之间的紧张与矛盾，同时还会影响家庭幸福，给社会增加各种负担。总之，重大的或群体的劳动伤亡事故很容易成为社会各种矛盾的导火索，破坏相对平衡的社会关系，造成单位、家庭和社会的动荡和无序。因此，防范职业危害发生，保障劳动者的生命和健康，在一定意义上也就是维护社会的稳定和安宁。

三、职业安全卫生的制度构成

职业安全卫生制度是一种劳动保护制度，要充分实现其对劳动者生命和健康的保护功能，必须建立起各种调节机制共同发挥作用。一般来说，职业安全卫生制度由用人单位的各项义务和劳动者的权利义务构成。从调节手段上考察，主要由以下几个具体调节层次构成：一是国家制定各种安全卫生技术规程和标准，强制要求用人单位和劳动者遵守这些规程；二是强制要求用人单位建立、健全防范职业危害的各种制度；三是赋予劳动者以维护自己职业安全的能动的手段，同时对其提出必要的要求。从具体制度角度考察，职业安全卫生制度主要包括劳动安全技术规程、劳动卫生规程、安全卫生责任制度、安全生产教育制度、安全卫生认证制度、安全卫生设施“三同时”制度、安全卫生防护用品和健康检查制度、重大事故隐患查处制度、伤亡事故和职业病统计报告和处理制度、安全卫生检查和监察制度。

四、职业安全卫生的立法原则

（一）安全第一、预防为主的原则

安全第一、预防为主的原则是职业安全卫生工作的基本指导方针。贯彻安全第一的原则，就要求用人单位和劳动者必须牢牢树立起安全第一的观念，一切工作要从安全的角度出发来组织实施，不能借口生产而忽视安全。预防为主的原则要求对劳动事故要防患于未然，各种制度和措施都必须有利于避免或减少职业危害。安全第一要求在处理安全与生产的矛盾时要优先考虑安全；预防为主要求在职业危害的防范与处理关系上要把防范放在首位。安全第一、预防为主的原则也是指导我国职业安全卫生立法和执法的指导方针，是衡量职业安全卫生的立法质量和执法质量的一个标尺。

（二）国家、企业、个人相结合的原则

确保职业安全卫生是涉及个人、企业和国家三者利益，需要各方面力量共同努力的社会工程。在职业安全方面，国家的职责是制定立法，建立标准和制度，监督监察企业执行职业安全卫生立法，纠正违法行为，追究违法责任。企业在确保职业安全卫生方面的义务是严格遵守国家的各项标准和制度，在组织生产的过程中，避免、减少、化解职业危害，为劳动者提供安全、卫生的劳动条件和劳动环境，同时有权纠正和处罚劳动者违反安全操作规程的行为。劳动者为了保障自己的人身安全，在劳动的过程中必须严格遵守安全操作规程，同时可以依法行使拒绝权和监督权。工会作为保护劳动者权益的社会组织，有权利也有义务监督企业的安全生产管理工作。

参考案例 9-1

赵某与一家新材料科技有限公司订立劳动合同，约定非专业工作人员不得私自调整电气设备，乱接、乱拉线路……发现不安全因素及时上报，在任何情况下不得违章操作，不能盲目拉合带负荷的开关，防止事故发生。后因赵某向公司反映的工作问题没有解决，其擅自在工作时间关停机器。据此，该公司解除了与赵某的劳动合同。

——赵某明知生产线的机器不能随意关停，但却因多次反映工作问题没有得到解决而在工作时间关停机器，违反了安全操作规程。如果赵某认为自己反映的问题没得到解决，应在遵守安全操作规程的前提下按照正当程序处理。该公司以其严重违纪为由解除劳动合同，属于合法解除。

第二节　职业安全卫生技术规程

一、职业安全卫生技术规程的概念

职业安全卫生技术规程，是指为了消除、限制或预防劳动过程中的危险和有害因素，保护劳动者人身安全和身体健康，保障设备、生产正常运行而制定的法律规范，包括职业安全技术规程和职业卫生技术规程。这些规程通常以确立标准化要求为手段和工具，是凸显技术性、标准性和操作性的刚性规范。

国家颁布的职业安全卫生技术规程有《工厂安全卫生规程》《建筑安装工程安全技术规程》以及煤矿、冶金、化工、建材等安全规程。目前，国家颁布的职业安全卫生标准已有 100 多项，如《工业企业设计卫生标准》等。这些标准的具体内容通常包括：劳动安全卫生管理方面的技术标准；方法标准；生产工艺、工具、设备安全卫生标准；安全生产专用装置、用具标准；个人防护用品标准等。应该指出的是，虽然随着《中华人民共和国建筑法》（1998 年 3 月施行，2011 年和 2019 年两次修正）、《建设工程质量管理条例》（2000 年 1 月施行，2017 年和 2019 年两次修正）、《中华人民共和国职业病防治法》（2002 年 1 月施行，2011 年、2016 年、2017 年、2018 年四次修正）、《中华人民共和国安全生产法》（以下简称《安全生产法》，2002 年 11 月施行，2009 年、2014 年两次修正）和《建设工程安全生产管理条例》（2004 年 2 月施行）的颁布，《工厂安全卫生规程》和《建筑安装工程安全技术规程》已失效，但其所体现出的对职业安全卫生的保障和关注的理念仍具有重要借鉴意义。

二、职业安全技术规程的内容

职业安全技术规程是指为了防范劳动伤亡事故，保障劳动者生命、健康安全和防止生产设备遭到破坏而制定的各种法律规定。现择其要者介绍如下。

（一）矿山安全技术规程

《中华人民共和国矿山安全法》（以下简称《矿山安全法》）于1992年11月由全国人大常委会发布，1993年5月实施，2009年8月修正。根据现行《矿山安全法》的有关规定，矿山安全主要涉及两个方面：矿山建设安全和矿山开采安全。

1. 矿山建设安全

在矿山建设方面，有关的安全技术要求有：矿山建设工程的设计文件，必须符合矿山安全规程和行业技术规范，并经主管部门批准。设计下列项目必须符合矿山安全规程和行业技术规范：矿井的通风系统和通风量、风质、风速；露天矿的边坡角和台阶的宽度、高度；供电系统；提升、运输系统；防水、排水系统和防火、灭火系统；防瓦斯系统和防尘系统；有关矿山安全的其他项目。在矿山建设时，每个矿井必须保证有两个以上能行人的安全出口，出口之间的直线水平必须符合相应的要求。矿山必须有与外界相通的符合安全要求的运输和通信设施。

2. 矿山开采安全

矿山开采方面有关的安全技术要求有：矿山设计规定保留的矿柱、岩柱，在规定的期限内，应当予以保护，不得开采或者毁坏。矿山使用的有特殊安全要求的设备、器材、防护用品和安全检测仪器，必须符合国家安全标准或者行业安全标准，否则不得使用。矿山企业必须对机电设备及防护装置、安全检测仪器定期检查，保证使用安全。矿山企业必须对作业场所中的有害有毒物质和井下空气含氧量进行检测，保证符合安全要求。矿山企业必须对下列危害安全的事故隐患采取预防措施：冒顶、片帮、边坡滑落和地表塌陷；瓦斯爆炸、煤尘爆炸；冲击地压、瓦斯突出、井喷；地面和井下的火灾、水害；爆破器材和爆破作业发生的危害；粉尘、有毒有害气体、放射性物质和其他有害物质引起的危害；其他危害。矿山企业对使用机械、电器设备、排土场、矸石山、尾矿库和矿山闭坑后可能引起的危害，应当采取预防措施。

此外，矿山建设项目应按照国家有关规定进行安全评价，其安全设计应当按照国家有关规定报经有关部门审查。施工单位必须按照批准的安全设施设计施工，并对安全设施的工程质量负责。矿山建设项目投入生产或使用前，应由建设单位负责组织对安全设施进行验收。

（二）建筑安装工程安全技术规程

关于建筑安装工程安全技术方面的立法有：《国营建筑企业安全生产工作条例》（1983年）、《中华人民共和国建筑法》（2019年）、《建设工程安全生产管理条例》（2003年）。建筑安装工程安全技术规程的主要内容如下。

1. 施工现场的安全要求

建筑施工企业应当在施工现场采取维护安全、防范危险、预防火灾等措施；有条件的，应当对施工现场实行封闭管理。施工现场对毗邻的建筑物、构筑物和特殊作业环境可能造成损害的，建筑施工企业应当采取安全防护措施。施工单位应当将施工现场的办公、生活区与作业区分开设置，并保持安全距离。施工现场临时搭建的建筑物应当符合安全使用要求，施工现场使用的装配式活动房屋应当具有产品合格证。建筑施工企业应当遵守有关环境保护和安全生产的法律、法规的规定，采取控制和处理施工现场的各种粉尘、废气、废水、固体废物以及噪声、振动对环境的污染和危害的措施。

施工现场道路、上下水及采暖管道、电气线路、材料堆放、临时和附属设施等的平面布置，都要符合安全、卫生、防火要求，并要加强管理，做到安全生产和文明生产。

施工现场坑、井、沟和各种孔洞，易燃易爆场所，变压器周围，都要指定专人设置围栏或盖板和安全标志，夜间要设红灯示警；各种防护设施、警告标志，未经施工负责人批准，不得移动和拆除。施工单位还应当在施工现场入口处、施工起重机械、临时用电设施、脚手架、出入通道口、楼梯口、电梯井口、孔洞口、桥梁口、隧道口、基坑边沿、爆破物及有害危险气体和液体存放处等危险部位，设置明显的安全警示标志。安全警示标志必须符合国家标准。

施工单位应当在施工现场建立消防安全责任制度，确定消防安全责任人，制定用火、用电、使用易燃易爆材料等各项消防安全管理制度和操作规程，设置消防通道、消防水源，配备消防设施和灭火器材，并在施工现场入口处设置明显标志。

施工单位应当在施工组织设计中编制安全技术措施和施工现场临时用电方案，对达到一定规模的危险性较大的分部分项工程编制专项施工方案，并附具安全验算结果，经施工单位技术负责人、总监理工程师签字后实施。由专职安全生产管理人员进行现场监督，对涉及深基坑、地下暗挖工程、高大模板工程的专项施工方案，施工单位还应当组织专家进行论证、审查。

施工单位应当根据不同施工阶段和周围环境及季节、气候的变化，在施工现场采取相应的安全施工措施。施工现场暂时停止施工的，施工单位应当做好现场防护，所需费用由责任方承担，或者按照合同约定执行。

施工单位采购、租赁的安全防护用具、机械设备、施工机具及配件，应当具有生产（制造）许可证、产品合格证，并在进入施工现场前进行查验。施工现场的安全防护用具、机械设备、施工机具及配件必须由专人管理，定期进行检查、维修和保养，建立相应的资料档案，并按照国家有关规定及时报废。

2. 脚手架的安全要求

在施工现场安装、拆卸施工起重机械和整体提升脚手架、模板等自升式架设设施，必须由具有相应资质的单位承担，同时应当编制拆装方案、制定安全施工措施，并由专业技术人员现场监督。施工起重机械和整体提升脚手架、模板等自升式架设设施安装完毕后，安装单位应当自检，出具自检合格证明，并向施工单位进行安全使用说明，办理验收手续并签字。施工单位在使用施工起重机械和整体提升脚手架、模板等自升式架设设施前，应当组织有关单位进行验收，也可以委托具有相应资质的检验检测机构进行验收；同时应当自施工起重机械和整体提升脚手架、模板等自升式架设设施验收合格之日起 30 日内，向建设行政主管部门或者其他有关部门登记。登记标志应当置于或者附着于该设备的显著位置。

施工起重机械和整体提升脚手架、模板等自升式架设设施的使用达到国家规定的检验检测期限的，必须经具有专业资质的检验检测机构检测。经检测不合格的，不得继续使用。脚手架使用期间要指定专人维护保养，发现有变形、倾斜、摇晃等情况，要及时加固。

脚手架工程需要编制专项施工方案，并附具安全验算结果，经施工单位技术负责人、总监理工程师签字后实施，由专职安全生产管理人员进行现场监督。应在脚手架存放处设置明显的安全警示标志。在施工现场行走要注意安全，不得攀登脚手架、井字架、龙门架和随吊盘上下。

3. 拆除工程的安全要求

房屋拆除应当由具备保证安全条件的建筑施工单位承担，由建筑施工单位负责人对安全负责。建设单位应当将拆除工程发包给具有相应资质等级的施工单位。施工单位从事建设工程的新建、扩建、改建和拆除等活动，应当具备国家规定的注册资本、专业技术人员、技术装备和安全生产等条件，依法取得相应等级的资质证书，并在其资质等级许可的范围内承揽工程。

建设单位应当在拆除工程施工 15 日前，将有关施工单位资质等级证明，拟拆除建筑物、构筑物及可能危及毗邻建筑的说明，拆除施工组织方案，堆放、清除废弃物的措施的资料报送建设工程所在地的县级以上地方人民政府建设行政主管部门或者其他有关部门备案。在进行拆除工程时，需要编制专项施工方案并附具安全验算结果，经施工单位技术负责人、总监理工程师签字后实施，由专职安全生产管理人员进行现场监督。此外，还需编制单项安全技术方案，否则不得开工。安全技术措施要有针对性，要根据工程特点、施工方法、劳动组织和作业环境等情况提出，防止一般化。

参考案例 9－2

某建筑施工单位对一桥梁进行施工改造，尚未完全竣工，亦未通过验收投入使用。某日 20：00 许，附近村民张某及其妻子卢某步行进入该桥梁施工现场散步，卢某在该桥梁施工现场边缘处发生高坠死亡事故。事故发生当晚，通往该桥梁施工现场的路基处堆放了石头，且摆放了“前方桥梁中断，车辆请绕行”标识牌及黄色导向标识牌。事故发生时该桥桥面已硬化、建好，但并未申明行人禁止通行，也未设置阻拦行人通行的障碍设施，行人可随意从此通行。据其他村民描述，桥头的路基没有防护措施和警示标志，桥头也没有封闭，有些村民为了方便就在桥面上走。

——该桥桥面已硬化、建好，施工方在进入施工路段的路基上摆放了“前方桥梁中断，车辆请绕行”标识牌及黄色导向标识牌，但此处并未申明行人禁止通行。在桥面已建好的情况下，施工方更应注意到行人从此通行的可能性加大。施工方未设置阻拦行人通行的障碍设施，导致行人可随意从此通行，且桥上没有任何防护措施。根据《中华人民共和国建筑法》第 39 条的规定，施工方对施工现场负有安全管理义务。施工方没有依法履行安全管理义务，其行为违反了相关建筑安装工程安全技术规程，应承担相应的责任。

三、职业卫生技术规程和标准的内容

职业卫生技术规程和标准，是指为了防止或消除劳动过程中的有毒有害因素，保障劳动者身体健康的各种法律规定。它包括各种工业生产卫生、医疗预防、健康检查等技术和组织管理措施的规定。职业卫生技术规程重点防范各种致病（职业病）的有毒有害因素，创造清洁卫生的劳动条件和劳动环境。

我国有关职业卫生方面的立法主要有：《国务院关于防止厂、矿企业中矽尘危害的决定》《工业企业设计卫生标准》《国务院关于加强防尘防毒工作的决定》《建筑照明设计标准》《尘肺病防治条例》《放射性同位素与射线装置安全和防护条例》《橡胶业汽油中毒预防暂行办法》《职业病防治法》《安全生产法》《危险化学品安全管理条例》《使用有毒物品作业场所劳动保护条例》等。

我国职业卫生技术规程的主要内容包括：防止有毒物质危害、防止粉尘危害、防止噪声和强光刺激、防暑降温和防寒、通风和照明、个人防护用品和卫生保健等。

（一）防止有毒物质危害

在工业生产过程中不可避免会产生和释放大量的有毒有害物质。这些有毒有害物质以气体、液体和固体形态存在，如果经常吸入或接触，就会成为致病因素，危害劳动者的身体健康，所以必须加以预防。一方面要尽量减少有毒有害物质的释放量，另一方面要尽量减少劳动者身体对有毒有害物质的接触机会和时间。

防止有毒物质危害的法律要求主要有：放散有害物质的生产过程和设备，应尽量考虑机械化和自动化，加强密闭，避免直接操作，并应结合生产工艺采取通风措施。经常有人通行的地道，应有自然通风或机械通风，并不得敷设有毒液体或有毒气体的管道。有毒作业宜采用低毒的原料代替高毒的原料。产生危害较大的粉尘、有毒物质或酸碱等强腐蚀性介质的车间，应有冲洗地面和墙壁的设施。产生汞、砷等剧毒物质的车间，其墙壁、顶棚和地面等内部结构的表面，应采用不吸收毒物的材料，必要时加设保护层，以便清洗，其废水应纳入工业废水处理系统。

（二）防止粉尘危害

粉尘是在燃烧或工业生产的过程中产生的粉末状的废物。粉尘大量吸入人体，就会导致硅肺等多种尘肺疾病，严重危害人体健康。

防止粉尘危害的法律要求主要有：凡有粉尘作业的企业、事业单位应采取综合防尘措施和无尘或低尘的新技术、新工艺、新设备，使作业场所的粉尘浓度不超过国家卫生标准。任何企业、事业单位除特殊情况外，未经上级主管部门批准，不得停止运行或者拆除防尘设施。防尘经费应当纳入基本建设和技术改造经费计划，专款专用，不得挪用。职工使用的防止粉尘危害的防护用品，必须符合国家的有关标准。放散粉尘的生产过程，应首先考虑采用湿式作业。凡有粉尘作业的企业、事业单位，必须定期测定作业场所的粉尘浓度。测尘结果必须向主管部门和当地卫生行政部门、劳动部门和工会组织报告，并定期向职工公布。

（三）防止噪声和强光刺激

超标的噪声和强光会刺激人的听觉和视觉器官，减弱或丧失正常功能。长期被噪声干扰，还会引起其他多种人体疾病。所以，防止生产过程中的噪声和强光刺激，对于维护劳动者的身心健康至关重要。

防止噪声和强光刺激的法律要求主要有：工业企业的生产车间和作业地点的噪声最高不得超过 85 分贝，特殊的不得超过 90 分贝；产生强烈噪声的生产应该尽可能在设有消音设备的单独工作房间进行；在有噪声、强光、辐射热和飞溅火花、碎片、刨屑的场所操作的工人，应该由工厂分别供给护耳用品、防护眼镜、面具和帽盔。

（四）防暑降温和防寒

工作场所的温度过高、过低，以及空气过湿，都会对劳动者的身体健康造成危害，所以，工作场所应该保持正常的温度和湿度。

防暑降温、防寒和防湿的法律要求主要有：热车间宜设有避风设施的天窗。夏季自然通风用的进气窗其下端距地面不应高于 1.2 米，以便空气直接吹向工作地点。冬季自然通风用的进气窗，其下端一般不低于 4 米；如低于 4 米时，应采取有效措施，防止冷风吹向工作地点。自然通风应有足够的进风面积。高温作业的工业企业，应有配制含盐清凉饮料的设备和用室，设备和用室的布置应便于卫生管理。生产时用水较多或产生大量湿气的车间，设计时应采取必要的排水防湿设施，防止顶棚滴水和地面积水。

（五）通风和照明

工作场所良好的通风可以净化空气，降低工作场所空气中的粉尘和其他有害物质的含量。工作场所适度的照明光线既便于工作，又有助于保护视力，光线过强、过弱，对人的视力都会造成危害。

通风和照明方面的法律要求主要有：生产过程对温湿度和风速要求不严格的工作场所应保证自然通风；有瓦斯和其他有毒有害气体集聚的工作场所，必须采用机械通风；矿井必须有完整合理的通风系统；通风设施应该达到规定的标准；通风系统的运转、使用和管理必须有专人负责；工作场所的光线应该充足，采光部分不要遮蔽；工作地点局部照明的亮度应该符合要求，光线不要刺目；通道应该有足够的照明；窗户要经常擦拭，启闭装置应该灵活；人工照明设备应该保持清洁完好。

（六）个人防护用品和卫生保健

个人防护用品是由用人单位发放的，为避免或减少身体健康遭受危害而使用的各种衣物或用具。防护用品的种类很多，正确发放和使用，有助于保障劳动者的身体健康。防护用品应当根据劳动条件、工种和实际需要发放，该发放的必须按标准发放，不该发放的不能乱发。防护用品是一种工作必需品，属于生产成本投入，不是集体福利，因此，防护用品不能平均发放，更不能用现金代替防护用品。

防护用品的发放和使用方面的法律要求主要有：从事有灼伤、烫伤或者容易发生机械外伤等危险的操作，在强烈辐射热或者低温条件下的操作，散发毒性、刺激性、感染性物质或者大量粉尘的操作，经常使衣服腐蚀、潮湿或者特别肮脏的操作，都应按规定发给工作服、工作帽、口罩、手套、护腿、鞋盖、防护眼镜、防毒面具、防寒用品等防护用品。对工作服或其他防护用品，工厂应负责清洗和修补，并教育工人正确使用防护用品。

卫生保健方面的法律要求主要有：对从事有害健康作业的职工，应满足其特殊营养需要，免费发给保健食品；对高温作业的职工，应免费供给饮料；用人单位应根据需要，设置浴室、厕所、更衣室、休息室、妇女卫生室等生产辅助设施，并经常保持这些设施的清洁和卫生。

第三节　职业安全卫生管理制度

一、职业安全卫生管理制度的概念

职业安全卫生管理制度是由国家直接建立的或者要求用人单位建立的、旨在预防职业危害和及时处理劳动事故的各种制度。职业安全卫生管理制度主要包括安全生产责任制度、安全卫生教育制度、安全卫生设施“三同时”制度、安全卫生认证制度、职工健康检查制度、重大事故隐患管理制度、安全卫生检查和监察制度、伤亡事故和职业病报告处理制度等。

二、职业安全卫生管理制度的内容

（一）安全生产责任制度

安全生产责任制度是企业为了实现安全生产，通过将安全责任层层落实到位，明确每一个岗位、每个人员在实现安全生产方面的具体责任，从而使安全生产工作得以强化的一种企业内部管理制度。《安全生产法》规定，生产经营单位必须遵守该法和其他有关安全生产的法律、法规，加强安全生产管理，建立、健全安全生产责任制和安全生产规章制度，改善安全生产条件，推进安全生产标准化建设，提高安全生产水平，确保安全生产。建立、健全本单位安全生产责任制是生产经营单位的主要负责人对本单位安全生产工作负有的职责之一，应当明确各岗位的责任人员、责任范围和考核标准等内容。生产经营单位应当建立相应的机制，加强对安全生产责任制落实情况的监督考核，保证安全生产责任制的落实。2004 年 1 月 9 日公布的《国务院关于进一步加强安全生产工作的决定》指出，应强化生产经营单位安全生产主体地位，进一步明确安全生产责任，全面落实安全保障的各项法律法规。可通过建立企业安全生产风险抵押金制度强化生产经营单位的安全生产责任；通过强化安全生产监管监察行政执法指导和督促生产经营单位建立健全安全生产责任制。此外，还需认真落实各级领导安全生产责任。地方各级人民政府要建立健全领导干部安全生产责任制，把安全生产作为干部政绩考核的重要内容，逐级抓好落实。《矿山安全法》第 20 条第 1 款规定，矿山企业必须建立、健全安全生产责任制。矿长对本企业的安全生产负责。安全生产责任制由各个层次、各个机构、各个岗位的责任制构成，具体内容是：厂长作为企业的法定代表人，对本企业的全部生产经营活动和安全工作负总责，即企业的任何一个安全事故，厂长都要负责；分管安全生产工作的副厂级领导和专职人员，对企业的安全生产工作负直接责任；总工程师负安全卫生技术领导责任；各职能部门、各生产组织负责人在各自分管的工作范围内对安全生产负责；职工在本职岗位上负有遵守安全生产操作规程的义务，并就此承担责任。可见，安全生产责任制度是一个合理划分、组织严密的岗位责任体系，它严格地约束着从厂部到班组、从厂长到普通职工的每一个人恪尽职守，为避免或减少职业危害提供了制度上的保证。

参考案例 9－3

某煤矿矿长李某在明知安全生产条件不符合国家规定的情况下，仍然组织安排工人下井开采煤炭。该矿采煤面瓦斯积聚，作业工人在生产过程中放炮发生瓦斯爆炸，造成 7 人死亡、7 人受伤的矿难事故。公安司法鉴定中心鉴定意见为：死者的死因符合瓦斯爆炸产生的冲击波合并烧伤等复合损伤导致的死亡。经事故调查组认定，该事故系一起责任事故。

——根据《矿山安全法》第20条的规定，矿长负责全矿生产经营、安全管理。李某在明知煤矿多项安全设施不符合国家规定的情况下，未积极排除安全隐患和完善安全设施，也未按照安监部门的要求停产整顿，导致多人伤亡的矿难事故，其行为已构成重大劳动安全事故罪，需要承担相应的刑事责任。

（二）安全卫生教育制度

安全卫生教育制度是职业教育的组成部分，是职业培训的重要内容。企业职工的安全观念和安全卫生知识的掌握程度，直接决定着职工在生产中的安全卫生状况，所以，提高职工的安全卫生素质是抓好企业安全生产工作的基础环节。根据我国《劳动法》第52条的规定，用人单位必须对劳动者进行安全卫生教育。根据《安全生产法》的规定，组织制定并实施本单位安全生产教育和培训计划是生产经营单位的主要负责人对本单位安全生产工作负有的职责之一。生产经营单位的安全生产管理机构以及安全生产管理人员应组织或者参与本单位安全生产教育和培训，如实记录安全生产教育和培训情况。具体来说，生产经营单位应当对从业人员进行安全生产教育和培训，保证从业人员具备必要的安全生产知识，熟悉有关的安全生产规章制度和安全操作规程，掌握本岗位的安全操作技能，了解事故应急处理措施，知悉自身在安全生产方面的权利和义务。使用被派遣劳动者的，应当将被派遣劳动者纳入本单位从业人员统一管理，对被派遣劳动者进行岗位安全操作规程和安全操作技能的教育和培训。接收中等职业学校、高等学校学生实习的，应当对实习学生进行相应的安全生产教育和培训，提供必要的劳动防护用品。采用新工艺、新技术、新材料或者使用新设备，必须了解、掌握其安全技术特性，采取有效的安全防护措施，并对从业人员进行专门的安全生产教育和培训。生产经营单位应当建立安全生产教育和培训档案，如实记录安全生产教育和培训的时间、内容、参加人员以及考核结果等情况。

（三）安全卫生设施“三同时”制度

安全卫生设施“三同时”制度也称“三同时”原则，其内容是：企业新建、改建、扩建工程的劳动安全卫生设施必须与主体工程同时设计、同时施工、同时投入生产和使用。这里的劳动安全卫生设施，主要指安全技术方面的设施、劳动卫生方面的设施、生产性辅助设施。对于“三同时”制度，除《劳动法》第53条提出了原则性要求之外，《矿山安全法》《尘肺病防治条例》《国务院关于加强防尘防毒工作的决定》《安全生产法》等，都对“三同时”制度作了具体规定。

“三同时”制度的实施要求如下：

（1）生产经营单位新建、改建、扩建工程项目（以下统称建设项目）的安全设施，必须与主体工程同时设计、同时施工、同时投入生产和使用。安全设施投资应当纳入建设项目概算。对未通过“三同时”审查的建设项目，有关部门不予办理行政许可手续，企业不准开工投产。如新建、改建、扩建、续建有粉尘作业的工程项目，防尘设施必须与主体工程同时设计、同时施工、同时投产；矿山建设工程的安全设施必须和主体工程同时设计、同时施工、同时投入生产和使用。

（2）工会有权对建设项目的安全设施与主体工程同时设计、同时施工、同时投入生产和使用情况进行监督，提出意见。

“三同时”制度的基本精神是将劳动安全卫生设施与主体工程置于同等重要的地位，强制要求与主体工程同步进行，以避免安全卫生设施被滞后或被忽视、省略。实践证明，“三同时”制度是一项行之有效的安全卫生管理制度，必须严格加以执行。

（四）安全卫生认证制度

安全卫生认证是指对涉及安全卫生方面的有关人员、机构以及相关设施是否符合安全卫生要求而进行审查、确认的制度。根据认证对象的不同，安全卫生认证可分为人员资格认证、机构资格认证和设施质量认证。其中，人员资格认证是安全卫生认证制度的核心。

人员资格认证是指对与安全卫生联系特别密切的有关人员是否具有从事涉及安全卫生的特殊活动的资格的认证。它包括安全卫生管理资格、安全卫生检测资格和特种作业资格的认证。安全卫生资格的获得必须经过专门的安全卫生教育和训练，并经考核合格之后，通过发给特定的资格证书予以确认。我国《劳动法》第 55 条明确要求：从事特种作业的劳动者必须经过专门培训并取得特种作业资格。该条中的“特种作业”是指容易发生事故，对操作者本人、他人的安全健康及设备、设施的安全可能造成重大危害的作业。特种作业的范围有十类：电工作业；锅炉司炉；压力容器操作；起重机械作业；爆破作业；金属焊接（气割）作业；煤矿井下瓦斯检验；机动车辆驾驶；机动船舶驾驶、轮机操作；建筑登高架设作业。这些作业危险性较大，必须由获得特种作业资格的人员从事。国家安全生产监督管理总局发布的《特种作业人员安全技术培训考核管理规定》（2010 年通过，2015 年修订），对特种作业的范围和特种作业人员的条件、培训、考核、发证等都作了明确规定。特种作业人员必须经过安全技术培训，在经过安全技术理论和实际操作技能考核，成绩合格后，由劳动部门和有关部门发给《特种作业人员操作证》，才能实际从事特种作业。《特种作业人员操作证》是一种国家颁发的资格证书，特种作业人员必须持证上岗。

（五）职工健康检查制度

根据我国《劳动法》第 54 条的规定，用人单位必须对从事有职业危害作业的劳动者定期进行健康检查。实行职工健康检查制度的目的是，全面掌握劳动者的身体健康状况，及早发现劳动者的职业疾病，以便及时予以治疗或采取其他措施，避免造成更大的危害。职工健康检查制度有就业健康检查和在职健康检查之分。就业健康检查是对劳动者就业条件的审查，是招收考核的一个环节；在职健康检查是职工健康保健管理的内容。对于在职健康检查制度，应该明确强调以下几点：

（1）在职健康检查制度由用人单位来建立、执行。一般分为两种情况：一是对确实有职业危害的劳动者必须进行健康检查；二是对其他职工也应该根据需要进行相应的健康检查。前者是一种职业安全卫生的要求，后者是职工的医疗福利；前者具有强制性，后者由各单位根据具体条件来组织安排。

（2）在职健康检查制度的内容，不只是对健康状况的检查，更为重要的是，当检查发现职业疾病时，必须采取及时、有效的治疗措施或疗养措施。

（3）在职健康检查和治疗的费用应该由用人单位承担。

（六）重大事故隐患管理制度

重大事故隐患，是指可能导致重大伤亡或者重大经济损失的事故隐患。在生产活动中，能够及时发现和消除重大事故隐患，避免其转化成现实的重大事故，对于防止职业危害，避免和减少人员伤亡和财产损失，具有重大的现实意义。《安全生产法》从对重大危险源的监控与重大事故隐患防范两方面规定了重大事故隐患管理制度，具体如下：

（1）督促落实本单位重大危险源的安全管理措施是生产经营单位的安全生产管理机构以及安全生产管理人员的职责之一。生产经营单位对重大危险源应当登记建档，进行定期检测、评估、监控，并制定应急预案，告知从业人员和相关人员在紧急情况下应当采取的应急措施，并按照国家有关规定将本单位重大危险源及有关安全措施、应急措施报有关地方人民政府安全生产监督管理部门和有关部门备案。

（2）生产经营单位应当建立健全生产安全事故隐患排查治理制度，采取技术、管理措施，及时发现并消除事故隐患。事故隐患排查治理情况应当如实记录，并向从业人员通报。县级以上地方各级人民政府负有安全生产监督管理职责的部门应当建立健全重大事故隐患治理督办制度，督促生产经营单位消除重大事故隐患。生产经营单位的安全生产管理人员在检查中发现重大事故隐患，应按照法定程序向有关负责人报告；县级以上地方各级人民政府应当对本行政区域内容易发生重大生产安全事故的生产经营单位进行严格检查并根据具体情况采取相应措施。

（七）安全卫生检查和监察制度

安全卫生检查的主要任务是及时发现并纠正企业及其内部机构、人员违反安全卫生法律、法规的行为，消除重大事故隐患，确保企业安全生产。劳动安全卫生检查分为两个层次：一是国家劳动行政部门或主管部门对企业劳动安全卫生状况的定期检查；二是企业所进行的安全卫生的自我检查。前者可称为外部检查，是一种劳动执法行为；后者可称为内部检查，是企业内部的一种管理制度。内部检查是基础，外部检查是保障，这两种检查形式应该很好地配合起来，形成内外结合的安全卫生检查机制。

安全卫生监察是指劳动行政部门依法配备的行政执法人员按照法定程序对企业执行劳动安全卫生法律、法规的情况进行的规范化的监督检查。可见，安全卫生监察属于劳动安全卫生检查的范畴，是一种特定的劳动安全卫生检查制度。它是一种外部检查制度，是劳动行政部门的行政执法行为，是由劳动行政部门配备的劳动安全卫生监察员所具体实施的执法行为。根据劳动部发布的《劳动安全卫生监察员管理办法》的规定，劳动安全卫生监察员是劳动行政部门依法配备的行政执法人员。劳动安全卫生监察员每三年考核一次，经考核合格发给劳动卫生安全监察证件和标志。劳动安全卫生监察员履行下列职责：宣传劳动安全卫生法律、法规和国家有关方针政策；监督检查用人单位执行劳动安全卫生、女职工和未成年工特殊保护、工作时间和休息休假等法律、法规的情况；在履行劳动安全卫生监察职责时若发现违法行为，有权制止或责令改正；对存在重大事故隐患、职业危害严重的用人单位应及时提出整改意见，并向劳动行政部门报告；参加伤亡事故和职业病的处理；法律、法规规定的其他职责。

（八）伤亡事故和职业病报告处理制度

1. 伤亡事故和职业病的分类

根据生产安全事故造成的人员伤亡或者直接经济损失，事故一般可分为特别重大事故、重大事故、较大事故和一般事故。具体界限是：特别重大事故是指造成 30 人以上死亡，或者 100 人以上重伤或急性工业中毒，或者 1 亿元以上直接经济损失的事故；重大事故是指造成 10 人以上 30 人以下死亡，或者 50 人以上 100 人以下重伤或急性工业中毒，或者 5 000 万元以上 1 亿元以下直接经济损失的事故；较大事故是指造成 3 人以上 10 人以下死亡，或者 10 人以上 50 人以下重伤或急性工业中毒，或者 1 000 万元以上 5 000 万元以下直接经济损失的事故；一般事故是指造成 3 人以下死亡，或者 10 人以下重伤或急性工业中毒，或者 1 000 万元以下直接经济损失的事故。

职业病是指劳动者在劳动的过程中或其他职业性活动中接触职业毒害所引起的疾病。职业病共分为 10 大类，具体是：职业性尘肺病及其他呼吸系统疾病；职业性皮肤病；职业性眼病；职业性耳鼻喉口腔疾病；职业性化学中毒、物理因素所致职业病；职业性放射性疾病；职业性传染病；职业性肿瘤；其他职业病。

2. 相关立法依据

我国《劳动法》第 57 条规定：国家建立伤亡事故和职业病统计报告和处理制度。县级以上各级人民政府劳动行政部门、有关部门和用人单位应当依法对劳动者在劳动过程中发生的伤亡事故和劳动者的职业病状况，进行统计、报告和处理。国务院 2007 年发布了《生产安全事故报告和调查处理条例》，规定了事故报告、事故调查、事故处理等内容。原劳动部和国家统计局于 1992 年制定实施了《企业职工伤亡事故统计报表制度》，详细说明了如何进行职工伤亡事故统计。

在职业病的处理方面，主要的法律依据有：《关于职业病范围和职业病患者处理办法的规定》（该规定中的“职业病名单”被 2013 年 12 月 23 日卫计委等 4 部门《关于印发〈职业病分类和目录〉的通知》更新）、《职业病诊断与鉴定管理办法》和《中华人民共和国职业病防治法》（以下简称《职业病防治法》）。

3. 报告和处理制度的目的和内容

国家建立企业职工伤亡事故和职业病的统计、报告、处理制度的目的，是使企业和有关部门能够及时、准确地掌握伤亡事故和职业病状况，便于积极采取措施，防止事故继续发生或扩大，以及在事故发生和职业病发现后，能够及时地予以调查处理，恢复正常的生产工作秩序。

根据《生产安全事故报告和调查处理条例》，生产安全事故的报告和处理制度的主要内容包括：

（1）事故报告。

事故发生后，事故现场有关人员应当立即向本单位负责人报告；单位负责人接到报告后，应当于 1 小时内向事故发生地县级以上人民政府安全生产监督管理部门和负有安全生产监督管理职责的有关部门报告。情况紧急时，事故现场有关人员可以直接向事故发生地县级以上人民政府安全生产监督管理部门和负有安全生产监督管理职责的有关部门报告。安全生产监督管理部门和负有安全生产监督管理职责的有关部门接到事故报告后，应当依照规定上报事故情况，通知公安机关、劳动保障行政部门、工会和人民检察院，并同时报告本级人民政府。

事故报告的内容应当包括事故发生单位概况、事故发生的时间和地点以及事故现场情况、事故的简要经过、事故已经造成或者可能造成的伤亡人数（包括下落不明的人数）和初步估计的直接经济损失、已经采取的措施等内容。事故报告后出现新情况的，应当及时补报。

（2）事故调查。

特别重大事故由国务院或者国务院授权有关部门组织事故调查组进行调查。重大事故、较大事故、一般事故分别由事故发生地省级人民政府、设区的市级人民政府、县级人民政府负责调查。省级人民政府、设区的市级人民政府、县级人民政府可以直接组织事故调查组进行调查，也可以授权或者委托有关部门组织事故调查组进行调查。未造成人员伤亡的一般事故，县级人民政府也可以委托事故发生单位组织事故调查组进行调查。上级人民政府认为必要时，可以调查由下级人民政府负责调查的事故。自事故发生之日起 30 日内（道路交通事故、火灾事故自发生之日起 7 日内），因事故伤亡人数变化导致事故等级发生变化，依照规定应当由上级人民政府负责调查的，上级人民政府可以另行组织事故调查组进行调查。特别重大事故以下等级事故，事故发生地与事故发生单位不在同一个县级以上行政区域的，由事故发生地人民政府负责调查，事故发生单位所在地人民政府应当派人参加。

事故调查组的组成应当遵循精简、效能的原则。事故调查组成员应当具有事故调查所需要的知识和专长，并与所调查的事故没有直接利害关系。根据事故的具体情况，事故调查组由有关人民政府、安全生产监督管理部门、负有安全生产监督管理职责的有关部门、监察机关、公安机关以及工会派人组成，并应当邀请人民检察院派人参加。事故调查组可以聘请有关专家参与调查，需要进行技术鉴定时应当委托具有国家规定资质的单位进行技术鉴定。事故调查组组长由负责事故调查的人民政府指定。

事故调查组有权向有关单位和个人了解与事故有关的情况，并要求其提供相关文件、资料，有关单位和个人不得拒绝。事故发生单位的负责人和有关人员在事故调查期间不得擅离职守，并应当随时接受事故调查组的询问，如实提供有关情况。事故调查中发现涉嫌犯罪的，事故调查组应当及时将有关材料或者其复印件移交司法机关处理。事故调查组成员在事故调查工作中应当诚信公正、恪尽职守，遵守事故调查组的纪律，保守事故调查的秘密。未经事故调查组组长允许，事故调查组成员不得擅自发布有关事故的信息。

事故调查组应当自事故发生之日起 60 日内提交事故调查报告；特殊情况下，经负责事故调查的人民政府批准，提交事故调查报告的期限可以适当延长，但延长的期限最长不超过 60 日。事故调查报告应当包括事故发生单位概况、事故发生经过和事故救援情况、事故造成的人员伤亡和直接经济损失、事故发生的原因和事故性质、事故责任的认定以及对事故责任者的处理建议、事故防范和整改措施六方面内容，并附具有关证据材料。

（3）事故处理。

重大事故、较大事故、一般事故，负责事故调查的人民政府应当自收到事故调查报告之日起 15 日内作出批复；特别重大事故，30 日内作出批复，特殊情况下，批复时间可以适当延长，但延长的时间最长不超过 30 日。有关机关应当按照人民政府的批复，依照法律、行政法规规定的权限和程序，对事故发生单位和有关人员进行行政处罚，对负有事故责任的国家工作人员进行处分。事故发生单位应当按照负责事故调查的人民政府的批复，对本单位负有事故责任的人员进行处理。负有事故责任的人员涉嫌犯罪的，依法追究刑事责任。

第四节 工伤与职业病

一、工伤

（一）工伤的概念

在广义上，工伤是指由职业危害所导致的人身伤害，是因工作或者为了工作而受到的伤害，包括因工受伤、致残、死亡以及患职业病，即工伤、工残、工亡、职业病；在狭义上，工伤仅指因工受伤、致残和工亡，不包括职业病。

用人单位和职工应当遵守有关安全生产和职业病防治的法律法规，执行安全卫生规程和标准，预防工伤事故发生，避免和减少职业病危害。职工发生工伤时，用人单位应当采取措施使工伤职工得到及时救治。用人单位应当依照《工伤保险条例》的规定参加工伤保险，为本单位职工缴纳工伤保险费。

（二）工伤的认定

1. 实质性条件

职工有下列情形之一的，应当认定为工伤：（1）在工作时间和工作场所内，因工作原因受到事故伤害的。（2）工作时间前后在工作场所内，从事与工作有关的预备性或者收尾性工作受到事故伤害的。（3）在工作时间和工作场所内，因履行工作职责受到暴力等意外伤害的。（4）患职业病的。（5）因工外出期间，由于工作原因受到伤害或者发生事故下落不明的。（6）在上下班途中，受到非本人主要责任的交通事故或者城市轨道交通、客运轮渡、火车事故伤害的。（7）法律、行政法规规定应当认定为工伤的其他情形。

职工有下列情形之一的，视同工伤：（1）在工作时间和工作岗位，突发疾病死亡或者在48小时之内经抢救无效死亡的。（2）在抢险救灾等维护国家利益、公共利益活动中受到伤害的。（3）职工原在军队服役，因战、因公负伤致残，已取得革命伤残军人证，到用人单位后旧伤复发的。

司法案例10：工伤认定案　　**司法案例11：社会保障行政确认案**

职工有下列情形之一的，不得认定为工伤或者视同工伤：（1）故意犯罪的。（2）醉酒或者吸毒的。（3）自残或者自杀的。

2. 程序性条件

职工发生事故伤害或者按照《职业病防治法》的规定被诊断、鉴定为职业病，所在单位应当自事故伤害发生之日或者被诊断、鉴定为职业病之日起30日内，向统筹地区社会保险行政部门提出工伤认定申请。遇有特殊情况，经报社会保险行政部门同意，申请时限可以适当延长。用人单位未按规定提出工伤认定申请的，工伤职工或者其近亲属、工会组织在事故伤害发生之日或者被诊断、鉴定为职业病之日起 1 年内，可以直接向用人单位所在地统筹地区社会保险行政部门提出工伤认定申请。

提出工伤认定申请应当提交下列材料：(1) 工伤认定申请表。(2) 与用人单位存在劳动关系（包括事实劳动关系）的证明材料。(3) 医疗诊断证明或者职业病诊断证明书（或者职业病诊断鉴定书）。(4) 需要提交的其他证明材料，如司法机关或者有关行政部门的相关结论。

司法案例 12：工伤认定案

二、职业病

（一）职业病的概念与类型

职业病是指企业、事业单位和个体经济组织等用人单位的劳动者在职业活动中，因接触粉尘、放射性物质和其他有毒、有害因素而引起的疾病。预防、控制和消除职业病危害，防治职业病，是保护劳动者健康及其相关权益的重要举措，亦是用人单位的主要责任之一。我国关于职业病防治的立法主要有《职业病防治法》《职业病诊断与鉴定管理办法》《关于职业病范围和职业病患者处理办法的规定》《职业病分类和目录》等。

（二）职业病的防治

我国的职业病防治工作坚持预防为主、防治结合的方针，建立用人单位负责、行政机关监管、行业自律、职工参与和社会监督的机制，实行分类管理、综合治理，从前期预防、劳动过程中的防护与管理两个层面进行职业病的防治工作。

1. 职业病的前期预防

用人单位应当依照法律、法规的要求，严格遵守国家职业卫生标准，落实职业病预防措施，从源头上控制和消除职业病危害。用人单位工作场所的设立应符合法律、行政法规规定的设立条件和相关的职业卫生要求，若存在职业病目录所列职业病的危害因素，则应及时、如实地向所在地卫生行政部门申报危害项目，接受监督。

新建、扩建、改建建设项目和技术改造、技术引进项目可能产生职业病危害的，建设单位在可行性论证阶段应当进行职业病危害预评价。医疗机构新建、扩建、改建建设项目和技术改造、技术引进项目可能产生放射性职业病危害的，建设单位应当向卫生行政部门提交放射性职业病危害预评价报告。

职业病防治亦要求实行“三同时”制度，即建设项目的职业病防护设施应与主体工程同时设计、同时施工、同时投入生产和使用，所需费用应当纳入建设项目工程预算。设施设计应当符合国家职业卫生标准和卫生要求；其中，医疗机构放射性职业病危害严重的建设项目的防护设施设计，应当经卫生行政部门审查同意后，方可施工。建设项目在竣工验收前，建设单位应当进行职业病危害控制效果评价。医疗机构可能产生放射性职业病危害的建设项目竣工验收时，其放射性职业病防护设施经卫生行政部门验收合格后，方可投入使用；其他建设项目的职业病防护设施应当由建设单位负责依法组织验收，验收合格后，方可投入生产和使用。卫生行政部门应当加强对建设单位组织的验收活动和验收结果的监督核查。

2. 劳动过程中的防护与管理

用人单位应为职业病防治工作提供必要的准备与人力、财力等支持，包括：设置或者指定职业卫生管理机构或者组织，配备专职或者兼职的职业卫生管理人员，负责本单位的职业病防治工作；保障职业病防治所需的资金投入，不得挤占、挪用，并对因资金投入不足导致的后果承担责任；为劳动者提供个人使用的符合防治职业病要求的职业病防护用品；优先采用有利于防治职业病和保护劳动者健康的新技术、新工艺、新设备、新材料，逐步替代职业病危害严重的技术、工艺、设备、材料；对可能发生急性职业损伤的有毒、有害工作场所，设置报警装置，配置现场急救用品、冲洗设备、应急撤离通道和必要的泄险区，对放射工作场所和放射性同位素的运输、储存，配置防护设备和报警装置，保证接触放射线的工作人员佩戴个人剂量计；对职业病防护设备、应急救援设施和个人使用的职业病防护用品，应当进行经常性的维护、检修，定期检测其性能和效果，确保其处于正常状态，不得擅自拆除或者停止使用。

用人单位负有职业病相关信息提醒和告知义务：产生职业病危害的用人单位，应当在醒目位置设置公告栏，公布有关职业病防治的规章制度、操作规程、职业病危害事故应急救援措施和工作场所职业病危害因素检测结果；对产生严重职业病危害的作业岗位，应当在其醒目位置，设置警示标识和中文警示说明；警示说明应当载明产生职业病危害的种类、后果、预防以及应急救治措施等内容；用人单位与劳动者订立劳动合同时，应当将工作过程中可能产生的职业病危害及其后果、职业病防护措施和待遇等如实告知劳动者，并在劳动合同中写明，不得隐瞒或者欺骗；劳动者在已订立劳动合同期间因工作岗位或者工作内容变更，从事与所订立劳动合同中未告知的存在职业病危害的作业时，用人单位应当向劳动者履行如实告知的义务，并协商变更原劳动合同相关条款。

用人单位需建立、健全工作场所职业病危害因素监测及评价制度。用人单位应当实施由专人负责的职业病危害因素日常监测，并确保监测系统处于正常运行状态；应当按照国务院卫生行政部门的规定，定期对工作场所进行职业病危害因素检测、评价，同时将检测、评价结果存入用人单位职业卫生档案，定期向所在地卫生行政部门报告并向劳动者公布。发现工作场所职业病危害因素不符合国家职业卫生标准和卫生要求时，用人单位应当立即采取相应治理措施，仍然达不到国家职业卫生标准和卫生要求的，必须停止存在职业病危害因素的作业；职业病危害因素经治理后，符合国家职业卫生标准和卫生要求的，方可重新作业。

用人单位应对劳动者进行职业培训，劳动者有参加职业培训的义务。用人单位的主要负责人和职业卫生管理人员应当接受职业卫生培训，遵守职业病防治法律、法规，依法组织本单位的职业病防治工作。用人单位应当对劳动者进行上岗前的职业卫生培训和在岗期间的定期职业卫生培训，普及职业卫生知识，督促劳动者遵守职业病防治法律、法规、规章和操作规程，指导劳动者正确使用职业病防护设备和个人使用的职业病防护用品。劳动者应当学习和掌握相关的职业卫生知识，增强职业病防范意识，遵守职业病防治法律、法规、规章和操作规程，正确使用、维护职业病防护设备和个人使用的职业病防护用品，发现职业病危害事故隐患应当及时报告。

用人单位应组织劳动者进行职业健康检查，并建立、健全劳动者健康监护档案。对从事接触职业病危害的作业的劳动者，用人单位应当按照国务院卫生行政部门的规定组织上岗前、在岗期间和离岗时的职业健康检查，并将检查结果书面告知劳动者。职业健康检查费用由用人单位承担。用人单位不得安排未经上岗前职业健康检查的劳动者从事接触职业病危害的作业；不得安排有职业禁忌的劳动者从事其所禁忌的作业；对在职业健康检查中发现的有与所从事的职业相关的健康损害的劳动者，应当调离原工作岗位，并妥善安置；对未进行离岗前职业健康检查的劳动者不得解除或者终止与其订立的劳动合同。用人单位应按照规定的期限妥善保存劳动者的职业健康监护档案，职业健康监护档案应当包括劳动者的职业史、职业病危害接触史、职业健康检查结果和职业病诊疗等有关个人健康资料。劳动者离开用人单位时，有权索取本人职业健康监护档案复印件，用人单位应当如实、无偿提供，并在所提供的复印件上签章。

用人单位应建立、健全职业病危害事故应急救援预案。发生或者可能发生急性职业病危害事故时，用人单位应当立即采取应急救援和控制措施，并及时报告所在地卫生行政部门和有关部门。对遭受或者可能遭受急性职业病危害的劳动者，用人单位应当及时组织救治、进行健康检查和医学观察，所需费用由用人单位承担。

用人单位不得安排未成年工从事接触职业病危害的作业；不得安排孕期、哺乳期的女职工从事对本人和胎儿、婴儿有危害的作业。

用人单位应保障劳动者享有以下权利：（1）获得职业卫生教育、培训。（2）获得职业健康检查、职业病诊疗、康复等职业病防治服务。（3）了解工作场所产生或者可能产生的职业病危害因素、危害后果和应当采取的职业病防护措施。（4）要求用人单位提供符合防治职业病要求的职业病防护设施和个人使用的职业病防护用品，改善工作条件。（5）对违反职业病防治法律、法规以及危及生命健康的行为提出批评、检举和控告。（6）拒绝违章指挥和强令进行没有职业病防护措施的作业。（7）参与用人单位职业卫生工作的民主管理，对职业病防治工作提出意见和建议。用人单位因劳动者依法行使正当权利而降低其工资、福利等待遇或者解除、终止与其订立的劳动合同的，其行为无效。

工会应积极行使权利、履行义务，促进职业病防治工作的顺利进行。工会组织应当督促并协助用人单位开展职业卫生宣传教育和培训，有权对用人单位的职业病防治工作提出意见和建议，依法代表劳动者与用人单位签订劳动安全卫生专项集体合同，与用人单位就劳动者反映的有关职业病防治的问题进行协调并督促解决。工会组织对用人单位违反职业病防治法律、法规，侵犯劳动者合法权益的行为，有权要求纠正；产生严重职业病危害时，有权要求采取防护措施，或者向政府有关部门建议采取强制性措施；发生职业病危害事故时，有权参与事故调查处理；发现危及劳动者生命健康的情形时，有权向用人单位建议组织劳动者撤离危险现场，用人单位应当立即作出处理。

（三）职业病的诊断

1. 职业病诊断的主体

职业病诊断应当由取得《医疗机构执业许可证》的医疗卫生机构承担。承担职业病诊断的医疗卫生机构应当具备下列条件：（1）具有与开展职业病诊断相适应的医疗卫生技术人员。（2）具有与开展职业病诊断相适应的仪器、设备。（3）具有健全的职业病诊断质量管理制度。劳动者可以向用人单位所在地、本人户籍所在地或者经常居住地的依法承担职业病诊断的医疗卫生机构申请职业病诊断。

2. 职业病诊断的参考因素

职业病诊断应当综合分析下列因素：（1）病人的职业史。（2）职业病危害接触史和工作场所职业病危害因素情况。（3）临床表现以及辅助检查结果等。没有证据否定职业病危害因素与病人临床表现之间的必然联系的，应当诊断为职业病。在职业病诊断、鉴定过程中，用人单位不提供工作场所职业病危害因素检测结果等资料的，诊断、鉴定机构应当结合劳动者的临床表现、辅助检查结果和劳动者的职业史、职业病危害接触史，并参考劳动者的自述、卫生行政部门提供的日常监督检查信息等，作出职业病诊断、鉴定结论。

3. 用人单位的义务

用人单位应当如实提供职业病诊断、鉴定所需的劳动者职业史和职业病危害接触史、工作场所职业病危害因素检测结果等资料。职业病诊断、鉴定机构需要了解工作场所职业病危害因素情况时，可以对工作场所进行现场调查，也可以向卫生行政部门提出，卫生行政部门应当在10日内组织现场调查，用人单位不得拒绝、阻挠。

4. 相关争议的解决

职业病诊断、鉴定过程中，在确认劳动者职业史、职业病危害接触史时，当事人对劳动关系、工种、工作岗位或者在岗时间有争议的，可以向当地的劳动人事争议仲裁委员会申请仲裁；接到申请的劳动人事争议仲裁委员会应当受理，并在30日内作出裁决。劳动者对仲裁裁决不服的，可以依法向人民法院提起诉讼。用人单位对仲裁裁决不服的，可以在职业病诊断、鉴定程序结束之日起15日内依法向人民法院提起诉讼。

当事人对职业病诊断有异议的，可以向作出诊断的医疗卫生机构所在地地方人民政府卫生行政部门申请鉴定。职业病诊断争议由设区的市级以上地方人民政府卫生行政部门根据当事人的申请，组织职业病诊断鉴定委员会进行鉴定。当事人对设区的市级职业病诊断鉴定委员会的鉴定结论不服的，可以向省、自治区、直辖市人民政府卫生行政部门申请再鉴定。

职业病诊断鉴定委员会由相关专业的专家组成。省、自治区、直辖市人民政府卫生行政部门应当设立相关的专家库，需要对职业病争议作出诊断鉴定时，由当事人或者当事人委托有关卫生行政部门从专家库中以随机抽取的方式确定参加诊断鉴定委员会的专家。职业病诊断鉴定委员会组成人员应当恪守职业道德，客观、公正地进行诊断鉴定，并承担相应的责任。职业病诊断鉴定委员会组成人员不得私下接触当事人，不得收受当事人的财物或者其他好处，与当事人有利害关系的，应当回避。

（四）职业病病人的保障

医疗卫生机构发现疑似职业病病人时，应当告知劳动者本人、及时通知用人单位，并及时向所在地卫生行政部门报告。用人单位发现职业病病人或者疑似职业病病人时，应当及时向所在地卫生行政部门报告，确诊为职业病的，用人单位还应当向所在地劳动保障行政部门报告。

用人单位应当及时安排对疑似职业病病人进行诊断；在疑似职业病病人诊断或者医学观察期间，不得解除或者终止与其订立的劳动合同，并承担疑似职业病病人在诊断、医学观察期间的费用。

用人单位应当保障职业病病人依法享受国家规定的职业病待遇。用人单位应当按照国家有关规定，安排职业病病人进行治疗、康复和定期检查；对不适宜继续从事原工作的职业病病人，应当调离原岗位，并妥善安置；对从事接触职业病危害的作业的劳动者，应当给予适当岗位津贴。

职业病病人的诊疗、康复费用，伤残以及丧失劳动能力的职业病病人的社会保障，按照国家有关工伤保险的规定执行。除工伤保险外，依照有关民事法律，尚有获得赔偿的权利的，职业病病人有权向用人单位提出赔偿要求。用人单位没有依法参加工伤保险的，相关医疗和生活保障由该用人单位承担。

职业病病人变动工作单位，其依法享有的待遇不变。用人单位在发生分立、合并、解散、破产等情形时，应当对从事接触职业病危害的作业的劳动者进行健康检查，并按照国家有关规定妥善安置职业病病人。与用人单位已经不存在或者无法确认劳动关系的职业病病人，可以向地方人民政府医疗保障、民政部门申请医疗救助和生活等方面的救助。

参考案例 9-4

谢某与某煤矿签订劳动合同，建立了劳动关系。谢某参加该煤矿组织的职业健康检查，体检结果为疑似尘肺、限制性肺通气功能障碍，暂不能从事粉尘作业，并需去职业病诊断机构明确诊断。但该煤矿仍要求谢某从事井下采煤工作。

——《职业病防治法》第 35 条第 2 款规定：对在职业健康检查中发现有与所从事的职业相关的健康损害的劳动者，应当调离原工作岗位，并妥善安置。该煤矿在其组织的职业健康检查中已得知谢某的体检结果为疑似尘肺，暂时不能从事粉尘作业，却仍要求谢某从事井下采煤工作，违反了该项法律规定，该煤矿应主动或被责令停止此种工作安排。同时，如果谢某被诊断为职业性尘肺病，应当享受相应的工伤保险待遇。如果该煤矿没有参加工伤保险，则该煤矿作为其用人单位应承担相应治疗和赔偿责任。

第五节　女职工和未成年工特殊保护

一、女职工和未成年工特殊保护的概念和特征

（一）女职工和未成年工特殊保护的概念

女职工即女性劳动者；未成年工是指年满 16 周岁未满 18 周岁的劳动者。所谓女职工和未成年工特殊保护，就是指针对女职工和未成年工的身体、生理特点及各自的特殊需要，在适用一般职业安全卫生保障制度的基础上，法律特别规定的不适用于男职工和成年职工的专门的保护措施和制度安排。

该制度是针对特殊主体（女职工和未成年工）所提供的特殊保护，其保护法益和措施，主要涉及职业安全卫生方面的内容，故本章将其一并加以介绍和分析具有合理性与逻辑性。在劳动法上，职业安全卫生有一般保护和特殊保护之分。一般保护制度是适用于所有劳动者的保护制度（称为职业安全卫生）；特殊保护制度是只适用于特殊的劳动者（女职工和未成年工）的保护制度。就女职工和未成年工的保护而言，也有广义与狭义之分。广义的保护包括在就业、工资、工作时间、安全卫生等所有劳动方面的保护；狭义的保护仅指对女职工和未成年工的职业安全与卫生的保护。本节所论及的女职工和未成年工的特殊保护即专指适用于女职工和未成年工的在职业安全卫生方面的保护制度。

（二）女职工和未成年工特殊保护的特征

（1）适用对象的特殊性。女职工的特殊保护制度只适用于女职工，不适用于男职工；未成年工的特殊保护制度只适用于未成年工，不适用于成年职工。

（2）制度内容的特殊性。女职工和未成年工特殊保护制度的目标也是保障女职工和未成年工的职业安全与卫生，但是在保护方法上，侧重于禁止女职工和未成年工从事某些劳动，也就是禁止女职工和未成年工从事那些特别易于对他（她）们造成职业伤害和职业疾病的工作岗位，其实质就是法律禁止用人单位安排女职工和未成年人从业这些有害其身体健康的工作。

二、女职工和未成年工特殊保护的意义

对女职工和未成年工在进行一般保护的基础上，再提供一种特殊的劳动保护，具有重要的理论意义与实践意义。

（一）充分印证了劳动法是保护弱者的正义之法

劳动者在劳动关系中是弱者，所以劳动法要对其进行保护。女职工和未成年工作为特殊的劳动者，在身体发育和生理特点等方面不同于一般劳动者，他（她）们承受劳动强度和抵御职业危害的能力要低于一般劳动者。在这个意义上，可以说女职工和未成年工是弱者当中的弱者。法律对弱者中的弱者进行特殊的保护，充分说明了劳动法是保护弱者之法，是追求正义之法。

（二）保障女职工和未成年工的身体健康

女职工和未成年工是劳动者中的特殊群体。这种特殊性表现在：女职工的体力较弱、生理特殊；未成年工年龄较小，身体发育尚未成熟。同样的工作岗位和劳动条件，对男职工和成年职工未必会造成现实危害，但对女职工和未成年工就很容易危害其身体健康。法律禁止女职工和未成年工从事某些劳动，完全是出于保护女职工和未成年工身体健康的目的，不是为了限制女职工和未成年工的就业能力和就业领域。虽然事实上限制了女职工和未成年工的劳动领域，但这是保护女职工和未成年工身体健康的一种手段，而非目的。这种法律限制是进行了利益权衡之后的选择，对女职工和未成年工来说得大于失，利大于弊。

（三）满足女职工和未成年工的特殊需要

女职工担负着生育和哺乳后代、实现人类的自我再生产、再生劳动力资源的重任。女职工在怀孕、生育和哺乳期间，需要给予必要的时间，提供安全卫生的劳动环境和劳动条件，以利于母婴的身体健康。未成年工身体发育尚未完成，同时教育过程也还要继续。法律禁止录用童工的目的之一就是强制推行 9 年义务教育。义务教育完成以后，进入工作岗位的未成年工仍要继续接受职业教育。可见，法律对未成年工进行特殊保护，不仅可以保障未成年工的身体健康，而且有助于满足未成年工的教育需求。

三、女职工和未成年工特殊保护的相关立法

对女职工和未成年工进行特殊劳动保护是我国《劳动法》所确立的一项基本任务。《劳动法》设专章用 8 个条文规定了特殊保护问题。此外，涉及女职工和未成年工特殊

保护问题的立法还有：《女职工保健工作规定》（1993 年 11 月）、《未成年工特殊保护规定》（1994 年 12 月）、《禁止使用童工规定》（2002 年 10 月）、《中华人民共和国未成年人保护法》（2007 年 6 月）、《女职工劳动保护特别规定》（2012 年 4 月）、《中华人民共和国妇女权益保障法》（2018 年 10 月）。

四、女职工特殊保护的法律规定

女职工特殊保护的法律规定主要包括：禁止女职工从事某些劳动、“四期”保护和健康保健。

（一）禁止女职工从事的劳动范围

我国《劳动法》第 59 条规定，禁止安排女职工从事矿山井下、国家规定的第四级体力劳动强度的劳动和其他禁忌从事的劳动。结合《女职工劳动保护特别规定》，禁止安排女职工从事的劳动具体包括：矿山井下作业；《体力劳动强度分级标准》中规定的第四级体力劳动强度的作业；每小时负重 6 次以上、每次负重超过 20 千克的作业，或者间断负重、每次负重超过 25 千克的作业。

（二）女职工“四期”保护

“四期”是指女职工生理上的经期、孕期、产期、哺乳期。所谓“四期”保护就是指对女职工在经期、孕期、产期和哺乳期的劳动保护。

1. 经期保护规定

女职工在月经期间，身体抵抗力下降，难以胜任一些条件较为艰苦的作业，即便勉强能够从事条件艰苦的作业，对女职工的身体健康危害也较大。为了保护月经期间的女职工的身体健康，法律禁止安排女职工在经期从事下列劳动：（1）《冷水作业分级》标准中规定的第二级、第三级、第四级冷水作业；（2）《低温作业分级》标准中规定的第二级、第三级、第四级低温作业；（3）《体力劳动强度分级》标准中规定的第三级、第四级体力劳动强度的作业；（4）《高处作业分级》标准中规定的第三级、第四级高处作业。

2. 孕期保护规定

女职工在怀孕期间，身体的抵抗力下降，容易受到职业性有害因素的影响而致病，还极易影响胎儿的健康发育。加强对孕期女职工的法律保护，有助于保障和提高整个民族的身体素质。法律禁止安排女职工在孕期从事下列劳动：（1）作业场所空气中铅及其化合物、汞及其化合物、苯、镉、铍、砷、氰化物、氮氧化物、一氧化碳、二硫化碳、氯、己内酰胺、氯丁二烯、氯乙烯、环氧乙烷、苯胺、甲醛等有毒物质浓度超过国家职业卫生标准的作业。（2）从事抗癌药物、己烯雌酚生产，接触麻醉剂气体等的作业。（3）非密封源放射性物质的操作，核事故与放射事故的应急处置。（4）《高处作业分级》标准中规定的高处作业。（5）《冷水作业分级》标准中规定的冷水作业。（6）《低温作业分级》标准中规定的低温作业。（7）《高温作业分级》标准中规定的第三级、第四级的作业。（8）《噪声作业分级》标准中规定的第三级、第四级的作业。（9）《体力劳动强度分级》标准中规定的第三级、第四级体力劳动强度的作业。（10）在密闭空间、高压室作业或者潜水作业，伴有全身强烈振动的作业，或者需要频繁弯腰、攀高、下蹲的作业。

女职工在孕期不能适应原劳动的，用人单位应当根据医疗机构的证明，予以减轻劳动量或者安排其他能够适应的劳动。对怀孕 7 个月以上的女职工，用人单位不得延长劳动时间或者安排夜班劳动，并应当在劳动时间内安排一定的休息时间。怀孕女职工在劳动时间内进行产前检查，所需时间计入劳动时间。

3. 产期保护规定

女职工生育享受 98 天产假，其中产前可以休假 15 天；难产的，增加产假 15 天；生育多胞胎的，每多生育 1 个婴儿，增加产假 15 天。女职工怀孕未满 4 个月流产的，享受 15 天产假；怀孕满 4 个月流产的，享受 42 天产假。

女职工产假期间的生育津贴，对已经参加生育保险的，按照用人单位上年度职工月平均工资的标准由生育保险基金支付；对未参加生育保险的，按照女职工产假前工资的标准由用人单位支付。女职工生育或者流产的医疗费用，按照生育保险规定的项目和标准，对已经参加生育保险的，由生育保险基金支付；对未参加生育保险的，由用人单位支付。

4. 哺乳期保护规定

哺乳期女职工禁忌从事下列劳动：（1）作业场所空气中铅及其化合物、汞及其化合物、苯、镉、铍、砷、氰化物、氮氧化物、一氧化碳、二硫化碳、氯、己内酰胺、氯丁二烯、氯乙烯、环氧乙烷、苯胺、甲醛等有毒物质浓度超过国家职业卫生标准的作业；（2）非密封源放射性物质的操作，核事故与放射事故的应急处置；（3）《体力劳动强度分级》标准中规定的第三级、第四级体力劳动强度的作业；（4）作业场所空气中锰、氟、溴、甲醇、有机磷化合物、有机氯化合物等有毒物质浓度超过国家职业卫生标准的作业。

对哺乳未满 1 周岁婴儿的女职工，用人单位不得延长劳动时间或者安排夜班劳动。用人单位应当在每天的劳动时间内为哺乳期女职工安排 1 小时哺乳时间；女职工生育多胞胎的，每多哺乳 1 个婴儿每天增加 1 小时哺乳时间。女职工比较多的用人单位应当根据女职工的需要，建立女职工卫生室、孕妇休息室、哺乳室等设施，妥善解决女职工在生理卫生、哺乳方面的困难。

用人单位不得因女职工怀孕、生育、哺乳降低其工资、予以辞退、与其解除劳动合同或者聘用合同。

参考案例 9－5

何某与某医院订立劳动合同。2022 年 8 月至 2023 年 7 月，何某在原门诊医生岗位正常工作期间的年工资总额为 70 757 元，平均月实发工资约为 5 896 元。2022 年 11 月 16 日何某休完产假回医院上班时，被调整至镜腔科医生岗位。2022 年 12 月至 2023 年 3 月，何某的工资总计为 8 150 元，平均月实发工资约为 2 038 元。

——该医院单方面调整何某的岗位导致其工资水平大幅降低，损害了其合法权益，应按调岗前 12 个月实发月平均工资标准支付何某调岗后的工资差额。

（三）女职工健康保健

女职工的健康保健分为月经期保健、婚前保健、孕前保健、孕期保健、产后保健、哺乳期保健和更年期保健。女职工健康保健的基本内容是：建立相应的保健设施；进行保健知识宣传教育；提供医疗检查和诊治条件；安排休息和体力恢复时间等。

五、未成年工特殊保护的法律规定

未成年工特殊保护，是针对未成年工生长发育尚未成熟的特点，以及接受义务教育的需要而采取的特殊劳动保护措施。未成年工特殊保护的法律规定包括：禁止安排未成年工从事的劳动的范围；对未成年工的健康检查、使用和特殊保护登记管理制度。

（一）禁止安排未成年工从事的劳动

1. 一般情况下未成年工禁止从事的劳动

我国《劳动法》第 64 条规定，不得安排未成年工从事矿山井下、有毒有害、国家规定的第四级体力劳动强度的劳动和其他禁忌从事的劳动。根据《未成年工特殊保护规定》，不得安排未成年工从事的劳动的范围具体包括：（1）《生产性粉尘作业危害程度分级》国家标准中第一级以上的接尘作业。（2）《有毒作业分级》国家标准中第一级以上的作业。（3）《高处作业分级》国家标准中第二级以上的高处作业。（4）《冷水作业分级》国家标准中第二级以上的冷水作业。（5）《高温作业分级》国家标准中第三级以上的高温作业。（6）《低温作业分级》国家标准中第三级以上的低温作业。（7）《体力劳动强度分级》国家标准中第四级劳动强度的作业。（8）矿山井下及矿山地面采石作业。（9）森林业中的伐木、流放及守林作业。（10）工作场所接触放射性物质的作业。（11）有易燃易爆、化学性烧伤和热烧伤等危险性大的作业。（12）地质勘探和资源勘探的野外作业。（13）潜水、涵洞、涵道作业和海拔 3 000 米以上的高原作业（不包括世居高原者）。（14）连续负重每小时在 6 次以上并每次超过 20 千克，间断负重每次超过 25 千克的作业。（15）使用凿岩机、捣固机、气镐、气铲、铆钉机、电锤的作业。（16）工作中需要长时间保持低头、弯腰、上举、下蹲等强迫体位和动作频率每分钟大于 50 次的流水线作业。（17）锅炉司炉。

2. 特殊情况下未成年工禁止从事的劳动

特殊情况是指未成年工患有某种疾病或具有某些生理缺陷（非残疾型）。患有某种疾病或具有某些生理缺陷（非残疾型）是指患有法定的八大类 24 种疾病或生理缺陷中的一种或一种以上。在上述特殊情况下，用人单位不得安排未成年工从事下列劳动：（1）《高处作业分级》国家标准中第一级以上的高处作业。（2）《低温作业分级》国家标准中第二级以上的低温作业。（3）《高温作业分级》国家标准中第二级以上的高温作业。（4）《体力劳动强度分级》国家标准中第三级以上体力劳动强度的作业。（5）接触铅、苯、汞、甲醛、二硫化碳等易引起过敏反应的作业。

（二）未成年工健康检查制度

对未成年工进行健康检查是预防疾病，保障未成年工身体健康的重要措施。法律规定未成年工健康检查制度是贯彻“预防为主”劳动保护方针的体现。我国《劳动法》第 65 条规定，用人单位应当对未成年工定期进行健康检查。定期健康检查的时间安排是：安排工作岗位之前；工作满 1 年；年满 18 周岁，距前一次体检时间已超过半年。未成年工的健康检查应按照法定的《未成年工健康检查表》列出的项目进行。

未成年工健康检查结果有两方面实际意义：一是作为安排工作岗位的根据。用人单位应根据未成年工健康检查结果安排其从事适合的劳动，对不能胜任原劳动岗位的，应根据医务部门的证明，予以减轻劳动量或安排其他劳动。二是作为进行治疗和给予医疗期的根据。未成年工健康检查结果证明未成年工患有某种疾病，需要加以治疗的，用人单位应依法给予一定的医疗期。未成年工体检费用由用人单位承担，治疗费用的承担应根据不同情况确定。

（三）未成年工使用和特殊保护的登记制度

未成年工使用和特殊保护的登记，是劳动行政部门对用人单位使用和保护未成年工情况的监督管理方式。其主要内容包括：用人单位招收使用未成年工，应向县级以上劳动行政部门办理登记；劳动行政部门根据《未成年工健康检查表》和《未成年工登记表》核发《未成年工登记证》，未成年工须持《未成年工登记证》上岗；各级劳动行政部门应严格依法审核未成年工的体检情况和拟安排的劳动范围。

【引例评析】

1. 于某作为某运输公司客运线的专职驾驶员，应当知晓该项工作的危险性，在驾驶车辆过程中其应本着对社会负责、对乘客负责的态度，严格按照安全规范审慎进行操作。于某驾驶大型普通客车不按车道行驶、未保持安全车速，导致一人死亡的严重后果，虽然交警部门认定于某在该次交通事故中负次要责任，但鉴于大型客车驾驶员岗位的特殊性，必须对大型客车驾驶员从严要求、从严管理。故仍应认为于某的上述行为违反了岗位职责及劳动立法的相应规定。

2. 该运输公司的劳动管理制度、职业驾驶员安全记分管理标准等规章制度明确规定了大型客车驾驶员违规行为的后果，且有证据证明于某已对上述规章制度进行了学习，故可推定于某知晓上述规章制度的内容。据此，该运输公司以于某违反上述规章制度为由解除与于某的劳动合同，应获得仲裁机构的支持。

【本章小结】

1. 职业安全卫生是指职业劳动条件与环境状况符合劳动者生命安全和身体健康的要求。职业安全卫生作为一种法律制度，就是保障职业安全与卫生的制度，具体来说，就是通过各种措施和途径来避免或减少职业危害，确保劳动者在职业劳动中的生命安全和身体健康的特定的劳动保护制度。职业安全卫生制度的价值在于保障劳动者生命权和健康权，追求制度正义；减少损失和成本付出，提高企业效益；协调劳动关系，稳定社会秩序。职业安全卫生的立法原则包括：安全第一、预防为主的原则；国家、企业、个人相结合的原则。

2. 职业安全卫生技术规程是为了消除、限制或预防劳动过程中的危险和有害因素，保护劳动者人身安全和身体健康，保障设备、生产正常运行而制定的法律规范，包括职业安全技术规程和职业卫生技术规程。

3. 职业安全卫生管理制度是由国家直接建立的或者要求用人单位建立的、旨在预防职业危害和及时处理劳动事故的各种制度。其主要内容包括安全生产责任制度、安全卫生教育制度、安全卫生设施“三同时”制度、安全卫生认证制度、职工健康检查制度、重大事故隐患管理制度、安全卫生检查和监察制度、伤亡事故和职业病报告处理制度。

4. 在广义上，工伤是指由职业危害所导致的人身伤害，是因工作或者为了工作而受到的伤害，包括因工受伤、致残、死亡以及患职业病；在狭义上，工伤仅指因工受伤、致残和工亡，不包括职业病。职业病是指企业、事业单位和个体经济组织等用人单位的劳动者在职业活动中，因接触粉尘、放射性物质和其他有毒、有害因素而引起的疾病。

5. 女职工和未成年工特殊保护，是指针对女职工和未成年工的身体、生理特点及各自的特殊需要，在适用一般职业安全卫生保障制度的基础上，法律特别规定的不适用于男职工和成年职工的专门的保护制度安排。女职工和未成年工特殊保护的意义在于：充分印证了劳动法是保护弱者的正义之法；保障女职工和未成年工的身体健康；满足女职工和未成年工的特殊需要。

【练习题】

一、名词解释

职业安全卫生　工伤　职业病　安全生产责任制度

二、问答题

1. 职业安全卫生与劳动保护、劳动保险有何联系？
2. 简要阐述职业安全卫生制度的价值。
3. 职业安全卫生管理制度由哪些内容构成？
4. 工伤认定的条件有哪些？
5. 女职工“四期”保护的内容有哪些？
6. 哪些情形可以认定为工伤？

三、案例分析题

郑某与某公司订立劳动合同。后郑某怀孕，进行产前检查用了 3 天，该公司在支付工资时扣除了产前检查天数的工资数额。郑某在怀孕第 8 个月时，公司要求其加班。该公司在郑某产后恢复工作的第 4 个月时要求其值夜班。

问题：

1. 该公司扣除郑某工资的行为是否合法？
2. 郑某可否拒绝公司的加班要求？

分析要点提示：

1. 我国劳动法对女职工进行特殊保护。怀孕女职工在劳动时间内进行产前检查所需时间计入劳动时间。据此，公司扣除郑某工资的行为不合法。

2. 对怀孕 7 个月以上的女职工，用人单位不得延长劳动时间，并应当在劳动时间内安排一定的休息时间；对哺乳未满 1 周岁婴儿的女职工，用人单位不得延长劳动时间和安排值夜班。据此，郑某可以拒绝公司要求其加班和值夜班的安排。

在线练习

第十章　职业培训

◆【本章引例】

袁某与A公司签订劳动合同，岗位职责为销售。袁某接到上岗通知书报到后，A公司拒绝为袁某安排具体岗位，要求袁某每日到公司进行培训，培训内容为背《员工手册》，按待岗标准支付工资。袁某多次请求公司安排岗位，公司以没有岗位为由拒绝了袁某的请求。袁某以书面形式向公司致函，要求公司给其安排岗位，之后未到公司进行培训。公司以袁某旷工为由发出了解除劳动合同通知。袁某不服，向劳动人事争议仲裁委员会申请仲裁。

请问：

1. 袁某对公司要求的培训能否予以拒绝？
2. 公司解除劳动合同是否合法？

◆【本章学习目标】

1. 了解职业培训的概念和特点；
2. 掌握职业培训的主体及其职责；
3. 掌握职业培训的形式和内容；
4. 了解职业培训的考核与发证；
5. 培养职业技能和工匠精神，提升职业意识。

第一节　职业培训概述

一、职业培训的概念和特点

（一）职业培训的概念

职业培训也称职业技术培训、职业教育、职业训练、职业技能开发，是指由国家、社会和用人单位对劳动者所进行的，以培养和提高就业能力和职业技能为目的的特定的教育训练活动。由此概念可知：职业培训的义务主体是多元的，国家、社会和用人单位都负有对劳动者进行职业培训的义务；职业培训的对象是劳动者，包括就业的劳动者和失业的劳动者；职业培训的目的是提高劳动者的就业能力和职业技能，通过职业培训使劳动者获得实用的职业知识、技能，以提高竞争能力或更好地胜任工作；职业培训实质是一种国民教育，是国家整体教育体系的有机组成部分。

（二）职业培训的特点

职业培训的特点如下：

（1）培训对象的特定性。职业培训的对象是劳动者，劳动者不是普遍的社会角色，只有达到法定就业年龄、具有劳动能力的自然人才开始扮演劳动者的角色。同时，劳动者角色也不是伴人终生的，当达到了法定退休年龄或因其他原因丧失了劳动能力时，事实上也就不是劳动者了。所以，对未满 16 周岁的少年的教育（技工学校和职业学校教育除外，因为其是对预备劳动者的培训）和对退休者的老年教育，不应归类于职业培训的范畴。

（2）培训方式的灵活性。职业培训可以采用多种多样的形式，既可以采用学校教育的形式，也可以采用非学校教育的形式；既可以离岗脱产培训，也可以在岗业余培训；既可以在国内培训，也可以到国外培训。凡是有利于提高劳动者素质的培训方式，都应该予以鼓励和支持。

（3）培训内容的实用性。职业培训与一般的中等和普通高等教育不同，普通的中等和高等教育虽然也设有专业方向，以培养专业人才（如经济专业、法律专业）为目标，但并不像职业培训那样，以直接培养和提高胜任某一工作岗位的职业技术能力为目标。相比较而言，职业培训内容的针对性和操作性更为突出，适用性更强，所以接受职业培训后即能在生产经营实践中加以应用，能够显著提高劳动生产率，获得明显的经济效益。

二、职业培训的意义和种类

（一）职业培训的意义

职业培训作为国民教育的重要组成部分，对于提高国民整体素质，提高国家经济的国际竞争力，推动经济和社会的全面发展，具有不可或缺的重要意义。具体来说，职业培训的意义如下：

（1）职业培训对于劳动者个人的意义体现在：就业训练有助于增强劳动者的就业竞争能力，扩大择业领域，获得较高的劳动报酬；岗前培训和在岗培训可以提高劳动者的工作技术能力，减少职业伤害，提高劳动效率，不断地满足科技发展对劳动者的素质需求。马克思认为，“要改变一般的人的本性，使他获得一定劳动部门的技能和技巧，成为发达的和专门的劳动力，就要有一定的教育或训练。”① 职业培训有助于劳动者获得工作和胜任工作。

（2）职业培训对于用人单位的意义体现在：提高劳动者的素质，提高劳动生产率，减少损失和成本，提高企业的市场竞争力。同时，劳动者的素质提高了，劳动者的组织纪律观念也会相应增强，这有助于加强企业管理、塑造企业外部形象。

---

① 马克思，恩格斯．马克思恩格斯全集：第二十三卷．北京：人民出版社，195.

（3）职业培训对国家的意义体现在：在市场经济条件下，国家经济要想获得快速、健康、可持续的发展，必须合理配置和充分利用各种资源。在各种资源中，劳动力资源是一种最宝贵的资源。要想合理配置资源，减少结构性失业，就必须大力发展职业培训；要想发挥劳动力资源的最大价值，必须提高劳动力资源的技术含量，必须加大职业培训的力度。总之，国家发展的关键在于经济，经济发展的关键在于劳动者的素质，提高劳动者的素质需要充分发挥职业培训的作用。

（二）职业培训的种类

职业培训可以划分为不同的种类：依据培训的阶段和目的可以划分为就业前培训、在职培训、再就业培训和创业培训；依据培训内容可以划分为专业技能培训、职业道德和纪律培训、安全卫生知识和观念培训；依据培训形式可以划分为岗位培训、适应性培训、技术等级培训、转岗转业培训；依据培训机构可以划分为技工学校培训、职业中学培训、职业学校培训、就业服务机构培训和企业内部培训。在上述诸种分类中，第一种分类方式最为重要，是通常采用的分类方式，已为立法所采用。

三、职业培训的立法原则

职业培训的立法原则包括培训在先、按需培训和多元培训三项原则。

（一）培训在先原则

培训在先原则是“先培训后就业、先培训后上岗”原则的简称。培训在先原则要求：劳动者在就业、上岗之前，必须先经过相应的职业培训，保证就业、上岗的劳动者具有相应的职业素质。贯彻培训在先原则的目的是把好劳动者入门、上岗的第一关，使职业培训成为就业、上岗的一个必经程序，成为一个必备条件，把好入职上岗准入关。

（二）按需培训原则

按需培训原则要求：职业培训的规模、形式、内容都要根据国家经济和社会发展以及企业生产、经营的实际需要来具体规划和组织实施，使职业培训有明确的目标和方向。只有切实贯彻按需培训，才能实现学用结合、学以致用，使职业培训获得实效。

（三）多元培训原则

多元培训原则是指职业培训的实施机构、培训形式、培训内容、经费来源都要贯彻多元化发展的方针。多元培训原则要求：要在国家、社会、用人单位相结合的基础上，动员社会各方面的力量，灵活采用多种形式，进行内容丰富的职业培训活动。要健全终身职业技能培训制度，推动解决结构性就业矛盾。只有认真贯彻多元培训原则，才能使职业培训工作充满生机和活力，成为全社会都予以关注并积极参与的一项人才开发的战略工程。

四、职业培训的立法体系

职业培训对于国家经济和社会发展具有重要的战略意义，涉及问题也较多。为此，国家需要立法加以规范。我国已形成了以劳动法和职业教育法等法律为核心的职业培训立法体系。该体系构成如下：

（1）宪法。《宪法》第 42 条第 4 款规定：“国家对就业前的公民进行必要的劳动就业训练。”

（2）法律。主要包括《劳动法》（1995年1月）第5条和第66条至第69条的规定；《教育法》（1995年9月）第14条的规定；《职业教育法》（1996年5月）；《安全生产法》（2002年11月）第14条、第21条、第28条、第29条、第44条、第58条的规定；《就业促进法》（2015年4月24日修正）第5章“职业教育与培训”的8条规定（第44条至第51条）。

（3）法规和部门规章。主要包括《技工学校工作条例》（1987年1月1日起实行）；《工人考核条例》（1990年7月12日起施行）；《就业训练中心管理规定》（1991年2月25日起施行）；《国务院关于大力发展职业技术教育的决定》（1991年10月17日起施行）；《劳动部关于加强工人培训工作的决定》（1992年2月26日起施行）；《职业技能鉴定规定》（1993年7月9日起施行）；《职业资格证书规定》（1994年2月22日起施行）；《就业服务与就业管理规定》（2008年1月1日起施行）；《专业技术人员继续教育规定》（2015年10月1日起施行）。

第二节 职业培训主体及其职责

职业培训主体即负有职业培训义务的主体，广义上包括国家、政府、各种培训实体和用人单位；狭义上仅指各种培训实体和用人单位。

一、国家的职业培训职责

国家作为职业培训主体，主要是在宏观上和抽象意义上规范、指导、鼓励和支持职业培训活动。国家应该通过立法和制定政策，明确对职业培训的态度。国家应该把职业培训作为推动经济和社会发展的战略措施来组织实施，作为国家的一项事业来对待和促其发展。我国《劳动法》第66条规定，国家通过各种途径，采取各种措施，发展职业培训事业，开发劳动者的职业技能，提高劳动者的素质，增强劳动者的就业能力和工作能力。

二、政府的职业培训职责

政府是国家的行政机关，是国家的代表。国家在职业培训方面的职责最终都要通过政府的工作予以落实。政府的职业培训职责一般都分解为劳动行政、教育行政、财政等职能机构和行业主管部门的职业培训职责。政府的职业培训职责主要包括：把职业培训纳入社会经济发展规划；对职业培训提供必要的财政支持；设立职业培训机构开展培训活动；对职业培训实体及其活动进行监督管理；对职业培训效果进行考核鉴定和认证。

三、职业培训实体及其培训职责

职业培训实体，是指开发劳动者的职业技能，提高劳动者的素质，增强劳动者的就业能力和工作能力的各类培训机构。它主要包括劳动保障部门设立的公共就业服务机构，社会组织或个人单独或联合举办的技工学校、职业（技术）学校、职工培训中心（学校）等。职业培训实体是具体进行职业培训的实施主体，它根据市场的人才需求，承担各类职业培训任务。职业培训实体的职业培训对象包括：初次求职人员、失业人员、在职人员、转岗转业人员、出国劳务人员、境外就业人员、个体劳动者以及农村向非农产业转移的人员、农村向城镇流动就业的劳动者；需要提供专门的转移技能培训的妇女、残疾人、少数民族人员、军队退出现役人员；其他需要学习和提高职业技能的劳动者。职业培训实体的职责是：职业培训实体的开办、更名、撤销应按法定程序办理；应依法开展职业培训活动，保质保量完成职业培训任务；按照国家颁布的专业设置目录、教学计划、教学大纲安排教学；加强实验室、实习场所的建设，采用先进的教学方法和教学手段；按规定合理收取培训费等。

四、用人单位的职业培训职责

用人单位是招收录用劳动者的企事业单位、社会团体或国家机关，主要是各类企业。用人单位作为职业培训主体，主要是进行就业后培训，包括岗前培训和在职培训。用人单位对自己的内部职工进行职业培训既是一种权利，也是一种义务。《劳动法》第68条第1款规定，用人单位应当建立职业培训制度，按照国家规定提取和使用职业培训经费，根据本单位实际，有计划地对劳动者进行职业培训。用人单位进行职业培训有两种形式：一种是委托职业培训实体进行培训；另一种是自己组织培训。虽然在前一种形式下用人单位不是直接的培训主体，但是培训工作的组织落实和经费提供都是用人单位承担的，在这个意义上，把用人单位视为培训主体未尝不可。后一种形式又分为两种情况：一种是用人单位自办或联办培训实体进行培训；另一种是用人单位通过直接组织技术讲座、经验交流会、办夜校讲学等各种形式进行培训。用人单位作为职业培训主体的培训职责是：建立职业培训制度；制订职业培训计划；按规定提取和使用职业培训经费；对接受职业培训的职工进行考核，贯彻优质优用的原则。

参考案例 10-1

侯某到某服饰公司工作，在岗前培训期间因操作机器受伤，因认定劳动关系和工伤问题与公司协商未果申请仲裁。后因不满仲裁结果，向法院提起诉讼。该服饰公司的抗辩理由是：侯某系在岗前培训期间受伤，其与侯某之间的劳动关系并未建立。

——本案中，侯某是在岗前培训期间受伤，岗前培训是用人单位为了提高劳动者的工作效率而对劳动者进行的入职培训，对劳动者进行培训是用人单位的工作安排，是否签订书面劳动合同均不影响双方之间劳动关系的成立。

第三节　职业培训的形式和内容

一、职业培训的形式

职业培训的形式可以分为就业前培训和就业后培训。就业前培训具体可采用学校培训、就业训练和学徒培训等形式；就业后培训又可分为岗前培训和在职培训，具体可采用委托培训实体培训、自办实体培训和自我培训三种形式。

（一）学校培训

学校培训是指通过技工学校和职业学校进行培训。技工学校和职业学校都是从事职业培训的实体，它们所从事的职业培训活动有学历教育和非学历教育之分，其中学历教育是基本的培训活动。技工学校是培养技术工人的中等职业技术学校，是国家职业技术教育的重要组成部分，属于高中阶段的职业技术教育。职业学校教育分为初等、中等、高等职业学校教育。初等、中等职业学校教育分别由初等、中等职业学校实施；高等职业学校教育根据需要和条件由高等职业学校实施，或者由普通高等学校实施。技工学校和职业学校的学历教育对象主要是尚未就业的劳动者或者是预备劳动者。技工学校和职业学校必须按照法定的条件和程序设立。技工学校和职业学校进行学历教育必须按照国家下达的招生计划进行招生，要对接受学历教育的学生进行德、智、体全面培养，必须着重操作技能的训练，同时安排必要的文化与技术理论基础课程。学生学习期满，经过课程结束考试、操行考核和毕业考试，成绩合格者准予毕业，发给毕业证书。技工学校和职业学校所从事的非学历教育，是指自办或接受委托所进行的各种形式的培训活动。非学历教育的重点是培训职业技能，培训期满，考核合格，可发给培训证书。

（二）就业训练

就业训练是指对尚未就业的劳动者所进行的提高职业技能和就业能力的培训。就业训练可以由劳动部门或非劳动部门举办的就业训练实体组织实施或者直接由企事业单位、社会团体和个人开展就业训练活动。劳动部门举办的就业训练实体是指各级就业训练中心，它是在各级劳动行政部门的领导下，由劳动公共就业服务机构管理和指导的从事就业训练活动的事业单位。非劳动部门举办的就业训练实体是指由企事业单位、社会团体、机关和个人举办的就业训练实体。非劳动部门举办就业训练实体或者开展就业训练活动必须经当地县级劳动就业服务机构核准，并领取就业训练资格证。就业训练的对象是尚未就业的劳动者，包括初次求职的劳动者、失业职工、转换职业的职工、转业的农村劳动者、特殊就业群体。就业训练应根据劳动力市场需求及用人单位的需求设置专业和确定培训标准，按照培训标准和接受培训人员的素质状况确定培训期限。就业训练活动按照公开报名、自选专业、开展培训、考核发证、择优推荐就业的程序组织实施。就业训练应采取多层次、多形式、多渠道的培训方式，以实际操作技能培训为主，同时进行必要的专业知识和职业指导及其他内容的培训。就业训练考核分为结业考核和职业资格鉴定。结业考核标准按照培训标准确定，考核合格发给结业证书。职业资格鉴定由职业技能鉴定机构按照国家标准执行，鉴定合格发给职业资格证书。

（三）学徒培训

学徒培训是指由师傅指导学徒的培训形式。具体来说，是指由用人单位招收学徒工，在师傅的直接传、帮、带之下，通过生产实践活动来学习和掌握生产技艺或业务技巧的培训方式。学徒工进入用人单位，与用人单位形成学徒培训合同关系。学徒培训合同关系不是真正意义上的劳动法律关系，但是往往成为建立劳动法律关系的一个前提和准备。学徒培训期满，考核合格就可以建立正式的劳动法律关系，若考核不合格仍然不能成为单位的正式职工，要么继续培训，要么终止培训关系，学徒工另寻他途。正是基于这些考虑，可把学徒培训归为就业前培训的一种形式。学徒培训的质量取决于三个因素：一是学徒工的招收；二是师傅的选择；三是学徒培训的组织管理。学徒工必须公开招收、全面考核、择优录取。选择师傅必须本着为学徒负责的精神，从技能、技艺和人品等方面综合衡量确定。因为师傅与学徒之间往往保持着比较密切的关系，师傅的一举一动、为人做事都会影响到学徒，所以必须严把师傅选择关。用人单位对师傅带学徒的指导活动必须进行监督管理，不能把学徒完全交给师傅个人而不予过问，必须建立健全学徒培训规章制度，保证学徒培训质量。学徒培训是我国比较传统的一种职业培训方式。在计划经济时期，学徒培训是工厂培训后备技术工人的普遍方式，学徒培训制度发挥了不可磨灭的历史作用，但是也存在很多问题。在市场经济条件下，职业培训形式已实现了多元化，学徒培训作为一种传统的培训方式仍有其存在的价值，但也要进行必要的改革。对传统工艺和少数特殊工种应按有关规定继续实行学徒培训，其他工种应从招学徒工逐步改为招定向培训生。如今的学徒培训，应将带有浓厚的人身依附色彩的师徒关系转变为平等的契约关系。同时，必须建立正常的出徒制度，防止任意延长学徒期间、限制和榨取学徒工，依法保障学徒工的合法权益。

（四）委托培训实体培训

委托培训实体培训，简称委托培训，是指在劳动者就业后，由用人单位根据需要承担费用，培训实体接受用人单位委托进行培训的方式。委托培训对岗前培训、转岗培训和在岗培训都适用。委托培训的对象是已与用人单位建立劳动关系的单位职工；委托的对象是各种职业培训实体，包括技工学校、职业学校、职工培训中心及其他培训实体。委托培训关系依用人单位与受托实体之间的委托培训合同而发生。委托培训一般都属于非学历教育，只要按照用人单位的培训要求，按期保质地完成培训任务，并发给培训证书即可。

（五）自办实体培训

自办实体培训，包括完全由用人单位自己出资兴办并进行管理的培训实体培训和由与他人联合出资兴办并联合管理的培训实体培训两种形式。用人单位自办培训实体的主要目的是对自己的职工进行职业培训，提高本单位职工素质就是对兴办实体成本付出的回报。当然，用人单位自办的培训实体也可以接受其他用人单位委托有偿代为培训职工，但这只是在保证完成培训自己职工任务的前提下所进行的力所能及的附带业务。

（六）自我培训

自我培训是指完全由用人单位组织实施的培训方式，自办实体培训除外。自我培训的形式灵活多样，不拘一格。用人单位可以根据需要、条件和目的，灵活选择请人授课、办夜校、召开经验交流会、组织观摩、定期观看培训课件或其他节目等方式开展自我培训。自我培训也应该进行适当的考核，但不必发放培训证书。自我培训受时间、地点的限制较小，可降低培训费用。因此，自我培训已成为一种灵活的、低成本的、常规的培训方式。

二、职业培训的内容

职业培训的形式是关于怎样培训的问题，而培训内容则是关于培训什么的问题。职业培训到底应当培训什么？一般来说，职业培训要培训三方面内容：职业技能与技术、安全卫生知识与观念、职业伦理与职业纪律。其中，职业技能与技术培训是职业培训的核心内容。一项培训活动未必需要将三项内容同时进行培训，有时可以进行专项内容培训。不同的培训形式，培训内容的侧重点也有所不同。如学校的学历培训，三项内容都要进行；有些自我培训中的岗前培训可能突出安全卫生培训；而委托培训则一般只培训职业技能。

职业技能与技术的培训除进行必要的基础理论知识的传授以外，更要特别注重实际操作能力的培养，加大实践教学环节的训练。职业技能的培训要严格按照职业技能标准进行，注重质量，不走形式。职业技能标准是在职业分类的基础上，通过对工种进行科学的划分和评价，根据其对知识和技能水平的要求所确定的标准体系。职业技能标准分为国家、行业或地区、企业标准。职业技能标准包括知识要求、技术要求和工作实例三个部分。

安全卫生知识与观念的培训，要重点培训职工安全生产的意识和安全生产、防范职业危害的常识与规程，包括生产操作程序、注意事项、防护用品的使用等内容。初次就业上岗的职工和转业转岗的职工在上岗以前接受安全培训，意义尤为显著。对于在岗的职工，随着时间的推移、技术设备的更新换代、工作环境和条件的变化，也有必要重新或者继续进行安全培训。

职业伦理和职业纪律培训的内容是，塑造职工的爱岗敬业精神、责任意识、遵纪守法习惯，培养有理想、有技能、有纪律、有敬业精神的德技双馨的新时代劳动者。

第四节　职业培训的考核与发证

一、职业培训的考核鉴定

职业培训的质量如何？是否达到了预期的培训目标？是否符合职业技能标准？这些问题都需要通过职业培训的考核鉴定来加以确认。职业培训的考核鉴定，实质就是对职业培训效果的检验和评价。职业培训的考核一般由培训实体自己进行，而职业培训的鉴定必须由专门设立的职业技能鉴定机构进行。职业培训的鉴定主要是通过职业技能鉴定来实现的。

（一）职业技能鉴定的概念和意义

职业技能鉴定是指对劳动者进行技术等级考核和技师（中级和高级）资格考评的活动。进行职业技能鉴定的意义有三：一是评价培训效果；二是提供就业、任职、晋升的根据；三是鼓励和促进职业技能提高。

（二）职业技能鉴定机构和鉴定对象

职业技能鉴定机构，包括各级职业技能鉴定指导中心和职业技能鉴定站（所）。职业技能鉴定指导中心是推动、组织、指导职业技能鉴定工作的事业性机构。职业技能鉴定指导中心由国家级（国家劳动行政部门所属）、省级（省级劳动行政部门所属）和行业职业技能指导中心三类构成。不同类型的职业技能鉴定指导中心负有不同的职责。职业技能鉴定站（所）是具体进行职业技能鉴定工作的事业性机构。

职业技能的鉴定对象是：各类职业技术学校和培训机构毕（结）业生，凡属技术等级考核的工种，逐步实行职业技能鉴定；企业、事业单位学徒期满的学徒工，必须进行职业技能鉴定；企业、事业单位的职工以及社会各类人员，根据需要，自愿申请职业技能鉴定。

（三）职业技能鉴定的实施程序

职业技能鉴定站（所）从取得考评资格证书的人员中聘任相应的考评员，聘期3年。职业技能鉴定站（所）受理符合条件的鉴定申请，签发准考证。必须从国家规定的试题库提取试题，按规定的时间进行考核或考评。对考核、考评合格者发给职业技能鉴定证书。申请职业技能鉴定应当按规定交纳鉴定费用。

二、职业资格证书制度

职业资格是从事某一职业所必备的学识、技术和能力的基本要求，包括从业资格和执业资格。从业资格是指从事某一专业（工种）的学识、技术和能力的起点标准。执业资格是指政府对某些责任重大、社会通用性强、关系公共利益的专业（工种）实行的准入控制，是依法独立开业或从事某一特定专业（工种）的学识、技术和能力的必备标准，如特种作业资格等。职业资格由国务院人力资源和社会保障部门通过学历认定、资格考试、专家评定、职业技能鉴定等方式进行评价，对合格者授予国家职业资格证书。职业资格证书是国家对申请人专业（工种）学识、技术和能力的认可，是求职、任职、独立开业和单位录用的主要依据。职业资格证书制度遵循申请自愿、费用自理、客观公正的原则。

参考案例10－2

顾某就读于某大学医学院临床医学专业，攻读硕士学位。某人民医院（甲方）、该大学医学院（乙方）、顾某（丙方）三方签订了住院医师规范化培训协议，约定该协议为乙方与甲方的委托培训协议、丙方与甲方的培训合同。甲方安排丙方参加住院医师规范化培训，对丙方培训全过程实行严格管理；丙方若有违纪，甲方可视情节严重作出处理，及时通报乙方，丙方若不服从管理，甲方可直接将丙方退回乙方。乙方配合甲方对丙方进行管理，对甲方安排丙方参加培训给予必要的经费支持；负责对在甲方培训工作时间以外的丙方进行管理。丙方服从乙方安排至甲方接受住院医师规范化培训；遵守甲方规章制度，服从甲方管理。协议还约定：培训期间，甲方与丙方签署协议，系确立培训关系而非建立劳动用工关系。其后，顾某在人民医院接受住院医师规范化培训。某日，顾某在人民医院交接班时突然倒地、神志不清，后经抢救无效死亡。医学推断死亡原因为心源性猝死、重度肺动脉高压。

顾某父母向市劳动人事争议仲裁委员会申请劳动仲裁，要求确认顾某和人民医院之间存在劳动关系。仲裁委员会作出不予受理案件通知书，认为顾某系在校学生，与人民医院建立的是培训关系，该争议不属其受理范围，故不予受理。

——本案中，人民医院受顾某的研究生培养单位（某大学医学院）委托对顾某进行住院医师规范化培训，并非招用顾某为其职工。在培训期间顾某完成了一定工作，但其工作目的不是获取劳动报酬而是进行临床能力训练从而完成学业；人民医院的目的是完成受托对顾某培训之责任，而非获取其劳动力。培训期间人民医院虽对顾某进行管理，但该管理并非劳动人事管理，而是受托的教学管理。因此，顾某父母主张顾某与人民医院之间在事实上构成劳动关系的诉求，不能成立。

【引例评析】

《劳动法》第68条规定：用人单位应当建立职业培训制度，按照国家规定提取和使用职业培训经费，根据本单位实际，有计划地对劳动者进行职业培训。从事技术工种的劳动者，上岗前必须经过培训。依据《劳动合同法》第40条第2款的规定，如劳动者不能胜任工作，用人单位可进行培训。但本案中，袁某的岗位是销售并非技术工种，不属于法定必须进行岗前培训的情形。而A公司不安排具体岗位，仅支付待岗工资予以强制培训，损害了袁某的利益。如果A公司无证据证明袁某不能胜任工作，则袁某拒绝公司的培训安排并无不当，不属于无故旷工，A公司不能据此解除与袁某的劳动合同。

【本章小结】

1. 职业培训是指由国家、社会和用人单位对劳动者所进行的，以培养和提高就业能力和职业技能为目的的特定的教育训练活动，其具有培训对象特定性、培训方式灵活性、培训内容实用性特点。

2. 职业培训的立法原则包括：培训在先原则、按需培训原则、多元培训原则。认真贯彻职业培训的原则，能够确保劳动力资源合理配置，促进职业培训事业健康发展。

3. 职业培训的主体包括国家、政府、职业培训实体、用人单位，它们分别履行各自的职业培训职责。

4. 职业培训的形式可以分为就业前培训和就业后培训。就业前培训具体可采用学校培训、就业训练和学徒培训等形式；就业后培训又可分为岗前培训和在职培训，具体可采用委托培训实体培训、自办实体培训和自我培训三种形式。

5. 职业培训的内容包括：职业技能与技术、安全卫生知识与观念、职业伦理与职业纪律。

6. 职业培训的考核鉴定，实质就是对职业培训效果的检验和评价。职业资格证书是国家对申请人专业（工种）学识、技术和能力的认可，是求职、任职、独立开业和单位录用的主要依据。

【练习题】

一、名词解释

职业培训　在岗培训　学徒培训　职业资格　职业技能鉴定

二、问答题

1. 职业培训的立法原则是什么？
2. 职业培训的主体及其职责有哪些？
3. 职业培训的内容和形式有哪些？
4. 如何进行职业培训的考核？

三、案例分析题

王某与A汽车销售公司签订《培训服务协议》，就王某赴上海参加索赔员培训事宜进行了约定。其中：协议第 3 条约定，王某在培训结束后，保证达到具备胜任索赔员岗位或职务的实践操作技能和关键任务能力；第 4 条约定，培训费和交通费采取培训后凭证报销的方式，即在培训结束后，如果王某达到了协议第 3 条约定的要求，公司应报销相关费用。如果王某没有达到协议第 3 条约定的要求，培训费和交通费由王某承担。王某前往上海参加培训并垫付了交通费和培训费。培训结束后，王某收到培训方发出的通知，写明王某培训的成绩为不合格，且不合格者不允许上岗操作。A 公司以此为由，拒绝报销王某的培训费和交通费。

问题：

1. 王某参加 A 公司组织的岗前培训，双方是否构成劳动关系？
2. 按照法律规定，培训费用应由谁承担？
3. 协议中约定的王某应承担培训费用的条款是否有效？

分析要点提示：

1. 《劳动合同法》第 7 条规定：用人单位自用工之日起即与劳动者建立劳动关系。王某虽然在公司只是参加岗前培训，但是依据双方签订的《培训服务协议》，王某在培训期间与用人单位具有隶属关系，接受用人单位的管理，王某具备了用工的主要特征，岗前培训属于实际用工，劳动关系同时建立。

2. 依据相关法律规定，用人单位为劳动者进行岗前培训等一般培训，是用人单位应尽的法定义务，同时也是劳动者享有的法定权利。因此，用人单位不得要求王某承担岗前培训产生的费用，也无权向劳动者追索这些培训费用。

3. 依据《劳动合同法》第 26 条的规定，用人单位免除自己的法定责任、排除劳动者权利的，劳动合同无效或者部分无效。本案中，A 公司本应依法承担培训费用，但是 A 公司通过约定将培训费用转嫁给王某，免除自己的法定责任，应当认定该条款无效。

在线练习

第十一章 集体协商

【本章引例】

王某、李某均与某公司订立劳动合同，建立劳动关系，并加入该公司的工会。工会就劳动者的工资报酬、休息休假、安全卫生等内容与公司进行集体协商，订立集体合同，约定对劳动者高温作业进行补贴，并约定了高于法定最低工资标准的工资标准。后因王某严重违反公司规章制度，该公司解除了与王某的劳动合同，并对王某进行了有效通知。该公司延长了李某的工作时间，要求其节假日加班工作，李某请求工会提供帮助。

请问：

1. 王某和李某的工资如何确定？
2. 该公司解除与王某的劳动合同，应向工会履行什么义务？
3. 该公司安排李某加班加点，工会应怎样履行职责？

【本章学习目标】

1. 掌握集体协商的概念、意义、内容和程序；
2. 把握我国工会的性质、地位和权利义务；
3. 掌握集体合同的概念、特征和制度价值；
4. 树立和谐劳动的观念和培养必要妥协的协商精神。

第一节 集体协商的概念和意义

一、集体协商的概念

集体协商又称集体谈判，是职工方面与企业方面就劳动标准和劳动条件进行交涉，寻求利益平衡点，旨在订立集体合同的行为。在西方国家，集体协商的主体是工会和雇主或雇主组织；集体协商呈现多层次，既有企业工会与雇主进行的微观层次的集体协商，也有产业工会或者各级总工会与雇主团体所进行的中观或宏观层次的集体协商；为促使集体协商成功，可以采取必要的团体行动。在我国，法律上使用集体协商的概念，将其界定为企业工会或职工代表与相应的企业代表，为签订集体合同进行商谈的行为。在协商层次上，我国的集体协商主要是企业内部的微观层次；在协商主体上，我国集体协商的职工方不仅可以是工会，还可以是职工的代表（在没有组建工会的时候）；在协商手段上，除双方进行协商外，还可以由劳动行政部门组织有关各方协调处理，不允许工会采取团体行动（罢工等）。不管是西方国家还是我国，集体协商的目的都是一致的，即通过集体协商订立集体合同。

由此可见，工会是集体协商的主体之一，集体合同是集体协商的成果及其固化形式。正是在这个意义上，本章将工会和集体合同的内容纳入集体协商范畴予以阐述。

二、集体协商的意义

集体协商是一种行为，也是一种机制。作为一种行为，集体协商实质上就是订立集体合同的行为；作为一种机制，集体协商是在法定基准与劳动合同之间确立集体劳动基准的机制。从这两个方面考察，集体协商的法律意义如下。

（一）进行集体协商是订立集体合同的必经之路

集体合同从静态角度看，是以书面形式确定下来的群体权利义务；从动态角度看，则是一个过程，是协商订立的过程，也是履行的过程。集体协商就是对群体劳动标准和劳动条件进行商谈、讨价还价和不断妥协的过程。集体协商的过程，就是订立集体合同的过程。没有集体协商，就没有集体合同。集体合同是集体协商的一个结果，但不是全部结果。因为，集体协商可能成功，也可能失败。集体协商成功的表现是订立集体合同，集体协商失败就是没有达成协议，也不会有集体合同的订立。

（二）集体协商是实现劳动关系协调的必要手段

劳动关系协调是劳动法治追求的目标。实现劳动关系协调可采用多种手段，其中通过集体协商订立集体合同来确立群体的劳动标准和劳动条件，为个体劳动合同的订立提供依据，是所有市场经济国家协调劳资关系的共同做法。集体协商的协调功能表现在两个方面：一是集体合同为雇主和职工群体确立了相对稳定的和平期间，在集体合同的有效期内，任何一方不得改变劳动条件，或者提出新的要求，必须严格执行集体合同规定的标准和条件；二是在集体合同的有效期内，双方负有相对和平的义务，不得发动罢工或者关闭工厂，不得有过激行动，即便是因集体合同的履行发生纠纷，也应当通过正常的法律程序予以解决。

（三）集体协商可以弥补劳动立法和劳动合同之不足

通过集体协商订立集体合同，确立高于劳动基准的保障标准，可以弥补劳动立法最低保障之不足。不仅如此，从世界劳动法制的发展来看，劳动保障立法与集体协商制度之间存在着此消彼长的关系。以何者为重，完全取决于每个国家的历史传统。不可否认的是，集体合同可以弥补劳动合同订立过程中劳动者个体谈判力量之不足，发挥助力劳动合同订立的实际效果。可以说，正是因为有了工会，有了集体协商和集体合同，个体劳动者的劳动境况才得以不断改善。

参考案例 11-1

李某与某公司建立劳动关系，其工作处于高温环境，但李某除获取正常工资外，并未获得高温津贴。

——该公司安排李某在高温环境作业，应当支付高温津贴。高温津贴原则上按月计发。该公司可以与劳动者代表或工会进行集体协商，在不违反法律明文规定的情况下，明确发放高温津贴的具体岗位工种、支付办法等。

第二节 集体协商的内容和程序

一、集体协商的内容

进行集体协商，签订集体合同或专项集体合同，应当遵守法律、法规、规章及国家有关规定，相互尊重，平等协商，诚实守信，公平合作，兼顾双方合法权益，不得采取过激行为。

劳资双方可以就劳动报酬、工作时间、休息休假、劳动安全卫生、补充保险和福利、女职工和未成年工特殊保护、职业技能培训、劳动合同管理、奖惩、裁员、集体合同期限、变更和解除集体合同的程序、履行集体合同发生争议时的协商处理办法、违反集体合同的责任以及双方认为应当协商的其他内容中的一项或多项内容进行集体协商，签订集体合同或专项集体合同。

劳动报酬协商内容包括：(1) 用人单位工资水平、工资分配制度、工资标准和工资分配形式。(2) 工资支付办法。(3) 加班、加点工资及津贴、补贴标准和奖金分配办法。(4) 工资调整办法。(5) 试用期及病、事假等期间的工资待遇。(6) 特殊情况下职工工资（生活费）支付办法。(7) 其他劳动报酬分配办法。

工作时间协商内容包括：(1) 工时制度。(2) 加班加点办法。(3) 特殊工种的工作时间。(4) 劳动定额标准。

休息休假协商内容包括：(1) 日休息时间、周休息日安排、年休假办法。(2) 不能实行标准工时职工的休息休假。(3) 其他假期。

劳动安全卫生协商内容包括：(1) 劳动安全卫生责任制。(2) 劳动条件和安全技术措施。(3) 安全操作规程。(4) 劳保用品发放标准。(5) 定期健康检查和职业健康体检。

补充保险和福利协商内容包括：(1) 补充保险的种类、范围。(2) 基本福利制度和福利设施。(3) 医疗期延长及其待遇。(4) 职工亲属福利制度。

女职工和未成年工的特殊保护协商内容包括：(1) 女职工和未成年工禁忌从事的劳动范围。(2) 女职工的经期、孕期、产期和哺乳期的劳动保护。(3) 女职工、未成年工定期健康检查。(4) 未成年工的使用和登记制度。

职业技能培训协商内容包括：(1) 职业技能培训项目规划及年度计划。(2) 职业技能培训费用的提取和使用。(3) 保障和改善职业技能培训的措施。

劳动合同管理协商内容包括：(1) 劳动合同签订时间。(2) 确定劳动合同期限的条件。（3）劳动合同变更、解除、续订的一般原则及无固定期限劳动合同的终止条件。（4）试用期的条件和期限。

奖惩协商内容包括：（1）劳动纪律。（2）考核奖惩制度。（3）奖惩程序。

裁员协商内容包括：（1）裁员的方案。（2）裁员的程序。（3）裁员的实施办法和补偿标准。

二、集体协商的程序

（一）准备阶段

集体协商的任何一方都可以就签订集体合同或专项集体合同以及相关事宜，以书面形式向对方提出集体协商的要求。一方提出集体协商要求的，另一方应当在收到集体协商要求之日起20日内以书面形式予以回应，无正当理由不得拒绝进行集体协商。

在准备阶段，集体协商的主要任务包括：（1）确定协商代表。集体协商代表是指按照法定程序产生并有权代表本方利益进行集体协商的人员。集体协商双方的代表人数应当对等，每方至少3人，并各确定1名首席代表。职工一方的协商代表由本单位工会选派。未建立工会的，由本单位职工民主推荐，并经本单位半数以上职工同意。职工一方的首席代表由本单位工会主席担任。工会主席可以书面委托其他协商代表代理首席代表。工会主席空缺的，首席代表由工会主要负责人担任。未建立工会的，职工一方的首席代表从协商代表中民主推举产生。用人单位一方的协商代表，由用人单位法定代表人指派，首席代表由单位法定代表人担任或由其书面委托的其他管理人员担任。（2）熟悉与集体协商内容有关的法律、法规、规章和制度。（3）了解与集体协商内容有关的情况和资料，收集用人单位和职工对协商意向所持的意见。（4）拟定集体协商议题，集体协商议题可由提出协商一方起草，也可由双方指派代表共同起草。（5）确定集体协商的时间、地点等事项。（6）共同确定一名非协商代表担任集体协商记录员。记录员应保持中立、公正，并为集体协商双方保密。集体协商的正式商谈阶段就是双方正式讨价还价，订立集体合同的过程，在这一过程中要不断地进行要约、反要约。最后协商的结果可能是有一方作出承诺，从而双方达成协议；也可能是双方经过多次的要约和反要约，但最终也没有人作出承诺，没有达成协议。

（二）正式商谈阶段

在正式商谈阶段，集体协商会议由双方首席代表轮流主持，并按下列程序进行：（1）宣布议程和会议纪律。（2）一方首席代表提出协商的具体内容和要求，另一方首席代表就对方的要求作出回应。（3）协商双方就商谈事项发表各自意见，开展充分讨论。（4）双方首席代表归纳意见。达成一致的，应当形成集体合同草案或专项集体合同草案，由双方首席代表签字。集体协商未达成一致意见或出现事先未预料的问题时，经双方协商，可以中止协商。中止期限及下次协商时间、地点、内容由双方商定。经双方协商代表协商一致的集体合同草案或专项集体合同草案应当提交职工代表大会或者全体职工讨论。职工代表大会或者全体职工讨论集体合同草案或专项集体合同草案，应当有2/3以上职工代表或者职工出席，且须经全体职工代表半数以上或者全体职工半数以上同意，集体合同草案或专项集体合同草案方获通过。集体合同草案或专项集体合同草案经职工代表大会或者职工大会通过后，由集体协商双方首席代表签字。集体协商过程中发生争议，双方当事人不能协商解决的，当事人一方或双方可以书面向劳动保障行政部门提出协调处理申请；未提出申请的，劳动保障行政部门认为必要时也可以进行协调处理。劳动争议协调处理机构处理争议后，下达协调处理协议书。协调处理协议书应当载明协调处理申请、争议的事实和协调结果，双方当事人就某些协商事项不能达成一致的，应将继续协商的有关事项予以载明。协调处理协议书由集体协商争议协调处理人员和争议双方首席代表签字盖章后生效，争议双方均应遵守生效后的协调处理协议书。

参考案例 11-2

某公司由于经营需要进行搬迁，新厂与旧厂之间有一个小时的车程。虽然该公司提供通勤车，但在客观上还是给员工在厂区搬迁后正常履行劳动合同带来了很大的困难。公司与员工就厂区搬迁后的工资等问题进行了多次集体协商，最终达成一致意见。

——该公司厂区搬迁属于造成工作地点的不利益变更，通过集体协商就搬迁后的工资等问题达成一致意见，有助于维护劳动关系的和谐，是值得肯定的做法。

第三节　工会及其法律角色

一、工会的诞生与发展

从历史上看，工会是产业革命之后，伴随着工人运动的发展和需要而出现的社会事物。世界上最早的工会诞生于英国，最初以互助会、同济会的形式出现。继英国之后，各国先后出现了工会组织。工会组织最初都受到法律的禁止，不具有合法的地位，随着工人运动的抗争以及工会认知的转变，工会才逐渐获得合法地位。在国际工人运动史上，工会的诞生具有划时代的意义，它标志着工人阶级开始由分散、孤立走向团结，由弱小走向强大，由自发斗争走向自觉斗争。尽管工会从其诞生时起就一直多灾多难，其发展也不是一帆风顺的，但从整个历史过程来看，工会组织及其活动在19世纪获得了普遍的发展。进入20世纪，特别是第二次世界大战以后，工会组织及其活动获得了更大的发展。这些发展的具体表现如下：

（1）工会组织的数量和入会人数增加，工会的种类和层次呈现多样化。工会已不只是产业工人的组织，在其他的经济部门和国家机关、事业单位也都建立了工会组织。工会已经发展成为工薪阶层劳动者的普遍的组织。

（2）工会的地位得到法律的确认，即工会获得了合法的地位。参加和组建工会不再是违法的活动，而是劳动者行使结社权（团结权）的合法行为，是受到法律保护的社会活动。

（3）工会在国家的政治、经济和法律生活中发挥着越来越重要的作用，工会已经发展成为最重要的、具有一定政治性的群众组织和社会团体。

（4）工会组织突破国界，走向联合，走向国际化。许多国际工会组织和区域性工会组织纷纷建立，如世界劳工联合会（简称世界劳联）、国际自由工会联合会（简称国际自由工联）、非洲工会统一组织（简称非工统），促进了各国工会组织相互间的协调与合作。

二、工会的性质和地位

（一）工会的性质

工会是劳动者的群体组织，是劳动者谋求政治、经济地位的改善而团结在一起组成的群众性社会团体。工会的性质首先是阶级性、群众性和自愿性，这些性质是各国工会、各个时期的工会都具有的普遍性质。值得注意的是，从工会的历史来看，工会不仅是工人阶级争取经济地位的团体力量，也是工人阶级反对资产阶级统治，争取自己政治地位的有力武器。工会具有一定的政治属性，这种政治属性在工人阶级进行无产阶级革命，建立无产阶级政权的过程中表现得非常显著。时至今日，资产阶级国家的工会组织仍然具有政治属性，不过已隐含在劳资协调的表象下面，在通常情况下都不凸显。即便是在无产阶级专政的社会主义国家，工会组织也有一定的政治性，这种政治性已不表现为要以夺取政权为使命（因为工人阶级已经掌握了国家政权），而是确保工会是中国共产党领导下的群众组织，并要依靠工会组织维护国家政权，参与国家管理，影响国家政策和立法。

根据我国《工会法》的规定，我国工会是中国共产党领导的职工自愿结合的工人阶级群众组织。可见，我国工会具有阶级性、群众性和自愿性。阶级性是指工会是工人阶级的群众组织。在我国，有权组织和参加工会的人员是在中国境内的企业、事业单位、机关中以工资收入为主要生活来源的体力劳动者和脑力劳动者。群众性是指工会是工人阶级在阶级范围内最为广泛的组织，只要是工人阶级的一员，不分民族、种族、性别、职业、宗教信仰、教育程度都可以组织和参加工会，结社权一律平等，不受排挤和歧视。自愿性是指在参加工会方面不受任何强迫，是否参加工会，取决于每个人的意志，个人有自由选择的权利。我国工会除具有上述三个性质外，还具有一定的政治性。这从我国工会的被领导地位及工会的权利和义务内容可以得到印证。同时，我国《工会法》第1条明确规定：为保障工会在国家政治、经济和社会生活中的地位……制定本法。这个立法宗旨也可以说明我国工会具有一定的政治性。

（二）工会的地位

工会的地位即工会在法律上的地位，可以从两个方面来考察：一是工会是否具有合法性，即法律是否承认工会的存在；二是工会是否具有独立性，即工会是否具有独立于国家、用人单位和其他组织的法律人格。工会的合法性，经历了一个违法（法律否定）一有限合法（法律有条件肯定）一合法（法律肯定和保护）的发展过程。这一发展过程与工会立法的态度转变过程相一致。在现代社会，各国都制定工会立法来确认工会的合法地位，规定工会的权利义务，保护工会的正常活动。我国1950年制定了第一部《工会法》，确立了工会的合法地位。我国现行《工会法》是1992年制定的，并于2001年和2009年分别对其进行了修正，以有效保障新时期的工会和工会活动。值得注意的现象是，工会的合法性问题在国外，除决定于工会立法内容之外，还可能受到其他立法的审视。如在美国，早期工会及其活动就常常被纳入反垄断法视野加以审视，工会时常面临着来自雇主方面的反托拉斯之诉。关于工会的独立人格问题，主要是探讨工会是否为独立于国家和用人单位而具有独立人格的法律主体。考察世界各国的工会立法，大都肯定了工会的独立人格，有的直接确认工会是独立的法人组织。我国《工会法》第14条规定：中华全国总工会、地方总工会、产业工会具有社会团体法人资格。基层工会组织具备相关法律规定的法人条件的，依法取得社会团体法人资格。工会的法律人格使其能够参与民事法律关系和诉讼法律关系；同时工会的法律人格确保了工会的独立法律地位，决定了其在财产、活动和责任上都独立于国家机关和用人单位行政。可以肯定的是，如果工会具有了国家机关的性质或者完全被用人单位所驾驭和控制，工会的法律角色和地位就发生了扭曲和变异，工会代表劳动者、保护劳动者的神圣使命就无法完成，工会实际上成为一种附庸、一种摆设。所以，工会的独立性必须得到法律的确认和保障，而确认和保障工会的独立性也就成为工会法的任务之一。

三、工会的类型和作用

（一）工会的类型

工会一般可以划分为三种类型：一般工会、产业或行业工会和工会联合会。一般工会通常按照行政区域设立，分为若干层次，一般工会包括国家或地方的工会组织和用人单位内部的工会组织。产业工会是按照产业标准设立的工会组织，如美国的五金工会、铁路工会等；行业工会是按照行业（职业）标准设立的工会组织，如德国的白领雇员工会、美国的技艺工会。工会联合会是各种工会的联合组织，在有些国家是最高的工会组织。

我国工会分为以下类型：基层工会、地方各级总工会、中华全国总工会、全国或地方的产业工会。企业、事业单位、机关有会员25人以上的，应当建立基层工会委员会，不足25人的，可以单独建立基层工会委员会，也可以由两个以上单位的会员联合建立基层工会委员会，也可以选举组织员一人，组织会员开展活动。女职工人数较多的，可以建立工会女职工委员会，在同级工会领导下开展工作；女职工人数较少的，可以在工会委员会中设女职工委员。企业职工较多的乡镇、城市街道，可以建立基层工会的联合会。县级以上地方建立地方各级总工会。同一行业或者性质相近的几个行业，可以根据需要建立全国的或者地方的产业工会。全国建立统一的中华全国总工会。

（二）工会的作用

工会作为一个重要的社会团体，在国家的政治、经济和社会生活中都发挥着重要的作用。这种作用在不同的历史时期和不同制度下，其表现的方式和侧重点有所不同。但从共同点来看，组织团结劳动者和协调劳动关系这两大作用是所有工会共同的天职。

1. 组织团结劳动者

工会组织之所以会诞生，是因为劳动者团结之需要。产业革命之后，面对着强大的资本统治支配力量，劳动者处于分散、孤立、弱小、无助的地位，无法与雇主形成抗衡态势。在奉行“契约自由”的原则下，国家干预劳资关系的能力又十分有限。劳动者个体在与雇主建立劳动关系时，完全处于一种附和的不利地位。劳动条件日益恶劣，劳动者的权益经常遭到侵犯，而劳动者又无力与雇主进行斗争。面对这样的现实，劳动者改变自己不利地位的唯一选择就是团结自救，形成团体力量以抗衡资本力量。为此，劳动者成立了工会，借以采取团体行动（如罢工）。可以说，工会的诞生是工人阶级谋求改变自己不利的政治、经济地位的必然选择。工会从其诞生时起，就把组织、团结工人，争取和维护工人阶级利益作为自己的神圣使命。

2. 协调劳动关系

协调的劳动关系是社会生产正常进行的保证，是社会财富得以增长的源泉。协调的劳动关系不仅有利于资本所有者，而且有利于劳动力所有者。建立协调的劳动关系是劳资双方的共同愿望，也是劳动法所追求的目标。当今世界各国的工会，不仅继承了罢工斗争的历史传统，更发展了谈判、协商的本领和技巧。工会不仅是劳动者利益的维护者，同时也是劳动关系的协调者。工会在协调劳动关系方面的作用表现在：代表工人与雇主进行集体谈判，订立集体协议，确立集体劳动关系，缓和劳资矛盾；代表工人一方参与劳资纠纷的调解、仲裁或者诉讼活动，表达和实现工人的意见和主张。正因为工会具有协调劳动关系的作用，所以，建立工会组织往往成为劳资双方的共同要求。

四、工会法的内容和地位

工会法广义上是指规定工会的性质、地位、权利义务和工会内部事务的法律规范的总称；狭义上指关于工会问题的专门的基本立法。在我国，涉及工会问题的法律、法规有《劳动法》《工会法》《劳动合同法》《集体合同规定》等，而狭义的工会法则特指1992年4月发布施行的，经过2001年、2009年和2021年三次修正的《中华人民共和国工会法》。

（一）工会法的内容

工会法的内容一般包括两大方面：一是确立工会的合法地位，保障工会活动；二是限制工会活动和约束工会内部事务。我国《工会法》的内容包括：总则（工会的性质和职责、结社权、工会活动的准则、工会的宗旨和任务等）、工会组织（工会组织建立的原则、领导体制、类型、建立程序、法律地位等）、工会的权利和义务、基层工会组织、工会的经费和财产、相关主体的法律责任等。我国《工会法》没有规定对工会外部活动进行限制的内容，体现了社会主义工会法的优越性。但不能据此断定我国工会的活动不受限制，事实上，由于我国《劳动法》没有规定劳动者的罢工权，工会自然也就没有组织罢工的权利。工会组织罢工活动缺乏法律根据而为法律所否定。

（二）工会法的地位

工会法的地位问题，主要是关于工会法和劳动法的关系问题。首先，从劳动法律制度的内容体系来看，现代劳动法律制度主要由三个部分构成，即劳动标准（基准）制度、集体协商制度、劳动合同制度。集体协商制度与工会制度密切相关，没有工会和工会制度，就没有集体谈判和集体协商制度。在某种意义上，工会法也就是关于集体谈判和集体协商的立法。其次，从工会的性质和作用来看，工会是劳动者的群体组织，是改变劳动者个体不利地位的组织工具。工会的诞生产生了一种团体劳动关系，这种团体关系是为个体劳动关系服务的，是对个体劳动关系的强化和救济。从这个意义上可以说，工会法是救济劳动者个体之法，是保障和协调劳动关系之法。最后，从世界各国的立法体系和法学体系来看，大凡制定劳动法典的国家，都在劳动法典中专门规定或涉及工会问题，如法国、保加利亚、波兰、中国等；即便在没有制定劳动法典的国家，工会立法也是劳动立法的核心内容，尤其在工会活动和集体谈判非常畅行的国家，如德国、英国、美国，工会法成为劳工法中最为重要的内容。总之，工会法属于劳动法范畴，是劳动法体系的组成部分。

五、我国工会的权利和义务

工会的权利和义务是我国工会法最重要的内容之一，它反映和标示着工会的地位、职能和任务。对于工会而言，其权利和义务是很难截然分开的，工会的权利实际上也是工会的义务，工会的义务也含有权利的成分，所以区分权利和义务只是相对的。

（一）我国工会的权利

根据我国《工会法》的规定，工会的权利可以归纳为以下三个方面。

1. 监督用人单位，维护劳动者权益（简称监督维护权）

企业、事业单位违反职工代表大会制度和其他民主管理制度，工会有权要求纠正，保障职工依法行使民主管理的权利。工会有权对企业、事业单位侵犯职工合法权益的问题进行调查，有关单位应当予以协助。企业、事业单位处分职工，工会认为不适当的，有权提出意见。企业单方面解除劳动合同时，应当事先将理由通知工会，工会认为企业违反法律、法规和有关合同，要求重新研究处理时，企业应当研究工会的意见，并将处理结果书面通知工会。职工认为企业侵犯其劳动权益而申请劳动争议仲裁或者向人民法院提起诉讼的，工会应当给予支持和帮助。工会依照国家规定对新建、扩建企业和技术改造工程中的劳动条件和安全卫生设施与主体工程同时设计、同时施工、同时投产使用进行监督。对工会提出的意见，企业或者主管部门应当认真处理，并将处理结果书面通知工会。工会发现企业违章指挥、强令工人冒险作业，或者生产过程中发现明显重大事故隐患和职业危害，有权提出解决的建议，企业应当及时研究答复；发现危及职工生命安全的情况时，工会有权向企业建议组织职工撤离危险现场，企业必须及时作出处理决定。职工因工伤亡事故和其他严重危害职工健康问题的调查处理，必须有工会参加。工会应当向有关部门提出处理意见，并有权要求追究直接负责的主管人员和有关责任人员的责任。对工会提出的意见，应当及时研究，给予答复。

参考案例 11-3

张某与某公司建立劳动关系，后因张某严重违反公司规章制度，该公司作出解除与其签订的劳动合同的决定，通知了张某，但没有通知工会。

——按照法律规定，用人单位单方解除合同，应当事先将理由通知工会。本案中，公司解除与张某的劳动合同，没有依法通知工会，违反解除劳动合同的程序规定，应认定为违法解除劳动合同。

2. 代表职工进行集体协商，签订集体合同的权利（简称代表权）

工会代表职工与企业以及实行企业化管理的事业单位进行平等协商，签订集体合同。集体合同草案应当提交职工代表大会或者全体职工讨论通过。工会签订集体合同，上级工会应当给予支持和帮助。企业违反集体合同，侵犯职工劳动权益的，工会可以依法要求企业承担责任；因履行集体合同发生争议，经协商解决不成的，工会可以向劳动争议仲裁机构提请仲裁，仲裁机构不予受理或者对仲裁裁决不服的，可以向人民法院提起诉讼。通过集体协商订立集体合同可以为职工整体争取应得的利益，为职工个体与单位订立劳动合同提供标准。

3. 参与劳动争议处理和国家立法、政策制定方面的权利（简称参与权）

工会有权参加企业的劳动争议调解工作。地方劳动争议仲裁组织应当有同级工会代表参加。各级人民政府劳动行政部门应当会同同级工会和企业方面代表，建立劳动关系三方协商机制，共同研究解决劳动关系方面的重大问题。国家机关在组织起草或者修改直接涉及职工切身利益的法律、法规、规章时，应当听取工会意见。县级以上各级人民政府制定国民经济和社会发展计划，对涉及职工利益的重大问题，应当听取同级工会的意见。县级以上各级人民政府及其有关部门研究制定劳动就业、工资、劳动安全卫生、社会保险等涉及职工切身利益的政策、措施时，应当吸收同级工会参加研究，听取工会意见。县级以上地方各级人民政府可以召开会议或者采取适当方式，向同级工会通报政府的重要工作部署和与工会工作有关的行政措施，研究解决工会反映的职工群众的意见和要求。

（二）我国工会的义务

1. 为职工提供帮助、指导和咨询的义务

工会帮助、指导职工与企业以及实行企业化管理的事业单位签订劳动合同。职工认为企业侵犯其劳动权益而申请劳动争议仲裁或者向人民法院提起诉讼的，工会应当给予支持和帮助。县级以上各级总工会可以为所属工会和职工提供法律服务。

2. 协调解决劳动冲突的义务

企业、事业单位发生停工、怠工事件，工会应当代表职工同企业、事业单位或者有关方面协商，反映职工的意见和要求并提出解决意见。工会协助企业、事业单位做好工作，尽快恢复生产、工作秩序。

3. 培训、教育职工的义务

工会应会同企业、事业单位教育职工以国家主人翁态度对待劳动，爱护国家和企业的财产，组织职工开展群众性的合理化建议、技术革新活动，进行业余文化技术学习和职工培训，组织职工开展文娱、体育活动。

4. 协助做好关系职工利益工作的义务

工会应协助企业、事业单位、机关办好职工集体福利事业，做好工资、劳动安全卫生和社会保险工作。

5. 维护职工劳动权益的义务

企业、事业单位违反劳动法律、法规规定，有下列侵犯职工劳动权益的情形，工会应当代表职工与企业、事业单位交涉，要求企业、事业单位采取措施予以改正；企业、事业单位应当予以研究处理，并向工会作出答复；企业、事业单位拒不改正的，工会可以请求当地人民政府依法作出处理：克扣职工工资的；不提供劳动安全卫生条件的；随意延长劳动时间的；侵犯女职工和未成年工特殊权益的；其他严重侵犯职工劳动权益的。

6. 履行特定的受托义务

受政府委托，工会与有关部门共同做好劳动模范和先进生产（工作）者的评选、表彰、培养和管理工作。

六、工会法的修改

新中国成立后第一部工会法是1950年中央人民政府公布的《中华人民共和国工会法》；1992年全国人民代表大会公布了新的《中华人民共和国工会法》，1950年《工会法》被废止。现行有效的工会法为1992年公布，经过2001年、2009年和2021年三次修正的《中华人民共和国工会法》。

1950年的《工会法》与1992年的《工会法》在立法目的上有显著不同，这也反映了工会在新民主主义时期与社会主义现代化建设时期不同的角色定位与功能职责。2009年《工会法》修正的内容仅为第51条第2款中的“治安管理处罚条例”改为“治安管理处罚法”。随着改革开放的进一步深化和劳动合同制度的推行，2001年对《工会法》进行了较大幅度的修正。

党的十八大以来，党和国家事业取得历史性成就、发生历史性变革，对工会工作提出了新要求。较之2009年而言，现阶段工会工作开展的指导思想、工会应然的义务责任、劳动者权益保障的客观需求等均发生了不可忽视的变化，2021年《工会法》修正对这些变化和现实需求作出了时代回应。

2021年修正的《工会法》与2009年修正的《工会法》相比，有以下变化：

（1）进一步凸显党的领导，丰富工会工作的指导思想。如在第2条中加入“中国共产党领导的”“中国共产党联系职工群众的桥梁和纽带”之表述；第4条增设了“‘三个代表’重要思想、科学发展观、习近平新时代中国特色社会主义思想”作为新时代工会应坚持的指导思想，并强调“政治性、先进性、群众性”是工会的应然性质；第32条明确了工会应会同用人单位“加强对职工的思想政治引领”等。

（2）扩大基层工会组织覆盖面，并规范相关表述。如第3条将工会组织以及工会工作的覆盖面由“企业、事业单位、机关”扩展为“企业、事业单位、机关、社会组织”。实际上，现行《工会法》将用人单位主体在法条中的具体表述规范为两类，其一为“企业、事业单位、机关、社会组织（以下统称用人单位）”，体现于第3条、第11条、第13条、第22条第2款和第3款、第31条、第32条、第42条、第43条等；其二为“企业、事业单位、社会组织”，体现于第14条（此条款进行了人数限制，即200人以上）、第20条、第21条（此条款将事业单位限定为实行企业化管理的事业单位）、第22条第1款、第23条、第26条、第28条、第39条、第41条等。

（3）工会职责扩展化、精准化、规范化。如第6条将工会的基本职责扩展至“竭诚服务职工群众”，增设工会需“构建和谐劳动关系”；第21条在原文“签订集体合同”前增加“依法”之表述，强调规范性；第23条将“工会可以请求当地人民政府依法作出处理”改为“工会可以提请当地人民政府依法作出处理”，更为精准；第30条强调工会提供“法律援助等”法律服务，并将“可以”改为“依法”，凸显义务性等。

（4）因应就业形态、用工形式等方面的新变化。如第3条增加第2款规定：“工会适应企业组织形式、职工队伍结构、劳动关系、就业形态等方面的发展变化，依法维护劳动者参加和组织工会的权利。”

（5）强化对劳动者合法权益的保护。如第6条将“民主选举、民主协商”增设为组织职工参与的事项；第 21 条将工会可以要求侵害劳动者权益的用人单位“承担责任”修改为“予以改正并承担责任”；第 23 条将“拖欠”职工工资也列为工会可提请人民政府依法作出处理的事项之一；第 39 条将“工作时间、休息休假、女职工保护”增设为由工会代表参加的会议讨论问题等。

（6）体现了党中央对产业工人队伍建设和改革的新要求。如增设第 8 条，指出“工会推动产业工人队伍建设改革，提高产业工人队伍整体素质，发挥产业工人骨干作用，维护产业工人合法权益，保障产业工人主人翁地位，造就一支有理想守信念、懂技术会创新、敢担当讲奉献的宏大产业工人队伍”。

此外，2021 年修正的《工会法》对部分语词表述和立法名称也作了更改，如第 6 条将“工会通过平等协商和集体合同制度，协调劳动关系，维护企业职工劳动权益”修改为“工会通过平等协商和集体合同制度等，推动健全劳动关系协调机制，维护职工劳动权益”；第 14 条将“民法通则”修改为“民法典”等。

七、评价与思考

从我国工会的权利和义务内容来看，《工会法》将我国工会定位在维护职工利益、维护国家利益和维护用人单位利益的结合点上。工会成为连接国家与职工、职工与用人单位的桥梁和纽带，也是中国共产党联系职工群众的桥梁和纽带，这是我国社会主义制度下工会显著不同于资本主义制度下工会之处。

我国工会不具有组织工人采取团体行动（如罢工、抵制）的权利，这在全民所有制和集体所有制企业单位中，是必要的，在理论上也有其合理性，符合职工的“主人翁”地位。但是我们也应该看到，在我国存在着大量的私营企业和外资独资企业，这些企业中的劳资关系具有雇佣和剥削的性质。在这些企业中，侵犯职工合法权益的现象屡屡发生，劳资纠纷复杂、尖锐。法律允许这些企业中的工会在必要的时候可以组织领导罢工，对于维护职工的利益，防止资本过度榨取、改善劳动条件是非常必要的。即便法律不能全面肯定工会领导罢工的权利，也应该保留私营企业和外资独资企业中工会的此项权利，不过应该加以适当的限制。

我国工会的权利大多都是一些建议权和要求权，工会享有这些权利和实现这些权利是两个范畴。如何保障工会能够实现这些法定的权利，是工会法治建设应该予以解决的问题。一般来说，实现工会的权利有三种途径：对义务主体施加法定义务；赋予工会以诉讼权利；允许工会采取团体行动。在我国，采取团体行动以实现工会权利的途径尚未获得法律的认可，所以只能通过前两种途径加以实现。在市场经济条件下，赋予工会以维护自己合法权益的诉讼权利是实现工会权利的重要举措。

第四节　集体合同的订立与效力

一、集体合同的概念和特征

集体合同亦称集体协议、团体协约，是集体协商双方代表根据法律、法规的规定，就劳动报酬、工作时间、休息休假、劳动安全卫生、保险福利等事项，在平等协商一致基础上签订的书面协议。专项集体合同，是指用人单位与劳动者根据法律、法规、规章的规定，就集体协商的某项内容签订的专项书面协议。集体合同是集体协商的一种积极的结果，是集体协商的目的之所在。任何集体合同都是双方力量较量和妥协让步的结果。

集体合同是劳动法上的一种特殊的合同，它与劳动合同相比，具有以下特点：

（1）主体上的代表性。集体合同是职工群体和用人单位之间所订立的。职工群体不能都参与合同订立，必须选举和委派代表，可以是法定的代表——工会，也可以是直接选举产生的代表；用人单位是一个组织，也必须有代表代为签订集体合同，代表可以是法定代表人，也可以是法定代表人指派的人。

（2）内容上的整体性。劳动合同的内容只涉及个体劳动者和用人单位之间的权利义务，确立的是个体的劳动法律关系；集体合同确立的是劳动者群体和用人单位之间的整体的权利义务关系，建立的是团体劳动法律关系。

（3）效力上的权威性。集体合同在效力上要强于劳动合同，集体合同所确立的劳动标准，劳动合同必须遵守。劳动合同所规定的劳动标准只能高于集体合同，不能低于集体合同，否则劳动合同的规定无效，应按照集体合同规定的标准执行。

二、集体合同的订立、变更和解除

集体协商双方协商一致后，应将集体合同草案或专项集体合同草案提交职工代表大会或者全体职工讨论。职工代表大会或者全体职工讨论集体合同草案或专项集体合同草案，应当有 2/3 以上职工代表或者职工出席，且须经全体职工代表半数以上或者全体职工半数以上同意，方能获得通过。集体合同草案或专项集体合同草案经职工代表大会或者职工大会通过后，由集体协商双方首席代表签字。集体合同至此订立。

集体合同或专项集体合同的期限一般为 1～3 年，期满或双方约定的终止条件出现即行终止。集体合同或专项集体合同期满前 3 个月内，任何一方均可向对方提出重新签订或续订的要求。

劳动者与用人单位双方协商代表协商一致，可以变更或解除集体合同或专项集体合同。有下列情形之一的，可以变更或解除集体合同或专项集体合同：（1）用人单位因被兼并、解散、破产等原因，致使集体合同或专项集体合同无法履行的。（2）因不可抗力等原因致使集体合同或专项集体合同无法履行或部分无法履行的。（3）集体合同或专项集体合同约定的变更或解除条件出现的。（4）法律、法规、规章规定的其他情形。变更或解除集体合同或专项集体合同适用集体协商程序。

三、集体合同的内容和形式

（一）集体合同的内容

集体合同的内容集中反映在集体合同的条款上，考察集体合同的内容，就是要考察集体合同的条款。各国集体合同在条款构成上不尽一致，合同内容的多少也不等。德国集体合同的内容包括两部分，即义务部分和标准部分。义务部分规定集体合同双方的权利与义务；标准部分规定工作条件、劳动合同的订立和终止的方式等问题。美国的集体合同通常包括三个部分，即合同的序言、合同的正文（正式条款）部分、合同的结尾部分。合同的序言，陈述合同的总目的和总范围以及对工会承认的程度；合同的正文部分篇幅较长，条款较多，涉及的内容有工资、工时和其他雇佣条件；合同的结尾部分规定合同的有效期和终止日期。我国的集体合同内容可以概括为三个部分：标准条款、权利义务条款和合同运作条款。标准条款规定劳动报酬、工作时间、休息休假、保险福利、劳动安全卫生等内容。权利义务条款规定双方履行集体合同的权利和义务。合同运作条款规定变更、解除、终止集体合同的协商程序，履行集体合同发生争议时的协商处理的约定，违反集体合同的责任等。

（二）集体合同的形式

集体合同的形式有书面和口头之分，除少数国家（如美国）允许采用口头形式以外，基本上都要求采用书面形式。美国联邦法律和州法律规定，集体合同不一定是书面形式的，但是，如果合同一方当事人要求是书面形式的，合同就必须是书面合同。我国《集体合同规定》将集体合同定义为书面协议，这实质上就是要求集体合同必须采用书面形式。国际劳工组织第 91 号建议书也将集体合同的形式定义为书面形式。在我国，法律规定集体合同必须采用书面形式，其意义有三：一是与劳动合同在形式上协调，保证为劳动合同的订立提供明确的指导；二是避免发生纠纷或发生纠纷后便于解决纠纷；三是有利于推行职工代表大会或全体职工对集体合同草案的讨论通过制度和集体合同的行政审查制度。

四、集体合同的效力

集体合同的效力问题可以从以下几个方面来考察。

（一）集体合同是否具有法律上的执行力

我国的集体合同具有法律上的执行力。集体合同生效以后，双方必须严格履行集体合同的各项规定。因履行集体合同发生争议，当事人协商不成，可以申请仲裁，对仲裁不服，还可以提起诉讼。

（二）集体合同的效力范围

集体合同的效力范围包括对人的效力、时间效力和空间效力。集体合同对人的效力即对哪些人有约束力。发生法律效力的集体合同对企业及其法定代表人、对工会和全体职工都有约束力。从我国的实际情况来看，企业建立工会，而职工没有参加工会的情况十分少见。即便是存在没有参加工会的职工，从我国的立法精神来看，为了保护这部分职工的利益，集体合同也应该对其发生效力。根据我国《劳动法》第 35 条的规定，集体合同对企业全体职工具有约束力。这里的全体职工应该包括没有参加工会的职工在内。在德国，集体合同适用于非工会会员，是通过政府扩大集体合同的适用范围来实现的。这与我国的法定适用在根据上是不同的，但效果殊途同归。集体合同的时间效力始于集体合同生效，终于集体合同终止。终止有两种情况：因期限届满而终止和因双方约定的终止条件出现而终止。在集体合同的期限内，集体合同可能因解除而提前终止效力。集体合同的空间效力因集体合同的层次不同而有差别，不同层次的集体合同适用于不同的地域空间。全国层次的集体合同适用于全国范围内；地方层次或产业层次的集体合同适用于该地方或产业范围内；企业层次的集体合同仅适用于该企业范围内。我国的集体协商和集体合同仅限于企业层次上，所以，我国的集体合同的适用空间仅限于订立集体合同的企业范围内，对其他企业和地区没有约束力。

（三）集体合同与劳动合同在效力上的关系

集体合同在效力上高于劳动合同，劳动合同的内容在标准上只能高于集体合同，不能低于集体合同，否则劳动合同的约定无效。

参考案例 11-4

赵某与某公司建立劳动关系，订立劳动合同。双方约定该公司每月支付赵某工资 2 300 元，低于公司与工会订立的集体合同中约定的 3 000 元。

——赵某与公司签订的劳动合同中对于工资的约定无效，公司应按照集体合同中约定的 3 000 元向赵某支付工资。

【引例评析】

1. 王某与李某均与该公司订立了劳动合同。劳动合同中约定的工资报酬若低于集体合同约定，则以集体合同的约定为准。

2. 根据我国《工会法》第 22 条第 2 款的规定，该公司决定单方解除劳动合同时，需将理由通知工会，否则为违法解除劳动合同。

3. 根据我国《工会法》第 23 条的规定，公司随意延长劳动时间的，工会应当代表职工与公司交涉，要求公司采取措施予以改正；公司应当予以研究处理，并向工会作出答复；若公司拒不改正，工会可以请当地人民政府依法作出处理。

【本章小结】

1. 集体协商是职工方面与企业方面就劳动标准和劳动条件进行交涉，寻求利益平衡点旨在订立集体合同的行为。集体协商的意义在于：进行集体协商是订立集体合同的必经之路；集体协商是实现劳动关系协调的必要手段；集体协商可以弥补劳动立法和劳动合同之不足。

2. 集体协商双方可以就劳动报酬、工作时间、休息休假、劳动安全卫生、补充保险和福利、女职工和未成年工特殊保护、职业技能培训、劳动合同管理、奖惩、裁员、集体合同期限、变更和解除集体合同的程序、履行集体合同发生争议时的协商处理办法、违反集体合同的责任以及双方认为应当协商的其他内容中的一项或多项内容进行集体协商，签订集体合同或专项集体合同。集体协商的程序分为准备阶段和正式商谈阶段。

3. 工会是劳动者的群体组织，是劳动者谋求政治、经济地位的改善而团结在一起组成的群众性社会团体。工会具有阶级性、群众性和自愿性，也有一定的政治属性。工会的权利包括：监督用人单位，维护劳动者权益（简称监督维护权）；代表职工进行集体协商，签订集体合同的权利（简称代表权）；参与劳动争议处理和国家立法、政策制定方面的权利（简称参与权）。工会的义务包括：为职工提供帮助、指导和咨询的义务；协调解决劳动冲突的义务；培训、教育职工的义务；协助做好关系职工利益工作的义务；维护职工劳动权益的义务；履行一定的管理义务。

4. 集体合同是集体协商双方代表根据法律、法规的规定，就劳动报酬、工作时间、休息休假、劳动安全卫生、保险福利等事项，在平等协商一致基础上签订的书面协议。集体合同的特征包括主体上的代表性、内容上的整体性、效力上的权威性。集体合同在效力上要强于劳动合同，集体合同所确立的劳动标准，劳动合同必须遵守。劳动合同所规定的劳动标准只能高于集体合同，不能低于集体合同，否则劳动合同的规定无效，应按照集体合同规定的标准执行。

【练习题】

一、名词解释

集体协商　工会　集体合同

二、问答题

1. 集体协商有什么意义？协商内容包括哪些？
2. 工会的性质为何？工会有哪些权利和义务？
3. 集体合同与劳动合同有何区别和联系？
4. 如何完善我国集体协商和集体合同制度？

三、案例分析题

小周与某公司签订劳动合同，并加入了该公司的工会。小周与该公司签订的劳动合同约定公司每月支付小周工资 2 600 元，但工会与公司签订的集体合同约定最低工资标准为每月 3 500 元。后该公司以小周严重违反规章制度为由，解除了与小周订立的劳动合同并通知了小周。又因该公司厂址搬迁，公司员工与公司发生争议，出现停工、怠工事件。

问题：

1. 小周每月工资应为多少？
2. 公司解除与小周的劳动合同是否合法？
3. 发生停工、怠工事件后，工会应怎样做？

分析要点提示：

1. 集体合同在效力上强于劳动合同，集体合同所确立的劳动标准，劳动合同必须遵守。劳动合同所规定的劳动标准只能高于集体合同，不能低于集体合同，否则，劳动合同的约定无效。据此，小周的工资应按照集体合同的标准执行，每月为 3 500 元。

2. 公司单方面解除劳动合同时，应当事先将理由通知工会，工会认为企业违反法律、法规和有关合同，要求重新研究处理时，公司应当研究工会的意见，并将处理结果书面通知工会。该公司的解除行为没有履行这些法定程序，是违法解除。

3. 该公司发生停工、怠工事件，工会应当代表职工同公司协商，反映职工的意见和要求并提出解决意见，协助公司工作，尽快恢复生产、工作秩序。

在线练习

第十二章　社会保险

【本章引例】

小王受聘于某公司，订立了5年期限的书面劳动合同。该公司工资奖金等待遇较为丰厚，但却一直没有为小王等新招聘人员办理相关社会保险。经向公司问询，获得的答复是，相关费用已包含于工资报酬当中，由于公司人手不够，由职工自己办理相关保险的投保和缴费。

请问：

1. 该公司的说法是否成立？该公司的做法是否合法？
2. 小王可以享受哪些社会保险？其中哪些险种的费用应由自己承担或者部分承担？
3. 如果公司拒绝办理社会保险投保和缴费事宜，小王可以选择哪些维权途径？

【本章学习目标】

1. 了解社会保险的概念与特征；
2. 熟知社会保险的制度功能；
3. 掌握养老保险的特点与待遇内容；
4. 把握工伤保险的制度功能与待遇内容；
5. 掌握失业保险的特点与待遇支付条件；
6. 树立职业风险意识和社会安全意识。

第一节　社会保险概述

一、社会保险的概念和特征

（一）社会保险的概念

社会保险是确保公民在遭遇劳动风险后从国家或社会获得物质补偿和帮助的一种社会保障制度。社会保险的存在基础是劳动风险的客观存在，社会保险就是抗御劳动风险的制度安排，具有保护弱势和追求实质正义的制度功能。所谓劳动风险，是指公民在劳动年龄阶段所遭遇的风险事故，包括自然的身体或生理变化、职业上的灾害事故以及工作机会的丧失等。劳动风险具体包括年老、生育、工伤、疾病、失业五大类型。劳动风险发生后，劳动者的劳动能力或劳动机会暂时或永久地降低或丧失，劳动者收入来源断绝或数额锐减，劳动者及其家属因经济收入减少或者丧失而导致生活保障能力下降或丧失，生活水平受到影响甚至发生危机。有效抵御这些劳动风险，仅凭个人或家庭难以胜任。产业革命之后，劳动风险剧增，已成为影响劳动者及其家庭成员生计、影响社会安定的因素。抵御劳动风险，为遭遇风险的劳动者提供物质补偿和救济，日益成为国家和社会不可推卸的责任。国家通过立法赋予劳动者以物质帮助权，依法确立国家和社会提供物质帮助的义务与责任，使社会保险发展成为一项重要的劳动和社会保障法律制度。

社会保险与劳动保险、商业保险、社会保障等概念容易发生混淆，有必要加以辨析。

1. 社会保险与劳动保险

社会保险与劳动保险基本上是同一概念，名称上的差异源于考察基点不同。社会保险侧重于强调保险的社会性，是社会公共政策的体现；劳动保险侧重于保险的对象和保险的目的，即帮助劳动者抵御劳动风险。由于当代的劳动保险都已实现或正在实现社会化，以社会保险的形式而存在，因此称为社会保险或劳动保险都未尝不可。英国称为社会保险；德国称为劳动保险；日本起初称为劳动保险，现在在法律上称为社会保险；我国原来多称为劳动保险，现以《劳动法》和《社会保险法》为根据一律称为社会保险。仔细分析，我国原来称为劳动保险，也有一定道理。我国改革前的社会保险制度基本上是企业保险，从保险基金的筹集和保险金的发放来看，都限于企业内部，并未体现出社会性，称之为社会保险则名不副实，而称之为劳动保险似乎更为贴切。

2. 社会保险与商业保险

社会保险与商业保险同属保险范畴，有一定的共性，但二者也有较大的差异，各具特色。

二者的共同点主要表现在制度功能上，社会保险和商业保险都具有抵御灾害和风险的制度功能，同时社会保险和商业保险都具有转移风险实现补偿的功能。

二者主要有以下几点区别：

（1）保险对象不同。社会保险的对象是遭遇劳动风险的自然人（主要是劳动者）；而商业保险的对象可以是遭遇一般风险的自然人，也可以是法人等经济组织。

（2）保险客体不同。社会保险的客体是人身安全健康和就业机会；而商业保险的客体包括财产和人身。

（3）保险效果有一定的不同。社会保险的效果是扶助贫困；而商业保险的效果一般只是转移了风险。

（4）保险基金来源不同。社会保险的基金通常来源于城乡居民、劳动者、用人单位缴纳和国家财政支持；而商业保险基金则全部由投保人缴纳。

（5）保险运营机构和目的不同。社会保险的运营机构是社会保险经办机构，是社会事业单位，其保险业务不以营利为目的；而商业保险的运营机构是各种商业保险公司，它们在性质上都是从事保险业务的金融企业，从事保险的目的都是营利。

（6）保险的原则不同。当今的社会保险都实行强制保险原则；而商业保险则贯彻任意保险原则。

(7) 适用法律调整不同。社会保险受劳动法和社会保险法调整；而商业保险则受私法范畴的保险法调整。

3. 社会保险与社会保障

社会保险与社会保障是两个不同的概念，但二者密切联系，是一种包含与被包含的关系。社会保险属于社会保障范畴，是社会保障的核心内容。从概念外延上看，社会保险是社会保障的种概念，社会保障则是社会保险的属概念。从各国的社会保障制度体系来看，社会保障的外延并不确定统一。有些国家社会保障制度内容很宽泛，将教育、住房保障亦包括在内；有些国家的社会保障制度则只包括一些基本的保障内容。应该看到，无论社会保障制度的范围如何，劳动保险都是其中最核心的内容。除社会保险之外，社会保障一般还包括社会救助、社会福利、社会优抚、社会补偿和社会促进等。社会救助的显著特点是：只强调国家和社会对需要进行社会救助成员的单项义务和责任，只强调保障最低生活需求。社会救助是社会保障体系中最低层次的内容。社会福利的显著特点是普遍性，社会福利使所有公民普遍受惠，与个人的劳动付出和贫富状况无关。对于工薪阶层而言，社会福利与工资一起成为改善生活质量的经济支柱。社会福利处于社会保障的最高层次。社会优抚是一种颇具褒扬性和优待抚恤性质的社会保障形式。优抚的转移对象是战争中的伤残者、战争死亡者的遗属、退伍军人等。社会补偿和社会促进是域外一些国家和地区社会保障法体系中的保障类型，其中有些内容与我国的社会保障体系存有交叉，对此应予以密切关注与合理引借。

(二) 社会保险的特征

社会保险具有以下基本特征。

1. 强制性

早期的社会保险也具有任意性，但后来均发展成为强制保险。社会保险关乎每一个劳动者的切身利益，关乎社会的稳定，必须依法强制推行。社会保险的种类、收费标准和待遇水平，都由立法加以明确规定，不允许保险双方通过协商予以变更。参加社会保险既是公民的权利也是公民的义务。在参加社会保险方面，法律否定劳动者和用人单位的选择自由。

参考案例 12-1

某公司开业之初，一位保险推销业务员经人介绍找到公司负责人，劝说该负责人为职工购买意外伤害保险，并在介绍中有意将人身保险混同于社会保险。公司负责人觉得，反正也需要为职工建立保险制度，就购买了 18 份保险。后来有关部门告知，该公司需要依法为职工缴纳养老保险费、工伤保险费、医疗保险费等。此时该负责人才明白，购买人身保险不能替代为职工办理社会保险。

——商业保险和社会保险存在着本质上的差异：商业保险具有任意性，是否购买取决于购买者的主观愿望，具有完全的自主选择权；而社会保险是法定保险，具有强制性，不允许选择。因为商业保险不是社会保险，所以，该公司购买商业保险不能代替和免除其参加社会保险的义务。

2. 互助性

社会保险中的一些保险项目，其资金来源必须由公民个人承担一部分。个人缴费以后，才在法律上建立了社会保险关系。建立保险关系，只是确立了一种受益的可能性。通常情况下，都不是现实或即时享受保险待遇。享受保险待遇，必须发生劳动风险。劳动者缴费以后，某些待遇（如医疗保险）可能最终也不会享受，某些待遇（如养老保险）可能若干年以后才能享受。这样，其所缴纳的保险费实际上就成为救助别人的资金来源。

3. 多元性

社会保险的多元性特征表现在保险资金的多元性和保险对象的多元性两个方面。保险资金的多元性是指保险基金来源于个人、单位以及国家和社会。保险对象的多元性是指社会保险的对象除了企业中的职工，还包括国家机关、事业单位和社会团体中的职员以及其他城乡居民。

4. 社会性

社会保险的社会性表现在保险目的的社会性、保险机构的社会性、保险效果的社会性。保险目的的社会性即社会保险的非营利性。社会保险活动本身不以营利为目的，但并不排除社会保险基金投资于其他领域，以收益充实基金。保险机构的社会性即从事社会保险的经办机构是专设的社会保险公司，是从事社会服务的事业单位。保险效果的社会性即社会保险能够直接带来社会的稳定和安宁，是社会的“安全阀”“稳定器”。

二、社会保险的制度功能

社会保险之所以成为在全世界畅行的法律制度，是因为它能发挥出诸多制度性功能，公民个人、单位、国家和社会都大受其益。当今社会倘若没有了社会保险，那将会呈现一番可怕的景象：个人陷入贫困、单位负担沉重、国家发展失去安全保障、社会和谐难以实现。社会保险具有以下制度功能。

（一）确保公民生活安定

工资及其他劳动收入是公民及其家庭成员维系生活的经济来源。当公民丧失劳动能力或失去劳动机会时，工资等劳动收入就会丧失，在没有其他任何收入的情况下，公民家庭成员的生活就会陷入危机。有了社会保险这个社会保障机制，公民在失去工资收入时，可以从国家和社会获得社会保险待遇，以维持生活的安定。

（二）恢复和再生劳动力

恢复和再生劳动力功能突出表现在工伤保险、医疗保险和生育保险方面。劳动者发生工伤事故或患疾病，其劳动力就会减弱或丧失。借助于工伤保险、医疗保险，劳动者可以及时得到治疗。这样，既有利于缩短伤病期间，又有利于使某些伤病得以治愈，从而恢复和再生劳动力。女职工在生育期间不能正常工作，暂时失去工资收入，此时女职工需要医疗保健，需要营养。这就形成了无收入而多支出的矛盾，解决这个矛盾非生育保险莫属。生育保险既能保全生育女职工的劳动力，又能培养未来劳动者（婴儿），再生未来的劳动力。

（三）提高劳动生产效率

劳动者经常会遭遇各种劳动风险，如果没有社会保险，劳动者的生活就缺乏保障，处于不安定的状态。劳动者因有后顾之忧，精力无法全部集中于工作之上，缺乏劳动热情和积极性，就会影响或降低劳动生产率。建立劳动保险，解除劳动者工作和生活上的后顾之忧，是促进劳动生产率的重要法律机制。

(四) 维护社会秩序，增进社会福祉

社会保险维护社会秩序的功能表现在以下几个方面：促进就业；扶助贫困；安定生活。如上所述，劳动保险可以保全劳动力，提高劳动生产率，具有提高经济效率、增加社会财富的功能。社会的稳定，财富的丰裕，是广大公民获得幸福生活的保障和源泉。

三、社会保险的起源和发展

风险与人类同在，人类乞求平安、抵御风险的意识自古有之。这是保险制度产生的思想根源。不过，人类早期的保险意识还只停留在个人保险和家庭保险的层面上。通过社会来转移风险、分散风险、实现补偿，是后来随着国家、社会力量的增强和风险事故的剧增而逐渐衍生出来的保险意识。从世界范围考察，社会保险作为一种法律制度，是产业革命之后诞生的。产业革命之前，在家庭保险的基础上，为了有效克服各种职业风险，中世纪职业组合以相互救济为目的，设立职工共济组合，当其会员遇有死亡、疾病或者年老时，提供一定的经济救济，这可以看作社会保险制度最早的萌芽。后来职业组合被解散，职工共济组合也随之消失。工业革命最早发生于英国，社会保险制度也最先诞生于英国。自产业革命开始，劳动者的地位表面上有所提高，但是其生活反而不如昔日奴隶的生活安定。因为，昔日奴隶都有一定的工作，没有失业之忧，遇有不测事故发生，其主人可对其进行救济，使其不至于陷入非常困难、危及生活的境地。而在资本主义生产方式下，特别是产业革命之后，劳动者的独立地位已经确立，但是其生活却极不稳固，经常遭遇失业、疾病、伤亡等各种职业风险。由于这时的劳动者与雇主之间已不存在人身上的隶属关系，而只存在着雇佣合同关系，劳动者一旦发生不测之风险，雇主没有予以救助的责任。资本的逐利本质决定了其任何投资都要进行得失衡量。雇主发现：对遭遇劳动风险的劳动者与其付出成本进行救济，不如干脆将之抛弃，因为在劳动力市场上可以随时雇用到新的劳动者。任何社会进步都得付出代价，劳动者的人格和地位的独立就带来了其经济上的无助。文明、进步所带来的负面影响，必须也只能通过其他制度予以消减，不能因噎废食、退缩不前。劳动者面对自己在产业革命之后职业风险剧增而经济日益无助的现实，开始组织起来进行相互救济。劳动者的相互救济必须以相互结合为前提，而早期各国政府对于劳动者的结合都持否定的态度并予以禁止，这就使劳动者的相互结合救济制度难以设立和合法化。直到 1925 年，英国率先承认劳动者结社自由，劳动者才得以组织工会并兴办相互救济的事业。在英国的相互保险组织中，最有影响的有两个：友爱组合和工会经营的保险社。这时劳动者间的相互救济保险皆为任意保险。除英国之外，任意保险最发达的国家是法国。劳动者相互救济由于采用任意原则，参加人数很少，加之政府不予经济扶助，仅以会员缴纳的保险金实施救济，实力有限，收效甚微。后来，各国政府逐渐认识到相互保险制度对国家和社会带来的利益，遂开始对其予以经济援助，极大地促进了相互保险的发展。但是，由于相互保险任意参加，有些人不愿意参加，有些人又无力参加，事实上很多人不能享受相互保险待遇，因此，让一般劳动者都参加相互保险，实现普遍的救济，实施强制保险实属必要。

世界上首创强制保险制度的是德国。其主要原因有：（1）德国在 19 世纪后半期工业较其他国家发达，工业问题自然就突出。(2) 社会主义兴起，无产阶级运动发展起来，对资产阶级统治产生一种强大的社会压力。(3) 国家社会主义者主张国家兴办保护劳动者阶级的事务。德国首相俾斯麦出于镇压社会主义运动，缓和社会矛盾的目的，于 1878 年提出强制保险法案，几经努力，于 1883 年获议会通过。在此之后，疾病伤害、年老等单项保险立法相继公布。强制保险的适用范围也由工业劳动者逐步扩展为商业劳动者和农业劳动者。之后，其他工业国家因目睹德国施行强制保险的成效而纷纷效仿。时至今日，几乎所有的发展市场经济的国家都采用了强制保险制度。与强制保险制度的诞生和发展同步，社会保险立法逐渐完善和发展起来，成为现代劳动与社会保障法体系的重要组成部分。

通过历史考察，可以得出以下几点结论：

第一，社会保险制度起源于英国相互保险，诞生于德国的强制保险。相互保险转变为社会保险的标志是：由劳动者自救转化为国家积极参与保险事业；由任意保险转化为强制保险；由结社立法的消极保障转化为强制保险立法的积极保障。

第二，社会保险诞生的根源是：人类自身所具有的躲避和抗御风险的意识；劳动者人格和地位独立所带来的经济上的无助；机器大工业所带来的职业风险加剧；工人运动施加于资产阶级统治的压力。

第三，社会保险制度的发展表现在保险项目逐渐健全、保险水平逐步提高、保险对象逐渐扩大、保险国家逐渐增多。

四、社会保险基金的监督管理

社会保险基金的安全性至关重要。保险基金的流失、贬值、挪用、侵占，必然会影响正常的保险待遇给付，直接影响公民的社会保险权益的实现。要确保保险基金的安全，就必须加强对社会保险基金筹集、运营、支出活动的监督管理。我国《劳动法》第 74 条规定，社会保险基金经办机构依照法律规定收支、管理和运营社会保险基金，并负有使社会保险基金保值增值的责任。社会保险基金监督机构依照法律规定，对社会保险基金的收支、管理和运营实施监督。任何组织和个人不得挪用社会保险基金。我国《社会保险法》规定，社会保险基金专款专用，任何组织和个人不得侵占或者挪用。社会保险基金在保证安全的前提下，按照国务院规定的投资运营实现保值增值。社会保险基金不得用于其他政府预算，不得用于兴建、改建办公场所和支付人员经费、运行费用、管理费用，或者违反法律、行政法规规定挪作其他用途。违反法律规定，隐匿、转移、侵占、挪用社会保险基金或者违规投资运营的，由社会保险行政部门、财政部门、审计部门责令追回；有违法所得的，没收违法所得；对直接负责的主管人员和其他直接责任人员依法给予处分，构成犯罪的，依法追究刑事责任。

参考案例 12-2

2006 年爆发了轰动全国的陈良宇案。经天津市第二中级人民法院审理，陈良宇犯有受贿罪、滥用职权罪，数罪并罚，被处以 18 年有期徒刑。

——在陈良宇诸多犯罪事实中，违法挪用数十亿元社保基金是一项重要的也是最令亿万老百姓关注的犯罪事实。这个案件也从一个侧面说明，社会保险基金的安全性和神圣性不容侵犯，任何人侵犯老百姓的社会保险权益，都要受到法律的制裁。

第二节 养老保险

一、养老保险的概念和特点

(一)养老保险的概念

养老保险是确保公民(劳动者、城镇居民和农村居民)因年老或丧失劳动能力而退休退职(退出劳动领域)或达到法定年龄后从国家和社会获得物质补偿和帮助的一种社会保险制度。养老保险是社会保险制度的重要组成部分,是一种最重要、最传统的保险类型。享受养老保险待遇的主体是达到一定年龄或丧失劳动能力而退休退职的公民。退休是指公民达到法定年龄或因工丧失劳动能力且符合法定退休条件的,退出劳动领域进行休养。退职是指公民没有达到退休年龄而丧失劳动能力又不符合退休条件的,提前退出劳动领域进行休养。

(二)养老保险的特点

养老保险具有以下特点。

1. 补偿性

享受养老保险待遇,必须先行缴费。城乡劳动者或居民依法缴纳了保险费,在退休、退职后就可以从养老保险经办机构领取养老金,实现补偿。同时,公民所领取的养老金和获得的其他待遇,其中一部分是自己所缴纳的保险费的返回,更突显补偿性质。

2. 广泛性

养老保险的保险对象是所有退休、退职的公民。年老和丧失劳动能力是任何人都不可抗拒的自然规律,退休、退职对所有人都不可避免(除在劳动年龄内死亡之外)。养老保险所保障的对象是所有公民,并不进行某种选择和区分。尽管不同国家、不同时期,养老保险的范围不尽相同,但从发展来看,都在逐步扩大至全体公民。我国原来的养老保险只局限于城镇职工,通过逐步扩展其覆盖领域和范围,没有参加职业工作的城乡居民也日益被纳入养老保险的范围,覆盖全体公民是我国养老保险制度发展的一个鲜明特征和制度追求。

3. 现实性

养老保险的现实性是指参加养老保险的公民一般都能享受养老保险待遇。其他保险如失业保险、工伤保险与此不同。劳动者被纳入失业保险和工伤保险范围,却不必然享受到失业、工伤保险待遇。这种区别来自享受保险待遇的根据不同,享受养老保险的根据是公民年老或丧失劳动能力,而年老或丧失劳动能力是必然发生的劳动风险。享受失业、工伤保险待遇的根据是失业和因工受伤、患职业病,而失业、受伤和患病则是偶然发生的,不具有必然性。

二、养老保险的形式

根据现行立法规定,我国养老保险在形式上可以划分为两个层次:从适用对象上分为城镇职工养老保险、城镇居民养老保险和新型农村养老保险;从属性上分为基本养老保险、补充养老保险和储蓄性养老保险。城镇职工养老保险的适用对象是在企业、事业单位、机关团体等用人单位中工作的职工；城镇居民养老保险的适用对象是没有单位和工作的城镇居民；农村养老保险的适用对象是农村居民。城镇职工养老保险或称劳动者养老保险，是我国养老保险制度的核心，因其与劳动法律制度密切相关，在一定意义上也可以视为一种劳动法律制度。基本养老保险是指由国家法律强制推行的养老保险形式。补充养老保险和储蓄性养老保险是国家鼓励和提倡的养老保险形式。严格来说，由于企业补充养老保险和个人储蓄性养老保险不具有强制性，与社会保险的基本属性不完全契合，不应将这两种保险纳入社会保险的范畴。但是企业补充养老保险和个人储蓄性养老保险具有强化保险意识和弥补基本养老保险待遇不足的功能。从这个意义上，把企业补充养老保险和个人储蓄性养老保险看作养老保险的特殊形式也未尝不可。值得注意的是，《劳动法》规定了企业补充养老保险和个人储蓄性养老保险，而《社会保险法》只规定了基本养老保险，没有规定企业补充养老保险和个人储蓄性养老保险。企业补充养老保险和个人储蓄性养老保险都由企业和劳动者自愿参加，量力而行，前者具有一定的福利性，后者具有储蓄性。

三、养老保险的资金筹集

一般来说，养老保险的资金来源有三个基本渠道：个人、用人单位和国家。养老保险基金由国家、用人单位和个人三方负担是各国养老保险制度的普遍做法。在三者中，一般都以单位和个人为主、以国家为辅，国家财政的支持起到一种补充和保障的作用。如果养老基金数额较为充足，完全能够满足支付养老保险待遇之需，国家财政的负担就会大大减轻。反之，国家支持和补贴的力度就要加大。我国基本养老保险实行社会统筹与个人账户相结合。用人单位缴纳的养老保险费，是养老保险基金的最主要的来源。用人单位应当按照国家规定的本单位职工工资总额的比例缴纳基本养老保险费，计入基本养老保险统筹基金。在我国，确立养老保险个人缴费的原则是养老保险制度的改革成果，既符合世界各国养老保险之通例，又可体现权利义务相统一的原则。职工应当按照国家规定的本人工资的一定比例缴纳基本养老保险费，记入个人账户。个人缴纳的养老保险费由用人单位从职工工资中代为扣缴。根据我国《社会保险法》的规定，无雇工的个体工商户、未在用人单位参加保险的非全日制从业人员以及其他灵活就业人员可以参加基本养老保险，由个人缴纳基本养老保险费。城镇居民社会养老保险和新型农村社会养老保险实行个人缴费、集体补助和政府补贴相结合。

养老保险基金除来源于上述三个基本渠道之外，还有按规定收取的滞纳金、基金存储的利息和按规定进行投资的收益等。

参考案例 12-3

张某在一家公司上班，公司按照法律规定从其工资中扣除保险费，缴纳给养老保险经办机构。张某认为自己工资本来就不高，不希望单位扣缴该保险费。

——张某有义务缴纳个人应该缴纳的养老保险费用，这是法定义务，张某个人不能选择。倘若该公司将其作为用人单位应当承担的缴费部分也从张某工资里扣除缴纳，则是不合法的，张某可以请求停止这种违法行为并主张返还多扣除的部分。

四、养老保险的待遇项目和标准

（一）养老保险的待遇项目

养老保险的待遇项目是养老保险基金支出的主要项目，是符合法定条件的公民所直接获得的待遇项目。可见，养老保险的待遇项目不能等同于养老保险基金的支出项目。支出项目大于待遇项目，除待遇支出之外还包括其他支出，如管理费用和服务费用支出。

养老保险的待遇项目包括：（1）退休金或其他养老金。退休金是最基本的养老保险待遇。参加基本养老保险的职工，达到法定退休年龄时累计缴费满 15 年的，按月领取基本养老金。达到法定退休年龄时累计缴费不足 15 年的，可以缴费至满 15 年，按月领取基本养老金。其他养老金是指参加城乡居民养老保险的个人依法按月领取的养老金。（2）丧葬补助金和抚恤金。参加基本养老保险的个人，因病或者非因公死亡的，其遗属可以领取丧葬补助金和抚恤金。（3）病残津贴。参加基本养老保险的个人在未达到法定退休年龄时因病或者非因工致残完全丧失劳动能力的，可以领取病残津贴。

（二）养老保险的待遇标准

退休金要控制在职工在职收入水平和最低生活费之间。高于在职收入，对于在职职工而言显失公平；低于城市最低生活费支出，会影响退休、退职职工生活。随着经济的发展、物价水平的上涨、生活水平的提高，养老保险待遇的标准应该随着经济的发展适时进行调整。我国《社会保险法》规定，国家建立基本养老金正常调整机制，根据职工平均工资增长、物价上涨情况，适时提高基本养老保险待遇水平。从世界范围考察，调整方法主要有四种：退休金随物价指数的上升而增加，如美国、日本、瑞典等国家；退休金随工资水平的提高而增加，如法国、德国等国家；退休金随物价和工资增长而增加，如英国、瑞典等国家；在普通退休金之外加发与工资收入挂钩的退休金，如加拿大、挪威、丹麦等国家。

五、养老保险待遇的给付

保险待遇的给付包括给付依据和给付方式。保险待遇的给付依据有两个：一是发生劳动风险，即达到退休年龄或丧失劳动能力的事实；二是缴费年限，即职工缴纳养老保险费的年限。我国保险制度改革前的养老保险不存在职工个人缴费的问题，所以保险待遇的给付依据主要是劳动风险和工龄，不包括缴费年限。近些年来，特别是《社会保险法》实施后，缴费年限成为一项重要的给付依据。法律规定要求缴费年限达到 15 年，方可获得基本养老金。缴费年限不满 15 年的，退休后不享受统筹养老金待遇，只一次性获得个人账户养老金。

保险待遇的给付方式即指保险待遇由谁发放、怎样发放。一般有两种方式：单位发放和保险经办机构发放。我国保险制度改革前由用人单位发放，改革后由保险经办机构发放。

参考案例 12－4

周某在一家公司上班多年，现已退休。公司为其建立了养老保险，但只缴费 8 年。以前在另一家单位工作时，已缴费 6 年。周某打算去申请领取养老金。

——周某缴费年限一共才 14 年，不符合法定缴费 15 年的保险待遇给付条件，不能享受统筹养老金待遇，只能一次性领取其个人账户中的养老金（实质就是其个人缴纳的养老保险费）。如果两个单位有违反社会保险法的要求，没有为其缴足养老保险年限从而使其不能享受统筹养老金待遇的情形，周某可以通过申请劳动仲裁要求单位赔偿其受到的实际损失。

第三节　医疗保险

一、医疗保险的概念、特点和类型

（一）医疗保险的概念和特点

医疗保险是补偿公民因疾病而产生的医疗费用的一种社会保险制度。这里的疾病是指工伤、职业病以外的疾病。对职工而言，医疗保险与工伤保险合理分工，提供了完整而严密的健康保险制度体系。

医疗保险的特点如下：

（1）医疗保险与其他保险形式之间有较大交叉。其他保险形式中，也都包含着对发生疾病的医疗费补偿和疾病津贴的内容。如养老保险待遇项目中包含着医疗费用待遇，而工伤保险待遇中也包含着工伤津贴，生育保险待遇中也包含着医疗费用。

（2）与上述第一点特征相联系，医疗保险具有补充保险的特点。也就是说，其他保险形式所不能涵盖的风险（非工伤范畴的疾病，非生育、失业和养老期间的疾病），只能通过医疗保险实现保障。正是因为有了医疗保险的兜底作用，社会保险制度才在保障功能的发挥上表现出严密性和充分性。

参考案例 12－5

王某在一家化工厂上班，单位已为其建立了工伤保险、职工基本医疗保险等保险。王某在工作中突然晕倒，住院治疗 20 多天，花去医疗费用 8 000 多元。王某出院后，以自己患了职业病为由申请工伤认定，工伤鉴定部门不予认定为工伤。王某的医疗费用应该如何承担？

——王某虽然在工作中晕倒，但未被认定为工伤，其不能享受工伤保险待遇，医疗费用也不能由工伤保险基金支付，但其可以享受医疗保险待遇，由职工基本医疗保险基金支付其医疗费用。

（3）医疗保险的范围是全体公民，不限于单位职工，不限于城市居民。正是基于医疗保险的覆盖面宽广的特点，也可以将这种保险形式看成一种社会福利。

（二）医疗保险的类型

根据现行法律规定，医疗保险具体包括以下三种类型：

（1）职工基本医疗保险。该保险类型适用于城镇职工，包括无雇工的个体工商户、非全日制从业人员以及其他灵活就业人员。

（2）城镇居民基本医疗保险。该保险类型适用于没有工作的城镇居民。

（3）新型农村合作医疗，简称“新农合”。该保险类型适用于未进城务工的农民。

二、我国医疗保险制度的改革

新中国成立之后，逐渐建立起了公费医疗、劳保医疗和合作医疗三种保险制度。其中，公费医疗适用于机关和事业单位工作人员以及大专院校学生，属于国家保险的范畴；劳保医疗制度适用于企业职工，性质是企业保险；合作医疗保险是农民按照自愿和互济互助原则建立起来的医疗保险制度，它是一种初级的医疗保险制度。合作医疗保险制度在农村进行经济改革、实行家庭联产承包之后已名存实亡。

改革开放以来，在构建民生社会的大背景下，我国不断地探索医疗保险制度的改革和完善，以适应市场经济发展和保障民生的需要。我国医疗保险制度改革与完善的主要成果如下：

（1）拓展了医疗保险的覆盖范围，使其逐步惠及全体公民。这表现在：在城市，建立统一的职工基本医疗保险制度，并在职工之外，针对其他城镇居民建立了城镇居民医疗保险制度；在农村，建立和完善了适合农村特点的新型的合作医疗保险制度。

（2）逐步提高了保险待遇水平和医疗服务水平。这主要表现在：医疗保险报销限额逐步提高；通过确立直接结算制度和转移接续制度，方便和保障参保人员的医疗保险权益。

三、医疗保险的基金筹集

医疗保险的基金筹集因保险类型不同而有所差别。职工基本医疗保险由用人单位和职工按照国家规定共同缴纳基本医疗保险费。无雇工的个体工商户、未在用人单位参加职工基本医疗保险的非全日制从业人员以及其他灵活就业人员，由个人按照国家规定缴纳基本医疗保险费。城镇居民基本医疗保险实行个人缴费和政府补贴相结合。其中，享受最低生活保障的人、丧失劳动能力的残疾人、低收入家庭 60 周岁以上的老年人和未成年人等所需个人缴费部分，由政府给予补贴。新型农村合作医疗则采取由个人缴费、集体扶持和政府资助的方式筹集资金。

四、医疗保险基金的支出项目

符合基本医疗保险药品目录、诊疗项目、医疗服务设施标准以及急诊、抢救的医疗费用，按照国家规定从基本医疗保险基金中支付。下列医疗保险费用不纳入基本医疗保险基金的支付范围：应当从工伤保险基金中支付的；应当由第三人负担的；应当由公共卫生负担的；在境外就医的。医疗费用依法应当由第三人负担，第三人不支付或者无法确定第三人的，由基本医疗保险基金先行支付。基本医疗保险基金先行支付后，有权向第三人追偿。法律作出如此制度安排，就将第三人支付不能的风险转由医疗保险机构承担，以切实保护受到第三人伤害的公民的医疗权益。

参考案例 12－6

张某和王某既是一个单位的同事，也是多年的邻居。近来因为提职问题发生误会，二人在上班时发生口角，被同事拉开。下班回家后，二人又大打出手，王某将张某眼睛打伤。张某住院治疗，花去医疗费 2 000 多元。张某到单位申请认定工伤，并向社会保险经办机构申请享受工伤保险待遇，均被拒绝。张某转而又拿着医疗单据到社会保险经办机构报销，也被告知，其医疗费用应该由王某负担。

——张某与王某二人虽因提职发生矛盾，但张某受到的伤害并不是在工作时间和地点为完成工作任务所受到的伤害，是因私人矛盾而受到的第三人之伤害，不符合认定工伤的条件，其医疗费用自然也不能从工伤保险基金中支付。张某应该首先要求王某负担其医疗费用，如果王某拒绝支付，张某在提供证明的情况下可向社会保险经办机构申请从基本医疗保险基金中先行支付其医疗费用，他向王某的追偿权也因此转让给了社会保险经办机构。

第四节　工伤保险

一、工伤保险的概念和特点

（一）工伤保险的概念

工伤保险是社会保险制度中产生较早，发展较为完善和普遍的保险形式。所谓工伤保险，就是对工伤所进行的保险。工伤是由职业危害所导致的人身伤害，是因工作或者为了工作而受到的伤害。在广义上，工伤包括因工受伤、致残、死亡以及患职业病（工伤、工残、工亡、职业病）；在狭义上，工伤仅指因工受伤和致残，不包括工亡和职业病。当今工伤保险制度中的工伤是指广义的工伤。

作为一种法律制度，工伤保险是指确保劳动者因遭受职业危害而导致工伤、工残、工亡或患职业病的情况下，能够及时从国家和社会获得经济补偿和帮助，以便及时得以医治，早日实现康复和维持生活的一种社会保险制度。

（二）工伤保险的特点

1. 普遍性

职业危害无处不在，无时不在，任何人都不能完全避免职业伤害。工伤保险作为抵御职业危害的保险制度适用于所有职工，任何职工发生工伤事故或遭受职业疾病，都应毫无例外地获得工伤保险待遇。

2. 赔偿性

工伤保险制度起源于“雇主赔偿责任”，具有对职工所受人身及财产损失的赔偿性质。在工伤保险各种待遇项目中，伤残赔偿金和死亡赔偿金是两项典型的具有人身损害赔偿功能的待遇；而工伤津贴、伤残抚恤金和医疗费用则具有财产赔偿的功能。

3. 风险转移性

劳动者在职业劳动中遭受职业危害，伤害本身直接由劳动者承受，但由此产生的经济负担不应由劳动者自己承担，必须进行转移，否则对劳动者而言，既无力负担，又显失公平。工伤保险就是在雇主承担工伤赔偿责任的基础上发展起来的，是劳动者职业伤害风险从劳动者转移至雇主（用人单位）再进一步转移至社会的结果。

二、工伤保险的制度功能

工伤保险之所以在全世界深受欢迎而被普遍施行，是因为采用社会保险形式的工伤保险发挥着显著的制度功能，显示出光辉的制度价值。工伤保险制度的功能表现在以下几方面。

（一）保证受伤和患职业病的劳动者得到及时医治

因工受伤或患职业病的劳动者，必须得到及时治疗。及时治疗可以减少人的痛苦，可以减少伤残或死亡，可以恢复劳动力，可以减少财产损失。及时治疗必须有经济保证，没有充分的经济保证，及时治疗难以实现。工伤保险可以保障受到职业伤害的劳动者的治疗需要。即便是发生了由他人所致的意外事故（如交通事故），在责任者逃匿，责任难于追究的情况下，工伤保险也可以起到一种补充保险的作用。总之，因为有了工伤保险，因工受伤或患职业病的劳动者及时得到治疗才成为可能，早日康复才更有希望。

（二）补偿损失，维持生活

劳动者因工受伤或患病导致暂时或永久地丧失劳动能力，不仅会增加大量的医疗费支出，而且会造成工资损失。劳动者支出增加而收入减少或断绝，必然恶化劳动者本人及其所供养的亲属的生活状况。工伤保险及时支付各种保险待遇，可以补偿劳动者所受到的损失，可以满足维持生活安定之经济需要。

（三）减轻企业负担，稳定保险待遇支付

在职业伤害没有采取社会保险形式以前，工伤赔偿责任完全落在企业身上。随着工伤事故的增加，企业的负担加重。采用企业保险的形式，保险待遇的支付受企业经济状况所左右，如果企业亏损或倒闭，无力或不能支付劳动者的工伤保险待遇，就无法达到工伤保险的目的，受伤和患病的劳动者仍然无助。工伤保险实现保险基金社会统筹，保险基金在一个较大的范围内调剂使用，企业的负担因此而减轻，劳动者的工伤待遇因此也有了可靠保障。

（四）预防、减少职业伤害事件

工伤保险不仅具有事后消极的补偿或赔偿的功能，还具有积极预防的功能。这主要表现在：工伤保险基金的支出项目中包含事故预防费、宣传科研费和安全奖励金等，这些支出直接用于促进企业安全卫生事业的发展。在工伤保险基金的筹集上，社会保险经办机构根据用人单位对工伤保险基金的使用、工伤发生率和所属行业费率档次等情况，确定用人单位缴费费率。工伤事故发生率高的企业要提高收费标准；对于工伤事故发生率低的企业，保险经办机构应该核定为较低的工伤保险费率，以实现鼓励和激励的制度功能。

三、工伤保险的演变与发展

发生职业伤害事故，造成人身、健康损害和财产损失，应该获得救济和赔偿，这是任何时期都不可回避的现实问题。但应该由谁来赔偿，即由谁来承担风险，在不同的历史时期，却有着不同的归责原则。在产业革命初期，工伤赔偿责任理论奉行“劳动者自己责任”的原则。支持这种原则的理论依据是“危险自任说”。这种学说主张劳动者在生产过程中因工受伤、致残所遭受的损失都应该由劳动者自己负担。这种理论盛行于资本主义自由竞争时期，成为雇主推卸责任的理论依据。在这种理论指导下的实践，使劳动者处于非常不利的地位。随着工业化的发展，工伤事故的增多，经过工人阶级的斗争，工伤赔偿责任原则发生了重大的转变，由劳动者负担风险的“危险自任说”发展为雇主过失赔偿原则。雇主过错责任属于一种民事赔偿责任，这种责任使受到伤害的劳动者可以向雇主要求赔偿，这是一种历史的进步。但是，雇主是否实际承担责任，还要取决于劳动者能否证明雇主对工伤的发生存在过错。面对着工伤发生的复杂性，受伤的劳动者很难证明雇主的主观过错，即便能够证明，雇主方面也会以种种借口（如引用共同过错理论）进行抗辩以逃避责任。经过工人阶级的不懈斗争，工伤赔偿责任原则又向更文明、更有利于劳动者的方向前进了一大步。19 世纪末，西欧国家先后确立了“职业危险”的概念，在此基础上，形成了工伤赔偿的“无过错责任”原则。这一原则的基本内容是，劳动者发生工伤事故，不论雇主是否对此存在过错，都负有赔偿的责任。这就弥补了“雇主过错责任”原则的不足。现代的工伤保险制度，就是在工伤赔偿的雇主无过错责任的基础上发展而来的。这种发展的质的飞跃是由雇主（企业）保险转变为社会保险。国家通过强行立法推行工伤社会保险，促进了工伤社会保险事业的发展。总体来说，工伤保险制度的发展表现在：由过错责任到无过错责任；由企业保险到社会保险；由单纯保险工伤、工亡扩充为包括职业病在内。

四、工伤保险制度的适用范围

不同国家、不同时期，工伤保险制度的适用范围不是恒定不变的，不仅存在着一定的差异，而且通过改革也在不断调整。就我国而言，原来的工伤保险仅限于企业，现在已经广泛适用于中华人民共和国境内的企业、事业单位、社会团体、民办非企业单位、基金会、律师事务所、会计师事务所等组织和有雇工的个体工商户等用人单位。这些用人单位都应当依法参加工伤保险，为本单位全部职工或者雇工缴纳工伤保险费。与此相应，中华人民共和国境内的企业、事业单位、社会团体、民办非企业单位、基金会、律师事务所、会计师事务所等组织的职工和个体工商户的雇工，均有依法享受工伤保险待遇的权利。

五、工伤保险基金的筹集与支出

工伤保险基金的筹集奉行一个普遍的原则，即个人不缴费原则。我国工伤保险基金由下列项目构成：企业缴纳的工伤保险费；工伤保险基金的利息；其他资金。从保险基金的法定构成来看，国家财政不负担工伤保险费用。用人单位缴纳的工伤保险费是工伤保险基金构成的主体部分。用人单位按照职工工资总额的一定比例缴纳。企业缴纳工伤保险费的比例，实行行业差别费率。国家根据不同行业的工伤风险程度确定行业的差别费率，并根据工伤保险费使用、工伤发生率等情况在每个行业内确定若干费率档次。社会保险经办机构根据用人单位使用工伤保险基金、工伤发生率和所属行业费率档次等情况，确定用人单位缴费费率。

工伤保险基金按下列项目支出：工伤保险待遇；工伤预防的宣传、培训等费用；法律、法规规定的用于工伤保险的其他费用的支出。其中的工伤保险待遇是最主要的支出项目，具体包括：治疗工伤的医疗费用和康复费用；住院伙食补助费；到统筹地区以外就医的交通食宿费；安装配置伤残辅助器具（义肢、矫形器、义眼、义齿、轮椅等）所需的费用；生活不能自理的，经劳动能力鉴定委员会确认的生活护理费；一次性伤残补助金和一至四级伤残职工按月领取的伤残津贴；中止或者解除劳动合同时，应当享受的一次性医疗补助金；因公死亡的，其遗属领取的丧葬补助金、供养亲属抚恤金和因公死亡补助金；劳动能力鉴定费。

六、享受工伤保险待遇的条件

享受工伤保险待遇，必须具备以下条件：因工作原因受到事故伤害或者患职业病且经工伤认定。

享受工伤保险待遇的实体条件是劳动者遭受事故伤害或者患职业病，确认劳动者是否遭受工伤风险是支付工伤保险待遇的核心环节。

按照我国法律规定，以下情形应当认定为工伤：（1）在工作时间和工作场所内，因工作原因受到事故伤害的。（2）工作时间前后在工作场所内，从事与工作有关的预备性或者收尾性工作受到事故伤害的。（3）在工作时间和工作场所内因履行工作职责受到暴力等意外伤害的。（4）患职业病的。（5）因工外出期间，由于工作原因，受到伤害或者发生事故下落不明的。（6）在上下班途中，受到非本人主要责任的交通事故或者城市轨道交通、客运轮渡、火车事故伤害的。（7）法律、行政法规规定应当认定为工伤的其他情形。

职工有下列情形之一的，视同工伤：（1）在工作时间和工作岗位，突发疾病死亡或者在 48 小时之内经抢救无效死亡的。（2）在抢险救灾等维护国家利益、社会公众利益活动中受到伤害的。（3）职工原在军队服役，因战、因公负伤致残，已取得革命伤残军人证，到用人单位后旧伤复发的。

职工因下列情形之一，导致本人在工作中伤亡的，不认定为工伤：故意犯罪；酗酒或者吸毒；自残或自杀；法律、行政法规规定的其他情形。

从以上立法规定可以看出，认定工伤有几点基本参照：完成工作任务或执行公务造成的；在工作时间、工作地点造成的；与本单位或本职工作有密切联系的；从事有利于国家和社会的活动造成的。以上几点只要具备一点，即可认定为工伤或视同工伤。由此不难看出，法律所规定的工伤范围较为宽泛，是对工伤概念的扩大解释。这有利于最大限度地保护遭受意外风险的劳动者，也符合世界立法的趋势。

参考案例 12－7

某厂技术员李某深夜在家熟睡，突然接到车间主任电话，命其速到厂里抢修机床。李某冒着瓢泼大雨，骑着摩托车赶往工厂。途中不慎连人带车跌入被挖开的马路大坑中，造成小腿骨折。李某要求享受工伤待遇。单位主要领导却认为，李某不是在工作时间、工作地点受到的伤害，不属于工伤。李某不服，申请劳动仲裁。

——李某的骨折应该认定为工伤。理由如下：李某骨折虽然不是发生在工作时间和工作地点，但却是为了工作需要而造成的，且是在执行抢修命令过程中发生的，与单位利益和意志存在着密切关联。根据法律规定，在抢险救灾等维护国家利益、社会公众利益活动中受到的伤害都视同为工伤，何况是为了本单位的抢修任务呢？按照法学方法论上的“举轻明重”的解释方法，李某也应该享受工伤待遇。

七、工伤认定和劳动能力鉴定

综上所述，是否能够享受工伤保险待遇，取决于劳动者的伤害是否被认定为工伤以及相应的劳动能力鉴定。是否为工伤以及属于什么程度的伤残不取决于劳动者的个人理解，也不取决于用人单位的认识，而是应该由专门的工伤认定和劳动能力鉴定部门按照法定的条件和程序进行专门性认定。

（一）工伤认定的法定程序

职工发生事故伤害或者按照职业病防治法规定被诊断、鉴定为职业病，所在单位应当自事故伤害发生之日或者被诊断、鉴定为职业病之日起 30 日内，向统筹地区社会保险行政部门提出工伤认定申请。遇有特殊情况，经报社会保险行政部门同意，申请时限可以适当延长。用人单位未在规定的时限内提出工伤认定申请的，受伤害职工或者其近亲属、工会组织在事故伤害发生之日或者被诊断、鉴定为职业病之日起 1 年内，可以直接按照《工伤认定办法》第 4 条的规定提出工伤认定申请。

提出工伤认定申请应当提交下列材料：工伤认定申请表；与用人单位存在劳动关系（包括事实劳动关系）的证明材料；医疗诊断证明或者职业病诊断证明书（或者职业病诊断鉴定书）。工伤认定申请表应当包括事故发生的时间、地点、原因以及职工伤害程度等基本情况。社会保险行政部门收到工伤认定申请后，应当在 15 日内对申请人提交的材料进行审核，材料完整的，作出受理或者不予受理的决定；材料不完整的，应当以书面形式一次性告知申请人需要补正的全部材料。社会保险行政部门收到申请人提交的全部补正材料后，应当在 15 日内作出受理或者不予受理的决定。社会保险行政部门决定受理的，应当出具《工伤认定申请受理决定书》；决定不予受理的，应当出具《工伤认定申请不予受理决定书》。

社会保险行政部门受理工伤认定申请后，根据审核需要可以对事故伤害进行调查核实，用人单位、职工、工会组织、医疗机构以及有关部门应当予以协助。对依法取得职业病诊断证明书或者职业病诊断鉴定书的，社会保险行政部门不再进行调查核实。职工或者其近亲属认为是工伤，用人单位不认为是工伤的，由用人单位承担举证责任。用人单位拒不举证的，社会保险行政部门可以根据受伤害职工提供的证据或者调查取得的证据，依法作出工伤认定决定。社会保险行政部门应当自受理工伤认定申请之日起 60 日内作出工伤认定的决定，出具《认定工伤决定书》或者《不予认定工伤决定书》，并书面通知申请工伤认定的职工或者其近亲属和该职工所在单位。社会保险行政部门对受理的事实清楚、权利义务明确的工伤认定申请，应当在 15 日内作出工伤认定的决定。作出工伤认定决定需要以司法机关或者有关行政主管部门的结论为依据的，在司法机关或者有关行政主管部门尚未作出结论期间，作出工伤认定决定的时限中止。

职工或者其近亲属、用人单位对不予受理决定不服或者对工伤认定决定不服的，可以依法申请行政复议或者提起行政诉讼。

（二）劳动能力鉴定的概念和程序

劳动能力鉴定是指劳动功能障碍程度和生活自理障碍程度的等级鉴定。职工发生工伤，经治疗伤情相对稳定后存在残疾、影响劳动能力的，应当进行劳动能力鉴定。劳动能力鉴定分为劳动功能鉴定和生活自理能力鉴定。劳动功能障碍分为十个伤残等级，最重的为一级，最轻的为十级；生活自理障碍分为三个等级：生活完全不能自理、生活大部分不能自理和生活部分不能自理。劳动能力鉴定标准由国务院社会保险行政部门会同国务院卫生行政部门等部门制定。

劳动能力鉴定由用人单位、工伤职工或者其近亲属向设区的市级劳动能力鉴定委员会提出申请，并提供《工伤认定决定书》和职工工伤医疗的有关资料。省、自治区、直辖市劳动能力鉴定委员会和设区的市级劳动能力鉴定委员会分别由省、自治区、直辖市和设区的市级社会保险行政部门、卫生行政部门、工会组织、经办机构代表以及用人单位代表组成。劳动能力鉴定委员会建立医疗卫生专家库。设区的市级劳动能力鉴定委员会收到劳动能力鉴定申请后，应当从其建立的医疗卫生专家库中随机抽取 3 名或者 5 名相关专家组成专家组，由专家组提出鉴定意见。设区的市级劳动能力鉴定委员会根据专家组的鉴定意见作出工伤职工劳动能力鉴定结论；必要时，可以委托具备资格的医疗机构协助进行有关的诊断。设区的市级劳动能力鉴定委员会应当自收到劳动能力鉴定申请之日起 60 日内作出劳动能力鉴定结论，必要时，作出劳动能力鉴定结论的期限可以延长 30 日。劳动能力鉴定结论应当及时送达申请鉴定的单位和个人。

申请鉴定的单位或者个人对设区的市级劳动能力鉴定委员会作出的鉴定结论不服的，可以在收到该鉴定结论之日起 15 日内向省、自治区、直辖市劳动能力鉴定委员会提出再次鉴定申请。省、自治区、直辖市劳动能力鉴定委员会作出的劳动能力鉴定结论为最终结论。

自劳动能力鉴定结论作出之日起 1 年后，工伤职工或者其近亲属、所在单位或者经办机构认为伤残情况发生变化的，可以申请劳动能力复查鉴定。

八、工伤保险待遇内容及标准

工伤保险待遇项目因工伤事故后果的不同而不同。工伤事故可能造成职工受伤、患职业病或者死亡，据此可将工伤保险待遇划分为三种类型：医疗待遇、伤残待遇和工亡待遇。

（一）医疗待遇

职工因工作遭受事故伤害或者患职业病进行治疗，享受工伤医疗待遇。工伤医疗待遇的具体项目包括：治疗工伤的医疗费用和康复费用；住院伙食补助费；到统筹地区以外就医的交通食宿费。

职工因工作遭受事故伤害或者患职业病需要暂停工作接受工伤医疗的，在停工留薪期内，原工资福利待遇不变，由所在单位按月支付。停工留薪期一般不超过 12 个月。伤情严重或者情况特殊的，可以经有关部门确认，适当延长，但延长不得超过 12 个月。

（二）伤残待遇

职工因工伤而致伤残，享受下列待遇：安装配置伤残辅助器具所需费用；生活不能自理的，经劳动能力鉴定委员会确认的生活护理费；一次性伤残补助金和一至四级伤残职工按月领取的伤残津贴；劳动能力鉴定费；终止或者解除劳动合同时，应当享受的一次性医疗补助金。工伤职工评定伤残等级后，停发原待遇，按照有关规定享受伤残待遇。工伤职工在停工留薪期满后仍需治疗的，继续享受工伤医疗待遇。

生活不能自理的工伤职工在停工留薪期需要护理的，由所在单位负责。工伤职工已经评定伤残等级并经劳动能力鉴定委员会确认需要生活护理的，由工伤保险基金按月支付生活护理费。生活护理费按照生活完全不能自理、生活大部分不能自理或者生活部分不能自理 3 个不同等级支付，其标准分别为统筹地区上年度职工月平均工资的 50%、40%或者 30%。

职工因工致残被鉴定为一级至四级伤残的，保留劳动关系，退出工作岗位，享受以下待遇：（1）由工伤保险基金按伤残等级支付一次性伤残补助金，标准是一级伤残为 27 个月的本人工资，二级伤残为 25 个月的本人工资，三级伤残为 23 个月的本人工资，四级伤残为 21 个月的本人工资。（2）由工伤保险基金按月支付伤残津贴，标准是一级伤残为本人工资的 90%，二级伤残为本人工资的 85%，三级伤残为本人工资的 80%，四级伤残为本人工资的 75%。伤残津贴实际金额低于当地最低工资标准的，由工伤保险基金补足差额。（3）工伤职工达到退休年龄并办理退休手续后，停发伤残津贴，按照国家有关规定享受基本养老保险待遇。基本养老保险待遇低于伤残津贴的，由工伤保险基金补足差额。职工因工致残被鉴定为一级至四级伤残的，由用人单位和职工个人以伤残津贴为基数，缴纳基本医疗保险费。

职工因工致残被鉴定为五级、六级伤残的，享受以下待遇：（1）由工伤保险基金按伤残等级支付一次性伤残补助金，标准是五级伤残为 18 个月的本人工资，六级伤残为 16 个月的本人工资 。（2）保留与用人单位的劳动关系，由用人单位安排适当工作。难以安排工作的，由用人单位按月发给伤残津贴，标准是五级伤残为本人工资的 70%，六级伤残为本人工资的 60%，并由用人单位按照规定为其缴纳应缴纳的各项社会保险费。伤残津贴实际金额低于当地最低工资标准的，由用人单位补足差额。经工伤职工本人提出，可以与用人单位解除或者终止劳动关系，由工伤保险基金支付一次性工伤医疗补助金，由用人单位支付一次性伤残就业补助金。一次性工伤医疗补助金和一次性伤残就业补助金的具体标准由省、自治区、直辖市人民政府规定。

职工因工致残被鉴定为七级至十级伤残的，享受以下待遇：（1）由工伤保险基金按伤残等级支付一次性伤残补助金，标准是七级伤残为 13 个月的本人工资，八级伤残为 11 个月的本人工资，九级伤残为 9 个月的本人工资，十级伤残为 7 个月的本人工资。（2）劳动、聘用合同期满终止，或者职工本人提出解除劳动、聘用合同的，由工伤保险基金支付一次性工伤医疗补助金，由用人单位支付一次性伤残就业补助金。一次性工伤医疗补助金和一次性伤残就业补助金的具体标准由省、自治区、直辖市人民政府规定。

（三）工亡待遇

职工因公死亡，如果发生治疗费用，则可同时享受上述医疗期间工伤保险待遇和规定的工亡待遇；如果直接造成死亡，未经治疗过程，未发生医疗费用，则只能享受工亡待遇。只要是因工死亡的，工亡职工的近亲属就可以领取丧葬补助金、供养亲属抚恤金和因工死亡补助金。

职工因工死亡，其近亲属按照下列规定从工伤保险基金领取丧葬补助金、供养亲属抚恤金和一次性工亡补助金：（1）丧葬补助金为6个月的统筹地区上年度职工月平均工资。（2）供养亲属抚恤金按照职工本人工资的一定比例发给由因工死亡职工生前提供主要生活来源、无劳动能力的亲属。标准为配偶每月40%，其他亲属每人每月30%，孤寡老人或者孤儿每人每月在上述标准的基础上增加10%。核定的各供养亲属的抚恤金之和不应高于因工死亡职工生前的工资。供养亲属的具体范围由国务院社会保险行政部门规定。（3）一次性工亡补助金标准为上一年度全国城镇居民人均可支配收入的20倍。

伤残职工在停工留薪期内因工伤导致死亡的，其近亲属享受丧葬补助金待遇；一级至四级伤残职工在停工留薪期满后死亡的，其近亲属可以享受丧葬补助金和供养亲属抚恤金待遇。

九、特殊情况下的工伤保险待遇

所谓特殊情况下的工伤保险待遇，是指职工在法定的特殊情形下所享受的工伤保险待遇。它具体包括以下法定情形：（1）工伤职工工伤复发，确认需要治疗的，依法享受相应的工伤待遇。（2）职工因工外出期间发生事故或者在抢险救灾中下落不明的，从事故发生当月起3个月内照发工资，从第4个月起停发工资，由工伤保险基金向其供养亲属按月支付供养亲属抚恤金。生活有困难的，可以预支一次性工亡补助金的50%。职工被人民法院宣告死亡的，按照职工因工死亡的规定处理。（3）用人单位分立、合并、转让的，承继单位应当承担原用人单位的工伤保险责任；原用人单位已经参加工伤保险的，承继单位应当到当地经办机构办理工伤保险变更登记。（4）用人单位实行承包经营的，工伤保险责任由职工劳动关系所在单位承担。（5）企业破产的，在破产清算时依法拨付应当由单位支付的工伤保险待遇费用。（6）职工被借调期间受到工伤事故伤害的，由原用人单位承担工伤保险责任，但原用人单位与借调单位可以约定补偿办法。

十、用人单位的工伤保险责任

用人单位在工伤保险方面，除应该按照法律规定及时为职工办理工伤保险手续，足额缴纳工伤保险费之外，还应按照法律规定向工伤职工支付工资福利待遇等。如果用人单位未依法缴纳工伤保险费，发生工伤事故的，用人单位还应支付工伤保险待遇。用人单位不支付的，从工伤保险基金中先行支付，然后由用人单位予以偿还。用人单位拒不偿还的，社会保险经办机构可以申请人民法院扣押、查封、拍卖其价值相当的财产，以拍卖所得抵偿应偿还的款项。

十一、工伤保险与其他保险或责任的衔接问题

就职工而言，工伤保险可能与医疗保险、养老保险发生衔接问题，也可能与第三人侵权责任发生衔接甚至是竞合的问题。

工伤保险与医疗保险的衔接关系表现在：职工治疗非工伤引发的疾病，不能享受工伤保险待遇，只能享受医疗保险待遇。伤残职工经评残定级为一至四级享受伤残待遇期间，由用人单位和职工个人以伤残津贴为基数，缴纳基本医疗保险费。

工伤保险与养老保险的衔接关系表现在：伤残级别为五到十级的，原则上继续工作，所以到达退休年龄时，应享受养老保险待遇。工伤职工符合领取基本养老金条件的，停发伤残津贴，享受基本养老保险待遇。基本养老待遇低于伤残津贴的，从工伤保险基金中补足差额。

工伤保险与第三人侵权责任的衔接关系表现在：由于第三人的原因造成工伤，应该首先按照民事侵权赔偿责任进行处理，当第三人不支付工伤医疗费用或者无法确定第三人时，则由工伤保险基金先行支付。工伤保险基金先行支付后，有权向第三人追偿。在第三人侵权责任案件中，上下班途中发生道路交通事故最为典型和突出。在这类案件中，即便是遭受道路交通事故伤害的职工可以依法认定为工伤，也不必然直接可以享受工伤保险待遇，而是首先应该按照民事侵权责任追究肇事者的责任。工伤保险基金只发挥以下作用：垫付必要的费用；补足交通事故赔偿低于工伤保险待遇的差额部分；支付交通事故赔偿不能包括的工伤保险待遇；支付受伤职工因交通肇事者逃逸或其他原因不能得到赔偿时所享受的工伤保险待遇。由此可见，工伤保险待遇与第三人侵权赔偿是一种有条件的补充关系。二者虽然可以发生竞合现象，但立法不允许当事人通过同时主张而兼得。

参考案例 12-8

王某步行上班途中，通过人行横道时，被一闯红灯摩托车撞伤。摩托车主赔偿了王某医疗费等实际发生的费用，还额外支付了一笔赔偿金。王某治愈出院后，要求认定工伤并享受工伤保险待遇，被单位和保险经办机构拒绝。王某气愤不已，扬言要打官司。

——本案中，王某要求工伤认定的申请合情合法，应该得到认可，也应该被认定是工伤。但是即便被认定为工伤，除停工留薪期内的原工资福利待遇由用人单位支付外，王某不应再享受其他工伤保险待遇。

第五节　失业保险

一、失业保险的概念和特点

失业保险是确保失业的劳动者在一定期间内从国家和社会获得物质帮助的一种社会保险制度。失业保险的对象是失业劳动者。何谓失业？失业在一般的意义上是指劳动者失去工作岗位的状态，应该包括工作岗位的得而复失和尚未获得过工作岗位两种情形。

失业保险制度中的失业一般是指工作岗位的得而复失，一般不包括尚未获得过工作岗位的情形。这种严格意义上的失业有两个构成要件：一是劳动者在劳动年龄之内，具有劳动能力；二是劳动者具有劳动意愿。

失业保险的特点是：（1）适用对象的特定性。失业保险只适用于失业的劳动者，而且必须是非自愿性失业。自愿性失业不享有失业保险待遇，这是各国失业保险制度之通例。（2）享受保险待遇的期间性。失业保险待遇不能永远享有，只在一定期间内享有。超过这一特定期间，即便没有实现就业，也不再享受失业保险待遇。这一特点有助于促进劳动者积极、主动地追求就业，防止自愿失业的大量出现。（3）待遇水平较低。失业保险待遇只能保障失业劳动者的最低生活需要，使劳动者虽能够维持生活但不能富裕地生活。一般都将失业保险待遇水平控制在当地的最低工资标准和社会救济水平之间。（4）消极救济与积极促进相结合。从失业保险的功能来看，已日益从原来单纯的救济功能转向失业救济与促进就业双重功能。正是在这个意义上，失业保险有时又被称为“就业保险”或“雇佣保险”。

二、失业保险基金的筹集

一般来说，失业保险基金筹集的基本渠道是国家财政补贴、企业缴费和个人缴费，补充渠道是失业保险基金的利息收入和合法的投资收益。从失业保险的发展来看，失业保险基金的筹集方式也经历了一个演变的过程，从企业和个人承担到国家财政包揽或兜底，再到政府、企业和个人合理分担。当今多数国家失业保险基金的筹集都遵循三者合理负担的原则。在我国，原来的失业保险由企业承担，政府和个人的作用没有发挥出来。在市场经济条件下，失业现象增多，失业保险资金完全由企业承担，企业负担沉重。之后，我国通过了《社会保险法》，规定用人单位和职工按照国家规定共同缴纳失业保险费。从另一个角度看，劳动者有工作的权利，国家有为劳动者提供工作机会的义务，劳动者没有获得工作岗位，是国家的失职，国家也必须为此担负一定的救济责任。总体而言，失业保险基金由以下项目构成：城镇企事业单位及其职工缴纳的失业保险费、失业保险基金的利息、财政补贴、依法纳入失业保险基金的其他资金。城镇企事业单位按照本单位工资总额的2%缴纳失业保险费。职工按照本人工资的1%缴纳失业保险费。农民合同制工人本人不缴纳失业保险费。上述规定是一般的缴费费率，省、自治区、直辖市人民政府根据本行政区域失业人员数量和失业保险金数额，报经国务院批准，可以适当调整失业保险费的费率。

三、失业保险基金的支出项目

保险基金的支出项目包括两大方面：一是用于失业救济；二是用于促进就业。前者直接支付给失业劳动者，用于维持生活；后者由失业保险经办机构支出使用，以实现失业保险的促进就业功能。

根据《社会保险法》的规定，失业人员从失业保险基金中领取失业保险金必须同时具备以下条件：失业前用人单位和本人已经缴纳失业保险费满一年；非因本人意愿中断就业；已经进行失业登记，并有求职要求。

失业人员在领取失业保险金期间有下列情形，停止领取失业保险金和其他失业保险待遇：重新就业的；应征服兵役的；移居境外的；享受基本养老保险待遇的；无正当理由，拒不接受当地人民政府指定部门或者机构介绍的适当工作或者提供的培训的。

四、失业保险待遇的支付条件、标准和项目

（一）失业保险待遇的支付条件

失业保险金是最为重要的失业保险待遇。其支付条件也就是劳动者领取失业保险金的条件，领取失业保险金一般须同时具备以下条件：

（1）已经失业。失业已成为现实，而不是一种潜在的风险。失业者已经在法律上和事实上都脱离了工作岗位。我国存在“下岗”和“停薪留职”现象，由于并没有在法律上解除劳动法律关系，并不是完全意义上的失业，因此还不能领取失业救济金。根据我国《失业保险条例》的规定，国有企业职工享受失业保险的情形包括：依法宣告破产的企业的职工；濒临破产的企业在法定整顿期间被精减的职工；按照国家有关规定被撤销、解散企业的职工；按照国家有关规定停产整顿企业被精减的职工；终止或者解除劳动合同的职工；企业辞退、除名或者开除的职工；依照规定享受失业保险的其他职工。

（2）失业是非自愿的。失业有自愿与非自愿之分。享受失业保险待遇必须是非自愿失业的职工。如果自愿失业也包括在失业救济范围内，势必产生两个不利后果：救济面过宽，企业和国家负担沉重；鼓励懒惰和不劳而获，影响劳动热情。

（3）缴费时间符合规定。享受失业保险待遇必须在失业前用人单位和本人已经缴纳失业保险费满 1 年。我国法律规定，领取失业保险金的最低累计缴费年限是 1 年。累计缴费满 1 年不足 5 年的，领取失业保险金的最长期限为 12 个月；累计缴费满 5 年不足 10 年的，领取失业保险金的期限最长为 18 个月；累计缴费 10 年以上的，领取失业保险金的期限最长为 24 个月。重新就业后，再次失业的，缴费时间重新计算，领取失业保险金的期限与前次失业应当领取而尚未领取的失业保险金的期限合并计算，最长不超过 24 个月。

（4）办理失业登记并有求职要求。享受失业保险待遇必须在失业后一定期间内，到政府指定的职业介绍部门办理失业登记，并表达求职愿望。办理失业登记的意义有三：一是有助于职业介绍部门和失业保险经办部门及时、准确掌握失业状况；二是便于及时为失业者介绍工作，促其就业；三是可以借此评判失业是否为非自愿失业，失业者无正当理由拒绝接受职业介绍部门所介绍的工作，即属自愿失业，不应再享受失业保险待遇。

参考案例 12－9

小王已在一家印刷厂工作 5 年了，虽然工资不高，但印刷厂按照法律规定为职工建立了各种保险。近来，小王感觉工作很累，还经常被厂长辱骂，一气之下，辞去了工作，心想挣这一点工资还不如靠领取失业保险金生活舒心。哪知，当失业的小王去领失业救济金时，被保险公司工作人员告知：小王这种情况是不能领取失业保险金的。

——并不是只要失业就必然能够领取失业救济金，必须符合法定条件才能领取。小王属于自愿失业，并且未及时办理失业登记，因此不符合法定条件，不能享受失业保险待遇。

（二）失业保险待遇的支付标准和项目

失业保险金的标准由省、自治区、直辖市人民政府确定，一般都应低于本地最低工资标准并不得低于城市最低生活保障标准。失业人员在领取失业保险金期间，参加职工基本医疗保险，享受基本医疗保险待遇。失业人员应当缴纳的基本医疗保险费从失业保险基金中支付，个人不缴纳基本医疗保险费。失业人员在领取失业保险金期间死亡的，参照当地对在职职工死亡的规定，向其遗属发给一次性丧葬补助金和抚恤金，所需资金从失业保险基金中支付。个人死亡同时符合领取基本养老保险丧葬补助金、工伤保险补助金和失业保险补助金条件的，其遗属只能选取其中的一项。根据《失业保险条例》的规定，失业保险基金用于下列失业保险待遇支出项目：失业保险金；领取失业保险金期间的医疗补助金；领取失业保险金期间死亡的失业人员的丧葬补助金和其供养的配偶、直系亲属的抚恤金；领取失业保险金期间接受职业培训、职业介绍的补贴；国务院规定或者批准的与失业保险有关的其他费用。

参考案例 12－10

赵某在外贸公司工作多年，已累计缴纳失业保险费 12 年，后因外贸行业不景气，遭公司裁员而失业。赵某及时办理了失业登记，但没有去领取失业救济金。失业 5 个月之后，赵某被职业中介介绍到某饭店做采买工作。该饭店及时为赵某办理了相关社会保险事宜，及时缴纳失业保险费。赵某工作一年以后，饭店因严重的食品安全事故被查处，并被吊销营业执照。赵某再次失业，及时进行了失业登记，并要求领取失业救济金。

——赵某两次失业都是非自愿失业，又都及时办理了失业登记，且累计缴费都在一年以上，符合法定领取失业救济金的条件，可以领取失业救济金；赵某在第一次失业时应当领取的失业救济金期限是 5 个月，再次失业时可以领取失业救济金的最长期限是 12 个月。因此，赵某可以领取失业救济金的最长期限应是 17 个月。

第六节 生育保险

一、生育保险的概念与意义

生育保险，是指确保职工在生育期间得到必要的经济补偿和医疗保健的一种社会保险制度。

生育保险的意义如下：

（1）保障生育女职工和婴儿的身体健康，促进优生优育。人类社会的发展，不仅表现为物质财富的增长，也表现为人口数量和质量的提高。当代中国应从人口大国向人力资源强国转变，而要成为人力资源强国，必须大力提高人口素质。要提高人口素质，优生优育是关键。女职工在生育期间享受产假，可以休息。产假期间享受生育津贴，可以弥补工资损失，保障生活。女职工生育期间，需要医疗保健，以保障母子平安健康。生育保险可以提供生育期间的医疗保健费用。总之，生育保险是有利于生育女职工和婴儿、有利于社会的一项保障措施。

（2）由社会分担生育负担，减轻生育家庭和企业的经济压力。生育是人类社会得以延续和发展的必需的行为，在某种意义上说，生育是在为社会做贡献。既然是一种延续和发展人类社会的行为，其经济负担完全由生育者个人或其企业承担，就显失公平。社会应当担负生育的经济成本，以减轻个人或企业的负担，这既是社会公平原则的要求，也是社会文明和进步的体现。

（3）有助于妇女解放，实现男女平等。妇女解放的基础，是经济上的独立。女职工如果因生育而失去工资，妇女的经济独立就无从谈起。妇女经济不独立，其在家庭和社会中的独立地位就难以实现。生育保险确保生育女职工在生育期间不减少经济收入，为其独立创造物质条件。同时，由于有生育保险，企业女职工的生育负担由社会分担，企业也因此减轻了压力，也就会减少招用女职工的后顾之忧，这有助于促进在就业方面实现男女平等。

二、生育保险基金的筹集

在2022年5月以前，生育保险基金筹集渠道主要是由企业缴纳生育保险费。企业按照其工资总额的一定比例向社会保险经办机构缴纳生育保险费。缴费比例由当地人民政府根据支出需要来确定和适时调整。职工个人不缴纳生育保险费。生育保险基金的其他来源有保险基金的存储利息收入和逾期缴纳保险费的滞纳金等。2022年5月，我国完成了生育保险和基本医疗保险的合并实施，将生育保险费合并于基本医疗保险费，统一征收，不再设定独立的生育保险基金。

三、生育保险待遇项目与标准

女职工生育，其享受的待遇包括领取生育津贴和报销生育医疗费用。女职工在产假期间领取生育津贴，按照职工所在用人单位上年度职工平均工资计发。女职工生育的检查费、接生费、手术费、住院费和药费统一由医疗保险基金支付。女职工生育出院后，因生育引起疾病的医疗费，由医疗保险基金支付。女职工生育或流产后，凭计划生育证明和婴儿出生、死亡或流产证明，到当地社会保险经办机构办理手续，领取生育津贴和报销生育医疗费。

值得强调的是，2022年5月，生育保险与基本医疗保险合并实施，将生育保险纳入了医疗保险，统一费用征缴，统一基金管理，统一待遇交付。由此，作为独立险种的生育保险不再存在，但生育保险的功能却继续由基本医疗保险来实现，因此，原来的“五险”实际上也就变成了“四险”。

【引例评析】

1. 公司的说法不能成立，做法也不合法。因为用人单位为职工缴纳社会保险相关费用是法定义务，必须履行。除了依法应该由职工个人承担并由单位代扣代缴的部分，单位还应当依法承担其应当承担的费用，也不允许将其作为工资支付给个人。

2. 小王可以依法享受五大保险，即养老保险、工伤保险、医疗保险、失业保险、生育保险。其中除工伤保险、生育保险由公司缴费外，养老保险、医疗保险和失业保险都需要由小王和公司一同缴费。

3. 如果公司拒绝为小王办理相关保险手续和履行缴费义务，小王在向公司请求未果后，可以直接向社会保险监督管理部门申诉，也可以向仲裁机构提起劳动仲裁。如果仲裁机构不予受理或对仲裁裁决不服，小王可以向人民法院提起诉讼。

【本章小结】

1. 社会保险是与劳动关系联系密切的一种法律机制，它既是一种社会保障制度，也是一种劳动法律制度，是联结劳动法与社会保障法的社会法制度板块。社会保险具有强制性、互助性、多元性、社会性等特征。

2. 社会保险具有以下制度功能：确保公民生活安定；恢复和再生劳动力；提高劳动生产效率；维护社会秩序，增进社会福祉。

3. 社会保险法律制度由养老保险、医疗保险、工伤保险、失业保险和生育保险等制度构成。每一项具体的社会保险制度都由缴费主体、保险待遇、支付条件、保险基金管理等制度内容构成。

【练习题】

一、名词解释

社会保险　养老保险　工伤保险　失业保险　医疗保险

二、问答题

1. 社会保险的特点和制度功能是什么？
2. 工伤保险与医疗保险是什么关系？
3. 养老保险金的给付条件是什么？
4. 劳动者与用人单位是否可以约定以提高工资报酬标准代替用人单位缴纳社会保险费？
5. 进城务工的农民工可以享受哪些社会保险待遇？
6. 劳动者退休却不能享受养老保险待遇，可以采取哪些救济措施？

三、案例分析题

刘某是某机关服务中心（全额拨款事业单位）职工，承担保洁工作。因刘某为非事业编制内人员，加上其从事的是后勤辅助工作，机关服务中心一直将刘某按临时工对待。直至达到法定退休年龄，刘某个人和机关服务中心均未办理社会保险关系和缴纳保险费。刘某达到法定退休年龄无法领取退休金，为此和机关服务中心发生争议。

问题：

1. 就刘某的身份和岗位而言，其可否享受相应的养老保险权利？
2. 在无法领取退休金的情况下，刘某应如何维护自己的合法权益？

分析要点提示：

1. 刘某与机关服务中心建立了劳动关系，不因刘某的身份和岗位而改变其劳动者的角色和地位，刘某应与其他职工平等享有社会保险权利。机关服务中心有义务自用工之日起为刘某建立养老保险关系，依法缴纳养老保险费。

2. 该机关服务中心未履行法定义务，造成刘某退休后无法领取养老保险金，给刘某造成了养老金损失。刘某可以依法向劳动人事争议仲裁机构申请仲裁，请求赔偿相应数额的养老金。如果对仲裁裁决结果不服，刘某可以向人民法院提起诉讼。

在线练习

第十三章　非典型用工

◆【本章引例】

王某被甲人力资源公司派往乙物流公司工作，乙物流公司对王某进行管理使用。王某工作数月都没有领到工资，也无人为其缴纳养老保险。王某感到困惑，不知如何维护自己的权益。

请问：

1. 王某应该向谁讨要工资？
2. 王某可否与同岗位其他职工获得同样水平的工资？
3. 王某是否享有社会保险权？哪家公司有义务为王某投保？

◆【本章学习目标】

1. 掌握非典型用工的概念和特征；
2. 了解非典型用工的主要形式；
3. 掌握劳务派遣法律规制的主要内容；
4. 掌握非全日制用工法律规制的主要内容；
5. 正确认知非典型用工（灵活就业）的现实意义。

第一节　非典型用工的概念和种类

一、非典型用工的概念

非典型用工也称非标准用工，是相对于典型用工而言的一种特殊用工形式。具体来说，它是指用工形式的外在表征不同于典型用工的一些基本要素，呈现为更加复杂或灵活的用工方式。理解和认识非典型用工的概念，必须首先把握典型用工的基本特征：第一，典型用工主要发生于工商业领域。作为劳动法调整对象的典型用工最早诞生于工业领域，以后拓展至商业领域。第二，典型用工多为直接雇佣关系，即资本直接雇用劳动力，谁用工谁雇用谁管理，呈现为主体二元化的劳资关系。第三，典型用工以全日制雇佣为常态。典型用工在工作时间安排上通常是采用日间全部工时的安排方式，即为人们非常熟悉和习惯的上下午两段的全时安排。“日出而作日落而息”的工作样态虽然描述的是传统农业生产的模式化特征，但也可以用以说明全日制用工在工作时间安排上的基本特征。第四，典型用工一般都是劳动者在雇主场所完成劳动给付任务并接受雇主的直接管理，也因此形成了从属性和支配性很强的职业劳动关系。

基于传统、典型的劳动用工所形成的劳动关系往往就具有以下几个重要特征，据此也可以抽象和归纳出认定一种劳动给付关系是否为劳动关系进而适用劳动法加以调整的判定标准：

（1）从属性和支配性。从属性具体包括组织从属、人格从属和经济从属；支配性是指劳动者作为劳动个体需要服从用人单位组织的管理和支配，是雇主支配劳动者而不是相反，这种支配性在某种意义上就是组织从属与人格从属的力量展现和效果呈现。

（2）过程性和持续性。劳动用工呈现为一种持续状态，不是仅关注结果的偶尔交易或者短期交易，而是关注过程及结果的劳动给付关系。

（3）条件依存性。劳动给付所需的各种物质性条件（工作场所、机器、设备、工具、原材料等）和非物质性条件（管理、技术、知识产权等）一般都由用人单位提供，劳动者只需保质保量给付自己的劳动力即可。劳动力以外的投入往往都会以投资的方式被承认，劳动者也会相应地获得股东的角色和地位，形成“劳者有其股”的职工参股状态，因而也就形成了劳动者与其用人单位之间的劳动关系与股权关系兼而有之的一种复合关系状态。

（4）经营目的性。所谓经营目的性，实质是在资本雇佣劳动的框架下，劳动用工的目的不是扩充消费或提升消费的生活目的，而是实现生产和经营进而实现营利的经济目的。

非典型用工就是上述这些典型用工及其关系属性和特征的欠缺或者悖反。例如，不符合经营目的性的用工（如家政用工）就不是典型用工，甚至都不是劳动关系；而用工上的从属性的弱化（如平台用工）或者条件性的悖反，则往往是非典型用工的基本外在表征。

总而言之，所谓的非典型用工，就是指那些欠缺或迥异于典型用工的全部或者部分属性的劳动用工形式。

二、非典型用工的种类和作用

从立法层面来看，我国《劳动法》是针对典型用工所设计的制度体系，没有涉及非典型用工形式。《劳动合同法》则单独设立一章（第五章“特别规定”）实现对集体合同、劳务派遣和非全日制用工的法律规制。其中的“集体合同”本质上也不是劳动合同，在《劳动合同法》中对其加以规定未必适当。同时，集体合同也不是非典型用工形式。《劳动合同法》所规定的另外两种用工形式（劳务派遣和非全日制用工）是法定非典型用工的主要形式。

非典型用工作为一种特殊的用工形式，一方面可以满足用人单位灵活用工的要求，满足生产、经营和服务对劳动力的特殊需求；另一方面可以吸纳劳动者灵活就业，提升社会就业率。正因为非典型用工具有上述双重作用，其近年来才获得了迅速而广泛的发展。

第二节 劳务派遣的法律规制

一、劳务派遣的概念和特征

劳务派遣也称劳动派遣或派遣劳动，是指用工单位使用其他用人单位（派遣单位）职工实现自己生产经营目的的间接用工方式。如前所述，传统的典型用工形式是谁使用谁雇用谁管理，雇用与使用合一，主体结构呈现为二元化的直接雇佣。劳务派遣则与此不同：（1）劳务派遣为一种间接用工，即使用别人雇用的劳动者实现自己的生产经营目的，本质上是一种外部用工。（2）主体结构呈现为三元化特征，包括用人单位（派遣单位）、用工单位和被派遣劳动者。（3）在劳务派遣这种用工方式下，形成了三个法律关系：派遣单位与劳动者之间的劳动法律关系；用工单位与派遣单位之间的民事法律关系；用工单位与被派遣劳动者之间的实际用工管理关系。

二、劳务派遣法律规制的内容

在我国，劳务派遣出现较晚，作为一种新型的用工形式，1994 年制定《劳动法》时尚未进入立法视野。2007 年发布的《劳动合同法》将其纳入调整范围，乃是因为其在我国出现以后就快速发展且问题较多，亟需立法加以确认和规范。2008 年《劳动合同法》实施后，劳务派遣发展更为迅速，诸多问题（适用范围过大、用人单位逃避用工责任、派遣劳动者权益受损等）突显出来。为防止其被滥用和促进派遣业健康发展，2012 年《劳动合同法》进行了首次修改，以强化劳务派遣规制力度为主旨对相关规则进行了修正。《劳动合同法》第 57 条至第 67 条确立了劳务派遣的法律规则，具体内容包括：劳务派遣业务的准入规则、劳务派遣的适用岗位和数量限制、三方主体相互间的权利义务。

（一）劳务派遣业务的准入规则

经营劳务派遣业务应当具备法定实体条件和程序条件。实体条件包括：注册资本不得少于人民币 200 万元；有与所开展业务相适应的固定的经营场所和设施；有符合法律、行政法规规定的劳务派遣管理制度；法律、行政法规规定的其他条件。程序条件是：经营劳务派遣业务应当向劳动行政部门依法申请行政许可，经许可的依法办理公司登记。

（二）劳务派遣的适用岗位和数量限制

劳动合同用工是我国企业的基本用工形式。劳务派遣是补充形式，只能在临时性、辅助性或者替代性的工作岗位上使用。所谓临时性工作岗位，是指存续时间不超过 6 个月的岗位；辅助性工作岗位，是指为主营业务岗位提供服务的非主营业务岗位；替代性工作岗位，是指用工单位的劳动者因脱产学习、休假等原因无法工作的一定时间内，可以由其他劳动者替代工作的岗位。除“三性”限制之外，用人单位应当严格限制用工数量，不得超过其用工总量的一定比例。

参考案例 14－1

某房地产公司为了降低用人成本，除必要的管理人员和财务人员之外，均采用劳务派遣用工方式，占用工总量的 90%以上。

——该房地产公司的用工做法是违反相关法律规定的。因为法律只允许劳务派遣适用于符合“三性”的岗位，而且其用工数量一般也不得超过其用工总量的 20%。所以该公司的做法应该予以纠正。

（三）三方主体相互间的权利义务

《劳动合同法》第 58 条至第 60 条、第 62 条至第 65 条规定了相关权利义务的内容，具体内容如下。

1. 劳务派遣单位的义务

劳务派遣单位作为法定用人单位，应当履行用人单位对劳动者的义务。劳务派遣单位应当与被派遣劳动者订立两年以上固定期限劳动合同。合同应载明一般劳动合同条款（《劳动合同法》第 17 条），还应当载明被派遣劳动者的用工单位以及派遣期限、工作岗位等情况。劳务派遣单位应当按月向被派遣劳动者支付劳动报酬；被派遣劳动者在无工作期间，劳务派遣单位应当按照所在地人民政府的最低工资标准向其按月支付报酬。劳务派遣单位派遣劳动者应当与以劳务派遣形式用工的单位（用工单位）订立劳务派遣协议。劳务派遣协议应当约定派遣岗位和人员数量、派遣期限、劳动报酬和社会保险费的数额与支付方式以及违反协议的责任。劳务派遣单位应当将劳务派遣协议的内容告知被派遣劳动者。劳务派遣单位不得克扣用工单位按照劳务派遣协议支付给被派遣劳动者的劳动报酬。劳务派遣单位不得以非全日制用工形式招用被派遣劳动者。被派遣单位跨地区派遣劳动者的，被派遣劳动者享有的劳动报酬和劳动条件，按照用工单位所在地的标准执行。用人单位不得设立劳务派遣单位向本单位或者所属单位派遣劳动者。

2. 用工单位的义务

用工单位应当履行下列义务：执行国家劳动标准，提供相应的劳动条件和劳动保护；告知被派遣劳动者的工作要求和劳动报酬；支付加班费、绩效奖金，提供与工作岗位相关的福利待遇；对在岗被派遣的劳动者进行工作岗位所必需的培训；连续用工的实行正常的工资调整机制。用工单位不得将被派遣劳动者再派遣到其他用人单位。用工单位不得向被派遣劳动者收取费用。

3. 被派遣劳动者的权利

被派遣劳动者享有与用工单位的劳动者同工同酬的权利。被派遣劳动者有权在劳务派遣单位或者用工单位依法参加或者组织工会，维护自身的合法权益。被派遣劳动者可以依法与劳务派遣单位解除劳动合同。

第三节　非全日制用工的法律规制

一、非全日制用工的概念

非全日制用工，是指以小时计酬为主，劳动者在同一用人单位一般每日工作时间不超过 4 小时，每周累计不超过 24 小时的用工形式。非全日制用工即人们通常所说的短时工，顾名思义，就是并非按照标准工时全天工作，不是按日按月计酬而是按小时计酬的一种短时用工方式。对劳动者而言，非全日制用工是一种短时而灵活的就业方式。采用此种方式就业，劳动者可以突破“劳动关系唯一性”的原则性限制，可以也应该同时服务于一个以上的用人单位，形成事实上的兼职劳动状态或多重劳动状态。

二、非全日制用工法律规制的内容

《劳动合同法》用 5 个条文规定了非全日制用工的概念和规制要求。除明确上述法定概念的 1 个条文以外，其余 4 个条文实现以下两个立法目的：

（1）对非全日制用工作出更加灵活宽松的规定，豁免一些法定要求，体现对用人单位灵活用工和效率用工需求的制度回应。《劳动合同法》第 69 条规定：“非全日制用工双方当事人可以订立口头协议。从事非全日制用工的劳动者可以与一个或者一个以上劳动者订立劳动合同；但是，后订立的劳动合同不得影响先订立的劳动合同的履行。”该条实质是放松了劳动合同书面化的管制要求和劳动关系唯一性的法律恪守。第 71 条规定：“非全日制用工双方当事人任何一方都可以随时通知对方终止用工。终止用工，用人单位不向劳动者支付经济补偿。”该条规定实质是豁免了用人单位的解雇保护义务和经济补偿义务。

参考案例 14－2

孙某与某公司口头约定，每日 9：30—11：30 孙某完成公司公共场所（楼道、走廊和卫生间）的卫生打扫。工作一年以后，公司负责人通知孙某第二天不要来公司上班了，双方的劳动关系从即日起结束，并通知财务结算了孙某的工资，同时支付给孙某 500 元经济补偿金。

——孙某与公司之间就是典型的非全日制用工。双方不签订书面劳动合同而是采用口头方式，不违反法律规定。公司有权随时通知孙某终止双方的非全日制用工关系，并且无须支付经济补偿金。公司支付一定的经济补偿给孙某属于公司的自愿行为，对孙某也是有利的行为，并不违反法律规定。

（2）实现对非全日制用工劳动者权益的保护。这主要是通过两个方面的强制性规定实现此种立法目的：一是禁止规定试用期；二是强化工资标准和支付期限。《劳动合同法》第 70 条规定：“非全日制用工双方当事人不得约定试用期。”第 72 条规定：“非全日制用工小时计酬标准不得低于用人单位所在地人民政府规定的最低小时工资标准。非全日制用工劳动报酬结算支付周期最长不得超过十五日。”

【引例评析】

1. 甲人力资源公司作为劳务派遣单位，对被派遣劳动者王某承担用人单位的法定义务。王某虽然在乙物流公司工作，但是乙物流公司按照劳务派遣协议只负有将工资等费用支付给甲人力资源公司的义务，并没有直接向王某支付工资的义务。甲人力资源公司作为王某的用人单位，有义务向王某支付工资，王某也有权向甲人力资源公司讨要工资。

2. 按照法律规定，王某享有与用工单位劳动者同工同酬的权利。劳动合同和劳务派遣协议载明或者约定的向被派遣劳动者支付的劳动报酬应当符合同工同酬原则的法定要求。

3. 作为被派遣劳动者，王某享有与一般劳动者同等的劳动权利，当然也包括劳动保险权。由于甲人力资源公司是王某的用人单位，其依法有义务为王某办理社保投保手续并负担缴费义务（包括代扣代缴义务）。

【本章小结】

1. 非典型用工是相对于典型用工而言的一种特殊用工形式。具体来说，它是指用工形式的外在表征不同于典型用工的一些基本要素，呈现为更加复杂或灵活的用工方式。非典型用工主要有劳务派遣和非全日制用工两种方式。

2. 劳务派遣，是指用工单位使用其他用人单位（派遣单位）职工实现自己生产经营目的的间接用工方式。其具有间接用工、主体结构三元化、三个法律关系并存的特征。劳务派遣法律规制的内容主要包括：劳务派遣业务的准入规则、劳务派遣的适用岗位和数量限制、三方主体相互间的权利义务。

3. 非全日制用工，是指以小时计酬为主，劳动者在同一用人单位一般每日工作时间不超过 4 小时，每周累计不超过 24 小时的用工形式。非全日制用工法律规制的内容包括两方面：对非全日制用工作出更加灵活宽松的规定，豁免一些法定要求，体现对用人单位灵活用工和效率用工需求的制度回应；实现对非全日制用工劳动者权益的保护。

【练习题】

一、名词解释

非典型用工　劳务派遣　非全日制用工

二、问答题

1. 如何理解非典型用工？非典型用工有哪些特点？
2. 典型劳动关系的判定标准有哪些？
3. 劳务派遣的概念和特征是什么？
4. 劳务派遣法律规制的内容主要有哪些？
5. 非全日制用工的概念和特征是什么？
6. 非全日制用工法律规制的内容主要有哪些？

三、案例分析题

徐某等数十位劳动者先后到某证券公司工作，有的工作年限在 10 年左右，都没有签订过书面劳动合同。2024 年 3 月，公司要求与这些劳动者签订临时劳动合同，载明用工形式为非全日制用工，并向劳动者解释说，签订临时劳动合同是为了应付检查，不需要实际履行。其中部分劳动者认为条款不合理而拒绝签字，被公司辞退，徐某等人担心被辞退而被迫签了字。徐某等人在要求公司缴纳社会保险及返还风险抵押金时，遭到公司拒绝，为此申请了劳动仲裁。

问题：

1. 徐某等人签订的临时合同是否有效？能否认定徐某等人与公司之间存在非全日制劳动关系？

2. 公司应否为徐某等人缴纳社会保险？

3. 风险抵押金是否应予以返还？

分析要点提示：

1. 徐某等人与证券公司签订的临时劳动合同无效。不能认定二者之间存在非全日制劳动关系，理由有二：一是徐某等人之所以签订了非全日制用工方式临时劳动合同，乃是出于害怕被辞退，属于被迫作出的意思表示，应属无效；二是所谓的非全日制用工，是指每日工作时间不超过 4 小时的用工形式，本案中的徐某等人都是全日制工作，不符合非全日制用工的法定概念和制度规定。

2. 该证券公司应该为徐某等人缴纳社会保险。理由是：证券公司是徐某等人的用人单位，与徐某等人存在劳动关系。由于不是非全日制用工关系，故而其为徐某等劳动者缴纳社会保险的法定义务不予免除。

3. 按照劳动立法的规定，用人单位不能向劳动者收取抵押金、扣押身份证等。该证券公司收取徐某等人风险抵押金的行为违法，应该返还给徐某等人。

在线练习

下篇

实施通论

第十四章　法律责任

【本章引例】

小孙在A公司开发的建筑工地担任瓦匠一职，工作两年没有签订劳动合同。最近一年公司效益不好，A公司为保留流动资金，未向小孙支付工资。A公司经理在安全设施不完善的情况下要求小孙及其他20余名员工高空作业，小孙等人予以拒绝。后该经理态度强硬，小孙等人被迫登高作业，结果安全绳索断裂，多人从高空坠落，导致11人死亡、小孙等其他7人重伤。

请问：

A公司应当承担什么责任？

【本章学习目标】

1. 熟知劳动法律责任的概念和特点；
2. 把握用人单位的劳动法律责任；
3. 把握劳动者的劳动法律责任；
4. 了解其他主体的劳动法律责任；
5. 树立法律责任意识和风险防控意识。

第一节　劳动法律责任概述

一、劳动法律责任的概念和特点

劳动法律责任，是指由劳动立法所规定的，劳动法主体违反劳动法的规定所应承担的否定性的法律后果，是劳动法主体违反法定义务或者约定义务时应该依法承担的责任。劳动法律责任是对违法行为的否定。劳动法主体的行为都要经过劳动法的评价，评价后果有两个：合法予以肯定；违法予以否定。否定违法行为的表现和抓手就是追究法律责任。

劳动法律责任具有两个特点：一是综合性。劳动法律责任不是一种独立的责任形式，劳动立法综合采用民事、行政和刑事三大责任形式。二是民事责任中补偿与赔偿并用。经济补偿与赔偿是两种不同的民事责任措施，二者预期的功能不同，适用的条件也有差别。二者并用能够实现双重功能。

参考案例 14-1

王某是某公司的司机。该公司规章制度规定：司机岗位如驾驶机动车发生交通事故，公司均不承担责任，由驾驶员自行承担责任。

——该公司的规章制度中的免责条款因违反法律规定而无效，该公司仍然需要按照法律规定承担其应当承担的责任。

二、劳动法律责任的作用和种类

劳动法律责任是劳动法律规范的重要组成部分。任何法律规范都是由权利、义务和责任构成的，没有法律责任，权利义务就没有实现的保障，就容易落空。劳动法律责任赋予劳动法以权威，使劳动法获得强制施行的效力。劳动契约的履行、劳动基准的遵守、劳动纠纷的解决和劳动者的保护都离不开法律责任。一句话，没有法律责任，劳动法就不能得到有效实施。正是在此意义上，我们把劳动法律责任视为劳动法实施的重要内容。

劳动法律责任根据责任性质可以分为民事责任、行政责任、刑事责任。民事责任在劳动关系的当事人之间追究和承担，主要功能在于实现利益上的补救。行政责任是由劳动行政部门对用人单位违反劳动法规定的行为所追究的责任，主要功能在于纠正违法行为和惩处违法行为。刑事责任是由司法机关对用人单位及其工作人员严重违反劳动法，依刑法构成犯罪的行为所追究的责任，是承担刑罚的责任。刑事责任的功能在于惩罚和预防犯罪。

劳动法律责任根据责任主体可以划分为用人单位的劳动法律责任、劳动者的劳动法律责任、有关国家机关和劳动就业服务机构的法律责任。其中，用人单位的劳动法律责任是劳动法律责任最为基本的内容。

三、劳动法律责任的体系构成

劳动法律责任虽然主要是由《劳动法》所系统规定的，但并不以其规定为限。《劳动合同法》《就业促进法》《社会保险法》等单行立法中也有关于法律责任的规定。此外，一些劳动法规，如《劳动合同法实施条例》等，也专门规定了劳动法律责任的内容。应该说明的是，劳动法所规定的刑事责任内容只是原则性的和导引性的规定，据此还不能实现刑事责任的追究，需要在刑法中寻找相应的内容，才能真正实现定罪科刑。所以，刑法中关于劳动犯罪的条文也是劳动法律责任规范体系的构成部分，是劳动刑法的有机构成部分。

第二节　用人单位的劳动法律责任

一、用人单位违反劳动法的民事法律责任

（一）用人单位违反劳动法的一般民事责任

用人单位对劳动者承担民事责任的一般情形如下：

（1）用人单位直接涉及劳动者切身利益的规章制度违反法律、法规规定，给劳动者造成损害的，应当承担赔偿责任。

（2）用人单位提供的劳动合同文本未载明法定的劳动合同必备条款或者用人单位未将劳动合同文本交付劳动者，给劳动者造成损害的，应当承担赔偿责任。

（3）用人单位自用工之日起超过 1 个月不满 1 年未与劳动者订立书面劳动合同的，应当向劳动者每月支付 2 倍的工资。用人单位违反劳动合同法规定不与劳动者订立无固定期限劳动合同的，自应当订立无固定期限劳动合同之日起向劳动者每月支付 2 倍的工资。

（4）用人单位违反劳动合同法规定与劳动者约定试用期的，且违法约定的试用期已经履行的，由用人单位以劳动者试用期满月工资为标准，按已经履行的超过法定试用期的期间向劳动者支付赔偿金。

（5）用人单位违反劳动合同法规定，以担保或者其他名义向劳动者收取财物，给劳动者造成损害的，应当承担赔偿责任。

（6）用人单位有下列情形之一的，由劳动行政部门责令限期支付劳动报酬、加班费或者经济补偿；劳动报酬低于当地最低工资标准的，应当支付其差额部分；逾期不支付的，责令用人单位按应付金额 50％以上 100％以下的标准向劳动者加付赔偿金：未按照劳动合同的约定或者国家规定及时足额支付劳动者劳动报酬的；低于当地最低工资标准支付劳动者工资的；安排加班不支付加班费的；解除或者终止劳动合同，未依法向劳动者支付经济补偿的。

（7）用人单位违反劳动合同法规定解除或者终止劳动合同的，应当依照《劳动合同法》第 47 条规定的经济补偿标准的 2 倍向劳动者支付赔偿金。

（8）用人单位违反劳动合同法的规定未向劳动者出具解除或者终止劳动合同的书面证明给劳动者造成损害的，应当承担赔偿责任。

（9）不具备合法经营资格的用人单位的违法犯罪行为给劳动者造成损害的，应当承担赔偿责任。

（10）用人单位违反劳动立法关于女职工和未成年工保护的规定，侵害其合法权益，对女职工和未成年工造成损害的，应当承担赔偿责任。

（11）由于用人单位的原因订立的合同无效，对劳动者造成损害的，应当承担赔偿责任。

（12）依照《工伤保险条例》规定应当参加工伤保险而未参加工伤保险的用人单位职工发生工伤的，由该用人单位按照规定的工伤保险待遇项目和标准支付费用。

参考案例 14-2

朱某在 A 商场从事销售导购工作，一直未签订劳动合同。朱某工作 3 年后，A 商场以业务调整需缩减导购岗位为由，通知朱某无须再来上班，且未向朱某支付任何补偿金。朱某申请劳动仲裁，要求 A 商场支付 11 个月未签订书面劳动合同的双倍工资，以及违法解除无固定期限劳动合同的二倍赔偿金。

——朱某的仲裁请求符合法律规定，应该获得劳动仲裁机构的支持。

（二）用人单位违反劳动法的连带赔偿责任

用人单位违反劳动法应承担连带赔偿责任的情形如下：

（1）用人单位招用与其他用人单位尚未解除或者终止劳动合同的劳动者，给其他用人单位造成损失的，应当承担连带赔偿责任。

（2）个人承包经营违反劳动合同法规定招用劳动者，给劳动者造成损害的，发包的组织与个人承包经营者承担连带赔偿责任。

（3）用工单位给被派遣劳动者造成损害的，劳务派遣单位与用工单位承担连带赔偿责任。

（三）补偿与赔偿的具体适用问题

（1）经济补偿问题。支付经济补偿金是劳动法律责任的一个显著特点。经济补偿金作为一种法律责任，其功能主要是实现对劳动者的利益补偿，体现公平原则的要求。同时在用人单位违反劳动法的情况下，令其支付经济补偿金，对用人单位也是一种警示，具有一定的惩罚性质。但经济补偿金的补偿功能是主要的，惩罚功能是次要的。经济补偿金适用的对象是法律直接规定的行为，这些行为可以是违法的，也可以是合法的，但多数情况下是违法行为。经济补偿金的承担不以用人单位的主观过错和劳动者的损失存在为要件。

（2）经济赔偿问题。经济赔偿金责任的构成要件是用人单位的违法行为以及因此造成的劳动者的损失。至于一般民事赔偿责任的过错认定问题，在劳动法律责任上可采用推定方法，用人单位作出了违反劳动法的行为，本身就可推定有过错，除非用人单位能够证明自己无过错。经济赔偿的对象包括财产损害和人身损害，不包括精神损害。因用人单位的过错造成劳动者劳动报酬、加班费或经济补偿不能及时获得的，经由劳动行政部门责令限期支付而用人单位逾期仍不支付的，劳动行政部门有权责令用人单位按应付金额 50%以上 100%以下的标准向劳动者加付赔偿金；此外，根据《劳动合同法》第 87 条的规定向劳动者支付了经济赔偿金的，无须再向劳动者支付经济补偿金。

（3）连带赔偿责任问题。我国《劳动法》第 99 条，《劳动合同法》第 91 条、第 92 条、第 94 条规定了连带赔偿责任问题，具有重要的理论意义和实践价值。在理论上，确证了劳动关系唯一性原理和劳动合同的对外效力理论；在实践上，有助于保护用人单位的商业秘密和规制不正当的人才竞争。《劳动法》第 99 条与《劳动合同法》第 91 条的内容相近，都规定了连带赔偿责任的内容，即招用尚未解除劳动合同的劳动者的用人单位与该劳动者一起对原用人单位承担连带赔偿责任。此种连带责任可称为“重劳连带责任”。连带赔偿责任在诉讼上的效果是受损害的主体向任何一个连带责任者主张全部赔偿责任，这个责任者都必须承担全部赔偿责任，不能提出抗辩。但是按照《违反〈劳动法〉有关劳动合同规定的赔偿办法》第 6 条的规定，用人单位连带赔偿的份额不低于对原用人单位造成经济损失总额的 70%。显然，当原用人单位向劳动者主张全部赔偿时，劳动者可以据此提出抗辩。对用人单位承担责任的最低比例的要求，显然有利于责任的落实，但与连带责任的原理存在着矛盾。重劳连带责任的赔偿范围包括：对生产、经营和工作造成的直接经济损失；因获取商业秘密给原用人单位造成的经济损失。

二、用人单位违反劳动法的行政法律责任

用人单位承担行政法律责任的情形如下：

（1）用人单位直接涉及劳动者切身利益的规章制度违反法律、法规规定的，由劳动行政部门责令改正，给予警告。

（2）用人单位违反劳动法的规定，延长劳动者工作时间的，由劳动行政部门给予警告，责令改正，并可以处以罚款。

（3）用人单位提供的劳动合同文本未载明劳动合同法规定的劳动合同必备条款或者用人单位未将劳动合同文本交付劳动者的，由劳动行政部门责令改正。

（4）用人单位违反劳动合同法的规定与劳动者约定试用期的，由劳动行政部门责令改正。

（5）用人单位违反劳动合同法的规定，扣押劳动者居民身份证等证件的，由劳动行政部门责令限期退还劳动者本人，并依照有关法律规定给予处罚。用人单位违反劳动合同法规定，以担保或者其他名义向劳动者收取财物的，由劳动行政部门责令限期退还劳动者本人，并以每人 500 元以上 2 000 元以下的标准处以罚款。

（6）用人单位有下列情形之一的，由劳动行政部门责令限期支付劳动报酬、加班费或者经济补偿；劳动报酬低于当地最低工资标准的，应当支付其差额部分；逾期不支付的，责令用人单位按应付金额 50%以上 100%以下的标准向劳动者加付赔偿金：未按照劳动合同的约定或者国家规定及时足额支付劳动者劳动报酬的；低于当地最低工资标准支付劳动者工资的；安排加班不支付加班费的；解除或者终止劳动合同，未依照劳动合同法的规定向劳动者支付经济补偿的。

（7）用人单位违反劳动合同法的规定未向劳动者出具解除或者终止劳动合同的书面证明，由劳动行政部门责令改正。

（8）未经许可，擅自经营劳务派遣业务的，由劳动行政部门责令停止违法行为，没收违法所得，并处违法所得 1 倍以上 5 倍以下的罚款；没有违法所得的，可以处 50 000 元以下的罚款。劳务派遣单位、用工单位违反劳动合同法有关劳务派遣规定的，由劳动行政部门责令限期改正；逾期不改正的，以每人 5 000 元以上 10 000 元以下的标准处以罚款，对劳务派遣单位，吊销其劳务派遣业务经营许可证。

（9）用人单位的劳动安全设施和劳动卫生条件不符合国家规定或者未向劳动者提供必要的劳动防护用品和劳动保护设施的，由劳动行政部门或者有关部门责令改正，可以处以罚款；情节严重的，提请县级以上人民政府决定责令停产整顿。

（10）用人单位非法招用未满 16 周岁的未成年人的，由劳动行政部门责令改正，处以罚款；情节严重的，由市场监督管理部门吊销营业执照。

（11）用人单位违反劳动法对女职工和未成年工的保护规定，侵害其合法权益的，由劳动行政部门责令改正，处以罚款；对女职工或者未成年工造成损害的，应当承担赔偿责任。

（12）用人单位违反劳动法规定的条件解除劳动合同或者故意拖延不订立劳动合同的，由劳动行政部门责令改正。

（13）用人单位无故不缴纳社会保险费的，由劳动行政部门责令其限期缴纳；逾期不缴纳的，可以加收滞纳金。

（14）用人单位无理阻挠劳动行政部门、有关部门及其工作人员行使监督检查权，打击报复举报人员的，由劳动行政部门或者有关部门处以罚款。

（15）用人单位违反劳动合同法有关建立职工名册规定的，由劳动行政部门责令限期改正；逾期不改正的，由劳动行政部门处 2 000 元以上 20 000 元以下的罚款。

（16）用人单位依照劳动合同法的规定应当向劳动者每月支付两倍的工资或者应当向劳动者支付赔偿金而未支付的，劳动行政部门应当责令用人单位支付。

（17）用人单位骗取工伤保险待遇的，由社会保险行政部门责令退还，处骗取金额 2 倍以上 5 倍以下的罚款。

（18）用人单位依照《工伤保险条例》的规定应当参加工伤保险而未参加的，由社会保险行政部门责令限期参加，补缴应当缴纳的工伤保险费，并自欠缴之日起，按日加收万分之五的滞纳金；逾期仍不缴纳的，处欠缴数额 1 倍以上 3 倍以下的罚款。

（19）用人单位违反工伤保险条例的规定，拒不协助社会保险行政部门对事故进行调查核实的，由社会保险行政部门责令改正，处 2 000 元以上 20 000 元以下的罚款。

用人单位违反劳动法的行政法律责任措施主要是责令改正违法行为和罚款，其中罚款是最主要的责任方式。对用人单位的罚款数额都有最高标准的限制，这是对劳动行政部门行政处罚权行使的一种控制，也是对用人单位利益的一种法律维护。用人单位如果认为劳动行政部门的处罚不合法或超过法定标准，可以申请行政复议或提起行政诉讼。

值得注意的是，2021 年 7 月 15 日修订的《行政处罚法》生效。该法第 33 条第 2 款规定了行政违法行为的主观因素考量条款。根据该条款，当事人有证据足以证明没有主观过错的不予行政处罚。这同样适用于劳动行政处罚领域。实质就是缓和了劳动规制，减少了劳动行政责任的承担概率。

参考案例 14－3

小朱是某企业生产线上的组装工人，为了多获得一些收入，小朱主动与企业协商不签订劳动合同，也不缴纳“五险一金”，上述费用中个人承担部分由企业支付给小朱个人，单位同意了小朱的提议。此后，小朱与单位产生争议，遂到社会保险行政部门举报该企业未办理职工社会保险。

——为职工办理社会保险事宜（投保与缴费）是企业应尽的法定义务，不允许企业和职工协议免除。本案中，该企业须依法承担未缴纳社会保险的法律责任。具体是，由劳动行政部门责令其限期缴纳；逾期不缴纳的，可以加收滞纳金。

三、用人单位的劳动刑事法律责任

用人单位是一个组织，它的一切行为都必须通过其员工的行为来实现。所以，严格来说，只有用人单位的员工才能成为犯罪主体，承担刑事责任。但是，由于用人单位对其员工有管理之责，且员工所从事的犯罪行为又多出于为单位之目的，所以，在刑法上，将单位作为犯罪主体来定罪科刑也有其理论上的合理性和实践上的必要性。“单位犯罪”作为一种特殊的犯罪类型已为我国刑法所确认。单位犯罪要实行“双罚”制度，即对单位判处罚金，并对直接负责的主管人员和其他直接责任人员判处刑罚。认定单位犯罪必须依据法律的明确规定。从我国《劳动法》《劳动合同法》《刑法》对于劳动犯罪的有关规定来看，立法表述都是站在了用人单位的角度上。表面上看，用人单位是犯罪主体，但是从刑罚上看，只是追究直接责任者的刑事责任，并未追究单位的刑事责任。这里所谓用人单位的刑事责任实际上只是直接责任者的刑事责任。

（一）重大劳动安全事故罪

《劳动法》第92条规定，用人单位的劳动安全设施和劳动卫生条件不符合国家规定的或者未向劳动者提供必要的劳动防护用品和劳动保护设施的……对事故隐患不采取措施，致使发生重大事故，造成劳动者生命和财产损失的，对责任人员依照刑法有关规定追究刑事责任。

重大劳动安全事故罪随着我国刑法的变更也几经修改。1979年我国颁布《刑法》时，并未对重大劳动安全事故罪进行规定。1997年对《刑法》进行修订时增加了“重大劳动安全事故罪”，规定工厂、矿山、林场、建筑企业或者其他企业、事业单位的劳动安全设施不符合国家规定，经有关部门或者单位职工提出后，对事故隐患仍不采取措施，因而发生重大伤亡事故或者造成其他严重后果的，对直接责任人员，处3年以下有期徒刑或者拘役；情节特别恶劣的，处3年以上7年以下有期徒刑。将用人单位限制为“工厂、矿山、林场、建筑企业或者其他企业、事业单位”，主要突出了用人单位的性质特点并为责任的承担设置了前提条件，即“经有关部门或者单位职工提出后，对事故隐患仍不采取措施，因而发生重大伤亡事故或者造成其他严重后果”。该条规定在2006年《刑法》修正时被修正为“安全生产设施或者安全生产条件不符合国家规定，因而发生重大伤亡事故或者造成其他严重后果的，对直接负责的主管人员和其他直接责任人员，处3年以下有期徒刑或者拘役；情节特别恶劣的，处3年以上7年以下有期徒刑”。此次修正对用人单位的性质予以了回避，即只要是生产性企业均适用该条款，并将责任承担的前提条件予以删除，这是对重大劳动安全事故罪适用范围的扩张。

参考案例14-4

某公司车间主任赵某带领公司员工张某等至公司车间进行间隔墙拆除作业时，未采取安全防护措施且作业方式不当，致使间隔墙倒塌，张某等11名员工被压倒致死。事后赵某主动向公安机关自首。

——法院查明，该公司安全生产设施不符合国家规定，对员工异议也置之不理，发生致11人死亡的重大伤亡事故。赵某作为直接负责的主管人员，其行为构成重大劳动安全事故罪，被判处有期徒刑7个月，缓期1年执行。

（二）强令违章冒险作业罪

《劳动法》第93条规定，用人单位强令劳动者违章冒险作业，发生重大伤亡事故，造成严重后果的，对责任人员依法追究刑事责任。根据《劳动合同法》第88条第2项的规定，违章指挥或者强令冒险作业危及劳动者人身安全构成犯罪的，依法追究刑事责任。

与重大劳动安全事故罪一样，1979年《刑法》并未对强令违章冒险作业罪予以确立。1997年《刑法》第134条“重大责任事故罪”中规定，工厂、矿山、林场、建筑企业或者其他企业、事业单位的职工，由于不服管理、违反规章制度，或者强令工人违章冒险作业发生重大伤亡事故或者造成其他严重后果的，处3年以下有期徒刑或者拘役；

情节特别恶劣的，处 3 年以上 7 年以下有期徒刑。此时《刑法》的规定可以分解为两个罪名：违章作业罪和强令违章作业罪；而《劳动法》只规定了强令违章作业责任者的刑事责任。直至 2006 年《刑法》修正时，才将强令违章冒险作业罪从重大责任事故罪中分离出来，规定："强令他人违章冒险作业，因而发生重大伤亡事故或者造成其他严重后果的，处五年以下有期徒刑或者拘役；情节特别恶劣的，处五年以上有期徒刑"。该罪名单独设立后，其适用范围也较劳动法中的刑事责任宽泛，并未规定责任主体必须是用人单位，只要强令他人违章冒险作业，因而发生重大伤亡事故或者造成其他严重后果的，均适用该条款。

（三）强迫劳动罪

根据《劳动法》第 96 条的规定，用人单位以暴力、威胁或者非法限制人身自由的手段强迫劳动或者污辱、体罚、殴打、非法搜查和拘禁劳动者构成犯罪的，对责任人员依法追究刑事责任。

1979 年《刑法》颁布时，未设置本罪名，但在 1997 年《刑法》的第 244 条规定了"强迫职工劳动罪"，即用人单位违反劳动管理法规，以限制人身自由的方法强迫职工劳动，情节严重的，对直接责任人员，处 3 年以下有期徒刑或者拘役，并处或者单处罚金。1999 年《刑法修正案（一）》在本条款之下增加了第 244 条之一"雇用童工从事危重劳动罪"，即"违反劳动管理法规，雇用未满十六周岁的未成年人从事超强度体力劳动的，或者从事高空、井下作业的，或者在爆炸性、易燃性、放射性、毒害性等危险环境下从事劳动，情节严重的，对直接责任人员，处三年以下有期徒刑或者拘役，并处罚金；情节特别严重的，处三年以上七年以下有期徒刑，并处罚金。有前款行为，造成事故，又构成其他犯罪的，依照数罪并罚的规定处罚"。"雇用童工从事危重劳动罪"不要求主体施行了"暴力、威胁或者非法限制人身自由的手段"，只要其违反劳动法律规定雇用了未满 16 周岁的未成年人从事超过其自身承受范围的劳动的，即可构成该罪名。此后 2011 年《刑法修正案（八）》又将"强迫职工劳动罪"修改为"强迫劳动罪"，新增协助强迫他人劳动罪。其中规定："以暴力、威胁或者限制人身自由的方法强迫他人劳动的，处三年以下有期徒刑或者拘役，并处罚金；情节严重的，处三年以上十年以下有期徒刑，并处罚金。明知他人实施前款行为，为其招募、运送人员或者有其他协助强迫他人劳动行为的，依照前款的规定处罚。单位犯前两款罪的，对单位判处罚金，并对其直接负责的主管人员和其他直接责任人员，依照第一款的规定处罚。"该修正案去掉了对犯罪主体（用人单位）和犯罪对象（职工）的限制，将该条款适用范围扩宽，使其适用于各种法律关系中出现的强迫劳动行为。

参考案例 14-5

袁某是某 KTV 的主管，王某是该 KTV 的服务员。某日王某提出离职，袁某不同意，遂伙同赵某、孙某及刘某对王某采取了扇耳光等殴打形式要求王某不得离职且对殴打过程进行了录像。经鉴定，王某的伤为轻微伤。

经法院审理认为，袁某以暴力、威胁等形式强迫他人在 KTV 内从事服务工作，其行为已经构成强迫劳动罪。被告人袁某被判处拘役 6 个月并处罚金 5 000 元。

（四）拒不支付劳动报酬罪

2011 年《刑法修正案（八）》增加了一条作为第 276 条之一“拒不支付劳动报酬罪”。该条款规定：“以转移财产、逃匿等方法逃避支付劳动者的劳动报酬或者有能力支付而不支付劳动者的劳动报酬，数额较大，经政府有关部门责令支付仍不支付的，处三年以下有期徒刑或者拘役，并处或者单处罚金；造成严重后果的，处三年以上七年以下有期徒刑，并处罚金。单位犯前款罪的，对单位判处罚金，并对其直接负责的主管人员和其他直接责任人员，依照前款的规定处罚。有前两款行为，尚未造成严重后果，在提起公诉前支付劳动者的劳动报酬，并依法承担相应赔偿责任的，可以减轻或者免除处罚。”

在法律责任方面，劳动法和刑法的规定分别有所侧重：劳动法不仅包括劳动报酬，还包括经济补偿金等内容，而刑法只涉及劳动报酬；劳动法没有设置该条款启动的前置条件，只要未依法支付就可能承担民事赔偿责任，而刑法则增加了以转移财产、逃匿等方法逃避支付劳动者的劳动报酬或者有能力支付而不支付的前置条件，以排除单位因经营风险确实无力支付的客观情况。

司法案例 13：拒不支付劳动报酬案

参考案例 14-6

许某承包了某公司建设工程劳务外包业务，并雇用了几十名工人。工程施工期间，许某拖欠工人工资 20 余万元，以支付工人工资的名义从该公司领取工程款 40 余万元后关闭电话逃匿。许某被抓获后，劳动行政部门要求其支付工资被拒绝，公安机关责令其支付工资仍拒不支付。

法院审理认为，许某以逃匿的方式逃避支付劳动者的劳动报酬达人民币 20 余万元，数额较大，经政府有关部门责令支付仍不支付，其行为已构成拒不支付劳动报酬罪，对许某判处有期徒刑 1 年 6 个月，并处罚金人民币 20 000 元。

第三节　劳动者的劳动法律责任

我国《劳动法》第 102 条规定了劳动者违反劳动法的民事责任。该条规定：“劳动者违反本法规定的条件解除劳动合同或者违反劳动合同中约定的保密事项，对用人单位造成经济损失的，应当依法承担赔偿责任。”《劳动合同法》在此基础上还增加了劳动者违反竞业限制给用人单位造成经济损失应承担赔偿责任的规定。

劳动者违反用人单位内部的劳动纪律，也应该承担一定的责任。这种责任在计划经济体制下，具有浓厚的行政责任的色彩。在计划经济体制下，企业不是独立的市场主体，劳动者也不是独立的就业主体，劳动是劳动者对国家的义务，用人单位只是代表国家接收和管理劳动者。劳动者违反用人单位的劳动纪律，相当于违反国家法律，要承担行政责任，由用人单位代表国家对劳动者进行惩处。但在市场经济条件下，劳动关系实现契约化，企业不是行政部门的附属物，企业内部的劳动纪律也已成为劳动合同的内容，违反劳动纪律也就是违反劳动合同，应当承担违约责任，用人单位可以解除劳动合同或者要求劳动者赔偿损失。但用人单位依据规章制度要求劳动者承担责任或解除合同需要遵守规章制度所规定的程序，并履行告知义务。

劳动者在劳动过程中应该承担的刑事责任，除上述用人单位直接责任者的刑事责任以外，还包括其他刑事责任，如贪污、盗窃、骗取工伤保险待遇的刑事责任，不过这已是一般的刑事犯罪，与劳动法的关联不大。

第四节　其他劳动法律责任

一、劳动行政部门或者其他有关部门工作人员的责任

《劳动法》第 103 条规定：劳动行政部门或者有关部门的工作人员滥用职权、玩忽职守、徇私舞弊，构成犯罪的，依法追究刑事责任；不构成犯罪的，给予行政处分。《劳动合同法》第 95 条规定：劳动行政部门和其他有关主管部门及其工作人员玩忽职守、不履行法定职责，或者违法行使职权，给劳动者或者用人单位造成损害的，应当承担赔偿责任；对直接负责的主管人员和其他直接责任人员，依法给予行政处分；构成犯罪的，依法追究刑事责任。

二、社会保险行政部门和经办机构的责任

《劳动法》第 104 条规定：国家工作人员和社会保险基金经办机构的工作人员挪用社会保险基金，构成犯罪的，依法追究刑事责任。《工伤保险条例》第 56 条规定，单位或者个人违反规定挪用工伤保险基金，构成犯罪的，依法追究刑事责任；尚不构成犯罪的，依法给予处分或者纪律处分。被挪用的基金由社会保险行政部门追回，并入工伤保险基金；没收的违法所得依法上缴国库。《工伤保险条例》第 57 条规定，社会保险行政部门工作人员有下列情形之一的，依法给予处分；情节严重，构成犯罪的，依法追究刑事责任：无正当理由不受理工伤认定申请，或者弄虚作假将不符合工伤条件的人员认定为工伤职工的；未妥善保管申请工伤认定的证据材料，致使有关证据灭失的；收受当事人财物的。《工伤保险条例》第 58 条规定，经办机构有下列行为之一的，由社会保险行政部门责令改正，对直接负责的主管人员和其他责任人员依法给予纪律处分；情节严重，构成犯罪的，依法追究刑事责任；造成当事人经济损失的，由经办机构依法承担赔偿责任：未按规定保存用人单位缴费和职工享受工伤保险待遇情况记录的；不按规定核定工伤保险待遇的；收受当事人财物的。《工伤保险条例》第 61 条规定，从事劳动能力鉴定的组织或者个人有下列情形之一的，由社会保险行政部门责令改正，处 2 000 元以上 10 000 元以下的罚款；情节严重，构成犯罪的，依法追究刑事责任：提供虚假鉴定意见的；提供虚假诊断证明的；收受当事人财物的。

三、关于劳务派遣的责任

《劳动合同法》第 92 条规定：未经许可，擅自经营劳务派遣业务的，由劳动行政部

门责令停止违法行为，没收违法所得，并处违法所得1倍以上5倍以下的罚款；没有违法所得的，可以处5万元以下的罚款。劳务派遣单位、用工单位违反本法有关劳务派遣规定的，由劳动行政部门责令限期改正；逾期不改正的，以每人5 000元以上10 000元以下的标准处以罚款，对劳务派遣单位，吊销其劳务派遣业务经营许可证。用工单位给被派遣劳动者造成损害的，劳务派遣单位与用工单位承担连带赔偿责任。

【引例评析】

1. 小孙在A公司担任瓦匠一职，A公司未与其签订劳动合同超过一年，A公司应当承担向小孙支付双倍工资的民事责任。

2. A公司以保留流动资金为由未向小孙支付工资，小孙可以通过劳动行政部门要求A公司支付，如经行政部门通知后A公司依旧不履行工资支付义务，小孙可以要求A公司承担未付部分50%以上100%以下的赔偿金。如数额较大且A公司拒不支付劳动报酬的，A公司需要承担相应的刑事责任（拒不支付劳动报酬罪）。

3. A公司经理在明知安全设施不完善的情况下仍强迫小孙及其他劳动者高空作业，造成11人死亡、7人重伤的后果，应当承担强令违章冒险作业罪的刑事责任。

4. 如果A公司未给小孙等人缴纳工伤保险，应当对小孙等人承担工伤赔偿责任。

【本章小结】

1. 劳动法律责任是指由劳动立法所规定的，劳动法主体违反劳动法的规定所应承担的否定性的法律后果。

2. 用人单位的劳动法律责任分为民事法律责任、行政法律责任和刑事法律责任。

3. 劳动者违反法律规定的条件解除劳动合同或者违反劳动合同中约定的保密事项、竞业禁止规定，对用人单位造成经济损失的，应当依法承担赔偿责任。

【练习题】

一、名词解释

劳动法律责任　经济补偿金　重大劳动安全事故罪　强令违章冒险作业罪　拒不支付劳动报酬罪

二、问答题

1. 劳动法律责任的特点和作用是什么？
2. 用人单位支付赔偿金的情形有哪些？
3. 用人单位违反劳动法的连带赔偿责任有哪些？
4. 劳动者的劳动法律责任有哪些？
5. 用人单位的劳动刑事法律责任包括哪些？

三、案例分析题

小王是某公司高级技术人员，入职后与公司签订了为期5年的固定期限劳动合同。

公司安排小王去美国进行了为期 3 个月的进修学习，并为其支付了 20 000 元的培训费用。小王回国后，公司与其签订了保密协议与竞业禁止协议，约定竞业禁止期限为 2 年。小王工作满 3 年后在外投资成立了与该公司经营业务相同的 A 公司。经公司提出异议后小王主动提出离职。该公司对此不予认可并申请劳动争议仲裁。

问题：

1. 该公司是否可以要求小王返还培训费用？
2. 该公司是否可以要求小王承担赔偿责任？
3. 小王提出离职是否符合法律规定？

分析要点提示：

1. 如果该公司与小王就培训事宜签订了服务期协议，约定了违约金，该公司可以据此要求小王承担违约金责任，相当于间接要求小王返还相应的培训费用。

2. 该公司与小王签订了竞业禁止协议，对小王提出了竞业禁止约束，竞业禁止期限为 2 年，但该期限应自劳动合同期满开始起算。小王的竞业行为是在工作 3 年以后但不是劳动合同终止后 3 年，而是在劳动合同有效期内，小王应该负有竞业禁止义务。由此，小王违反了竞业禁止的约定，如果给该公司造成了损失，该公司可以要求小王承担赔偿责任。

3. 如果双方没有签订服务期协议明确约定服务期，那么小王可以依据《劳动合同法》第 37 条的规定提出离职。

在线练习

第十五章　劳动执法

◆【本章引例】

A钢材实业有限公司就其厂房建设与包工头张某签订协议书，将该建设工程以包工的形式分包给自然人张某。张某雇用20余名农民工进行施工，后该工程停工。这些农民工到劳动监察部门投诉A公司拖欠其工资款共50余万元。劳动保障监察部门就此对A公司展开调查，发现A公司存在将建设工程违法分包给不具有用工主体资格的自然人张某的行为，以及该工程未交纳职工工资保证金和未办理施工许可证的事实。

请问：

劳动监察部门应该怎样处理本案？

◆【本章学习目标】

1. 了解劳动执法的概念和作用；
2. 掌握劳动执法的职权和义务；
3. 了解劳动保障监察的概念和原则；
4. 掌握劳动保障监察的主体及其职责；
5. 掌握劳动保障监察的法定程序；
6. 树立严格执法、依法行政的理念。

第一节　劳动执法的概念和作用

一、劳动执法的概念

（一）劳动执法的含义

劳动执法，是指劳动行政机关对用人单位和其他社会组织贯彻执行劳动法的情况进行监督检查，并对违法行为进行惩处的法治活动。劳动执法作为一种法治活动，是劳动行政机关依职权所从事的劳动行政管理活动，其目的是推动劳动法得以实施。劳动执法活动由劳动监督、劳动检查和劳动处罚三个前后相继的部分所构成。其中监督检查是处罚的前提；处罚是监督检查的后盾，其赋予监督检查以权威。

（二）劳动执法与其他概念的区别

劳动执法不同于劳动法的监督检查、劳动监察和劳动司法。它们之间存在着以下的区别：

（1）劳动执法不能等同于劳动法的监督检查。劳动法的监督检查广义上包括劳动行政部门的监督检查、各级政府有关部门的监督、工会组织的监督、其他社会组织和个人（包括劳动者本人）的监督、新闻媒体和社会舆论的监督。劳动执法仅指劳动行政部门对劳动法执行情况的监督检查，并且包括对违法行为的处罚。

（2）劳动执法也不能完全等同于劳动监察。劳动监察是劳动执法的重要内容，但不是劳动执法的全部。劳动监察是劳动行政机关内部的、特定的监察机构和监察人员，对用人单位和劳动服务机构以及劳动者执行劳动法的情况所进行的监督检查和处罚的执法活动，是一种特定的劳动执法活动。劳动执法是整个劳动行政部门的职责，非劳动监察机构和监察人员也有劳动执法的任务。

（3）劳动执法也有别于劳动司法。劳动执法与劳动司法都属于劳动法适用的范畴，二者都是国家机关实施劳动法的活动。但劳动执法是劳动行政机关的一种管理活动，而劳动司法是司法机关裁决劳动纠纷的活动。劳动执法活动贯穿于劳动活动的全过程，不管是否发生劳动纠纷，劳动执法都发挥作用，具有主动性，属于一种主动的实施机制；劳动司法只有在劳动纠纷发生之后，应当事人的诉请才予以启动并发挥作用，是具有被动性的实施机制。

参考案例 15－1

某建筑工地安全管理混乱，施工人员不按要求佩戴安全帽，还经常违章操作机器，隐患较多。劳动保障监察部门对此不闻不问，听之任之。理由是：劳动保障监察人力不足，而且也没有人举报，更没有发生安全事故，监察部门多一事不如少一事。

——本例中，劳动保障监察部门的认识是错误的。劳动保障监察作为一种劳动执法活动，具有主动性的特点，不能也不需要别人的举报和诉求。劳动保障监察部门应该积极主动作为，发现和暴露违法行为，排除安全隐患，预防和避免安全事故的发生。劳动保障监察部门的消极不作为酿成后果的，要依法承担法律责任。

二、劳动执法的作用

（一）推动劳动法实施，保护劳动者的利益

劳动法的实施通过劳动守法、劳动执法、劳动司法、劳动法制监督等环节实现。其中，劳动守法是最基本的实施途径，如果劳动法都能通过用人单位和劳动者的自觉守法得以实施，其他实施环节就不必予以启动。但是由于种种原因，劳动法全部内容不可能为所有主体自觉遵守，违反劳动法规定的现象会经常发生。这就需要劳动执法、劳动司法和劳动法制监督机制发挥作用，以推动或强制劳动法得以实施。在劳动法的强制实施机制中，劳动执法是主动的、经常的一种实施机制，对推动劳动法实施具有重要的作用。当劳动者的合法权益遭受侵害，而劳动者又不愿意或不敢通过仲裁或诉讼程序主张自己的权利时，劳动执法能够积极主动地介入，纠正用人单位的违法行为，维护劳动者的合法权益。

（二）发现和暴露劳动立法的漏洞和不足，检验和完善劳动立法

劳动立法的漏洞和不足是在所难免的，尽管减少和弥补立法上的不足是立法机关的任务，但劳动行政机关在劳动执法的实践活动中也可以发现劳动立法的缺陷，并及时反馈给劳动立法部门。劳动立法部门应该基于执法实践中反馈的信息，修改和完善劳动立法。可见，劳动执法不仅具有实施上的意义，也具有立法上的意义。

（三）促进用人单位加强劳动管理，提高内部凝聚力和外部竞争力

劳动行政机关在劳动执法的过程中会发现用人单位在劳动管理工作中存在的各种问题，劳动行政部门应运用执法职权责令用人单位停止违法行为或限期予以改正，并进行相应的处罚，这无疑会推动用人单位改善和加强内部劳动管理，减少或避免安全事故和侵害劳动者权益事件的发生，减少内部的矛盾和纷争，增强用人单位内部的凝聚力，从而增强用人单位参与外部市场竞争的能力。

第二节　劳动执法的职权和义务

一、劳动执法的职权

劳动执法是劳动行政机关专门从事的法治活动，必须依据法定职权并恪守法定义务。劳动执法的法定职权包括检查权、调查权、制止权、责令权和处罚权。

（一）检查权

检查权是劳动行政机关监督检查劳动法执行情况的权力。检查权的行使一般包括以下几种情形：执法人员主动对用人单位进行现场检查；接到群众等举报对用人单位进行专项检查；对用人单位上报的各种资料进行书面检查。劳动检查的结果有三个：一是没有发现违法行为，不处罚也不褒奖；二是发现用人单位在贯彻执行劳动法方面成绩突出而予以褒奖；三是发现违反劳动法的行为或侵犯劳动者权益的行为，予以纠正并进行处罚。

（二）调查权

调查权是劳动行政机关对违法行为进行进一步调查取证加以确认的权力。劳动行政机关在检查的活动中，发现用人单位违反劳动法的行为或有违法嫌疑时，需要进一步核实确认，调查取证是核实确认违法行为的关键。没有足够的证据证明违法行为的存在，处罚就没有根据，处罚不当就会引起行政复议或行政诉讼。

（三）制止权

制止权是劳动行政部门强制停止违法行为的权力。劳动行政部门在检查中发现违法行为并经取证确认，就应该及时制止违法行为，避免发生更大的危害后果。

（四）责令权

责令权是劳动行政部门责令用人单位改正违法行为、弥补违法后果的权力。责令权的内容比制止权的内容更为丰富，它不是责令违法主体消极地停止违法行为，而是责令违法主体积极采取措施以改正违法行为，弥补违法行为所造成的危害后果。

（五）处罚权

处罚权是劳动行政部门对违法行为予以惩处的权力。处罚权行使的过程就是劳动行政部门追究违法主体的劳动行政法律责任的过程。处罚权是劳动行政部门执法职权中最有力量和强制性的权力。没有处罚权，检查和调查的后果就无法处理；没有处罚权，制止和责令就无法保证实现；没有处罚权，对违法行为的惩戒就无从体现。

二、劳动执法的义务

劳动执法的义务包括：遵守劳动实体法和程序法的规定；公平、公正执法。可见，劳动执法的准绳是劳动法的规定，判断一种行为是否违法，必须严格依照劳动立法的规定。同时，劳动执法本身也要遵循法定程序进行。劳动执法人员在执行公务时，必须首先出示合法有效的证件，表明自己的合法身份，使执法活动获得合法资格。劳动执法人员在执法活动中必须恪守公平、公正的原则，秉公执法，不徇私情，不谋私利，不枉法裁判。

第三节　劳动保障监察制度

一、劳动保障监察的概念和原则

（一）劳动保障监察的概念

劳动保障监察，是指由劳动行政部门内部的特定机构和特定人员，依法对用人单位、其他组织和劳动者遵守劳动法律、法规、规章的情况进行监督检查，并对违反劳动法律、法规行为予以制止、责令改正和处罚的劳动执法活动。劳动保障监察是劳动执法的核心内容，是劳动执法活动的具体化、制度化。劳动保障监察的主体是设在劳动行政部门内部的劳动保障监察机构及其监察人员；劳动保障监察的对象是用人单位、劳动服务机构和劳动者，但重点对象是用人单位；劳动保障监察的内容是劳动法律、法规和规章的执行情况；劳动保障监察的手段是劳动监督、劳动检查和劳动处罚。

（二）劳动保障监察的原则

《劳动保障监察条例》（2004 年）规定：劳动保障监察遵循公正、公开、高效、便民的原则；实施劳动保障监察，坚持教育与处罚相结合，接受社会监督。

二、劳动保障监察的主体及其职责

（一）劳动保障监察的主体

劳动保障监察的主体是劳动保障监察机构。劳动保障监察机构一般设置在各级劳动行政部门，在同级劳动行政机构的领导下开展工作。劳动保障监察机构不同于行政机构内设立的若干部门，它依法对外独立行使劳动保障监察的职权，而且其职权范围不以劳动行政机构的内部分工和调整为准，而是直接依据法律、法规的规定。在我国，国务院劳动保障行政部门主管全国的劳动保障监察工作。县级以上地方人民政府劳动保障行政部门主管本行政区域内的劳动保障监察工作。根据依法行政之主体法定原则，劳动保障行政部门也是劳动保障监察执法的主体。其他有关部门虽然也有监督用人单位遵守劳动保障法律法规的职责，但不是劳动保障监察执法的主体。劳动保障行政部门必须依法履行监察职责，否则就要承担相应的法律责任。

（二）劳动保障监察部门的职责

根据《劳动保障监察条例》的规定，劳动保障监察部门的职责是：宣传劳动保障法律、法规和规章，督促用人单位贯彻执行；检查用人单位遵守劳动保障法律、法规和规章的情况；受理对违反劳动保障法律、法规或者规章的行为的举报、投诉；依法纠正和查处违反劳动保障法律、法规或者规章的行为。

劳动保障监察的内容包括：用人单位制定内部劳动保障规章制度的情况；用人单位与劳动者订立劳动合同的情况；用人单位遵守禁止使用童工规定的情况；用人单位遵守女职工和未成年工特殊劳动保护规定的情况；用人单位遵守工作时间和休息休假规定的情况；用人单位支付劳动者工资和执行最低工资标准的情况；用人单位参加各项社会保险和缴纳社会保险费的情况；职业介绍机构、职业技能培训机构和职业技能考核鉴定机构遵守国家有关职业介绍、职业技能培训和职业技能考核鉴定的规定的情况；法律、法规规定的其他劳动保障监察事项。

三、劳动保障监察员及其权力和义务

劳动保障监察员是县级以上各级人民政府劳动保障监察部门执行劳动监督检查公务的人员。劳动保障监察员有专职和兼职之分。专职劳动保障监察员是劳动行政部门专门从事劳动保障监察工作的人员；兼职劳动保障监察员是劳动行政部门非专门从事劳动保障监察工作的人员。兼职劳动保障监察员主要负责与其义务相关的单项监察，须对用人单位进行处罚时，应会同专职保障监察员进行。

劳动保障监察员在履行劳动监察职责时享有下列权力：根据工作需要可随时进入有关单位进行检查；在必要时可向单位或劳动者下达《劳动监察询问通知书》《劳动监察指令书》，并要求其在收到通知书和指令书之日起 10 日内，向劳动监察机构作出书面答复；查阅（调阅）或复制被检查单位的有关资料，询问有关人员。

劳动保障监察员在履行劳动监察职责时承担下列义务：秉公执法，不得滥用职权，不得徇私舞弊；不得向他人泄露案情及企业有关保密资料；为举报者保密；应由两名以上监察员执行劳动监察公务，并应出示劳动保障监察证等。

四、劳动保障监察的法定措施

《劳动保障监察条例》规定，实施劳动保障监察，有权采取下列调查、检查措施：进入用人单位的劳动场所进行检查；就调查、检查事项询问有关人员；要求用人单位提供与调查、检查事项相关的文件资料，并作出解释和说明，必要时可以发出调查询问书；采取记录、录音、录像、照相或者复制等方式收集有关情况和资料；委托会计师事务所对用人单位工资支付、缴纳社会保险费的情况进行审计；法律、法规规定可以由劳动保障行政部门采取的其他调查、检查措施。

劳动保障行政部门对事实清楚、证据确凿、可以当场处理的违反劳动保障法律、法规或者规章的行为有权当场予以纠正。

五、劳动保障监察的程序要求

根据《劳动保障监察条例》及相关立法的规定，劳动保障监察机构查处违法行为，应当按照下列程序进行。

（一）登记立案

劳动保障监察以日常巡视检查、审查用人单位按照要求报送的书面材料以及接受举报投诉等形式进行。劳动保障行政部门认为用人单位有违反劳动保障法律、法规或者规章的行为，需要进行调查处理的，应当及时立案。劳动保障行政部门或者受委托实施劳动保障监察的组织应当设立举报、投诉信箱和电话。

（二）调查取证

对已立案的案件，劳动保障监察机构应当及时组织调查取证。劳动保障监察员进行调查、检查，不得少于 2 人，并应当佩戴劳动保障监察标志、出示劳动保障监察证件。劳动保障监察员办理的劳动保障监察事项与本人或者其近亲属有直接利害关系的，应当回避。劳动保障行政部门对违反劳动保障法律、法规或者规章的行为的调查，应当自立案之日起 60 个工作日内完成；对情况复杂的，经劳动保障行政部门负责人批准，可以延长 30 个工作日。

（三）处理

劳动保障行政部门对违反劳动保障法律、法规或者规章的行为，根据调查、检查的结果，作出以下处理：对依法应当受到行政处罚的，依法作出行政处罚决定；对应当改正未改正的，依法责令改正或者作出相应的行政处理决定；对情节轻微且已改正的，撤销立案。发现违法案件不属于劳动保障监察事项的，应当及时移送有关部门处理；涉嫌犯罪的，应当依法移送司法机关。劳动保障行政部门对违反劳动保障法律、法规或者规章的行为作出行政处罚或者行政处理决定前，应当听取用人单位的陈述、申辩；作出行政处罚或者行政处理决定，应当告知用人单位依法享有申请行政复议或者提起行政诉讼的权利。

参考案例 15-2

2021 年，张某与 A 企业签订了为期 5 年的劳动合同。2023 年 4 月，张某在工作期间去办理职称考试事宜，A 企业认定其为旷工，扣发其当月工资。张某不服，提出辞职，并于 6 月份赴新单位上班。新单位要求张某出示原单位解除或终止劳动合同证明，张某遂找 A 企业要求开具证明，遭到拒绝。后张某将 A 企业诉至当地劳动保障监察机构。劳动保障监察机构受理后，经查发现 A 企业确实没有为张某开具证明。

——本案例中，劳动保障监察部门应责令 A 企业为张某开具解除劳动合同的证明，并将张某的有关档案及社会保险关系一并转移。

（四）制作处理决定书

劳动保障监察部门作出处理决定，应当制作处理决定书。处理决定书应当加盖劳动保障监察部门印章，并载明下列事项：当事人姓名、住址等基本情况；认定的违法事实；适用的法律、法规、规章或者规范性文件；处理结论；处理决定的履行日期或者期限；当事人依法享有的申请行政复议或者提起行政复议的权利；作出行政复议的行政机关名称；作出处理决定的日期。

（五）送达

劳动保障监察机构在处理决定书作出之日起 7 日内，应当将处理决定书送达当事人。处理决定书自送达当事人之日起生效。劳动保障监察员对事实清楚、证据确凿、情节简单的违法行为，可以当场处理。处理决定书应当场填写，并递交当事人。

【引例评析】

本例中，根据《关于确立劳动关系有关事项的通知》（劳社部发〔2005〕12 号）第 4 条关于“由具备用工主体资格的发包方承担用工主体责任”的规定，针对 A 钢材实业有限公司将工程违法发包给不具有用工主体资格的自然人张某的事实，劳动保障监察部门应该向 A 公司作出限期整改指令书，同时责令 A 公司交纳职工工资保证金，并向农民工支付所欠的工资。

【本章小结】

1. 劳动执法，是指劳动行政机关对用人单位和其他社会组织贯彻执行劳动法的情况进行监督检查，并对违法行为进行惩处的法治活动。劳动执法作为一种法治活动，是劳动行政机关依职权所从事的劳动行政管理活动，其目的是推动劳动法得以实施。劳动执法活动由劳动监督、劳动检查和劳动处罚三个步骤构成。

2. 劳动执法的法定职权包括：检查权、调查权、制止权、责令权和处罚权。

3. 劳动保障监察是指由劳动行政部门内部的特定机构和特定人员，依法对用人单位、其他组织和劳动者遵守劳动法律法规、规章的情况进行监督检查，并对违反劳动法律、法规的行为予以制止、责令改正和处罚的劳动执法活动。

4. 劳动保障监察的主体是设置在县级以上地方各级人民政府劳动保障行政部门内的劳动保障监察机构。劳动保障监察机构必须依法行使劳动保障监察职权，劳动保障监察行为必须依法定程序操作。

【练习题】

一、名词解释

劳动执法　劳动保障监察　处罚权

二、问答题

1. 劳动执法的含义和作用是什么？
2. 劳动执法的职权和义务有哪些？
3. 劳动保障监察应遵循哪些原则？
4. 劳动保障监察的主体为何？其职责有哪些？

5．劳动保障监察应遵循哪些程序？

三、案例分析题

劳动保障监察部门接到王某投诉，反映其所在单位有不支付工资以及拒付因工受伤者的医药费的问题。劳动保障监察员对此进行了调查。经查证，王某为不满16周岁的童工。劳动保障监察部门按每月处5 000元罚款的标准对该单位作出了行政处罚，并责令该单位限期将王某送回其原居住地交其父母，交通和食宿费全部由单位承担。同时告知王某通过劳动争议仲裁解决其工资和医药费用诉求。

问题：

1．劳动保障监察部门有权管理王某所在单位的哪些行为？

2．劳动保障监察部门应如何依法处理本案？

分析要点提示：

1．本案中，劳动保障监察部门有权就用人单位使用童工的行为予以行政处罚。对用人单位在使用童工过程中出现的其他问题，比如对工资拖欠、因工受伤的赔偿问题发生争议等，则需要由劳动争议仲裁机构处理。对损害劳动者权益的，劳动保障监察部门有权就其违反劳动法律法规的行为作出行政处罚决定。

2．劳动保障监察部门对违反劳动法律法规的行为，根据调查、检查的结果，作出以下处理：对依法应当受到行政处罚的，作出行政处罚决定；对应当改正未改正的，依法责令改正或者作出相应的行政处理决定；对情节轻微且已改正的，撤销立案。经调查、检查，劳动保障监察部门认定违法事实不成立的，应当撤销立案；发现违法案件不属于劳动保障监察事项的，应当及时移送有关部门处理；涉嫌犯罪的，应当依法移送司法机关。

在线练习

第十六章　劳动争议

【本章引例】

张某与某纺织厂签订了3年期限的劳动合同，约定张某在印染车间从事机修工作。1年后，该厂因工作需要将张某调往另一车间从事包装工作。张某认为包装工作与其专业不对口，不愿意到另一车间工作。纺织厂以张某不服从工作调动、违反厂规厂纪为由解除了与张某的劳动合同。张某不服，向法院起诉。

请问：

1. 张某与纺织厂之间是什么劳动争议?
2. 张某直接向法院起诉，法院是否能够受理?
3. 张某的救济途径有哪些?

【本章学习目标】

1. 了解劳动争议的概念和特征；
2. 把握劳动争议的处理原则；
3. 掌握我国劳动争议的解决机制；
4. 了解劳动调解的程序；
5. 掌握劳动仲裁的程序规定；
6. 掌握劳动争议的证据规则；
7. 培养正确的劳动争议观；
8. 掌握处理劳动争议的技能。

第一节　劳动争议概述

一、劳动争议的概念和特征

劳动争议又称劳动纠纷，西方国家称为劳资纠纷，是指劳动者与用人单位双方基于劳动关系，围绕劳动权利或利益所发生的争执。此概念包括以下内涵：(1) 劳动争议的主体是劳动者方面和用人单位方面。所谓劳动者方面，是指劳动者及其团体（工会）；

所谓用人单位方面，是指用人单位及其团体（行业协会、企业家协会等）。劳动争议可以具体发生在劳动者个人与用人单位之间、劳动者团体与用人单位之间、劳动者团体与用人单位团体之间。(2) 劳动争议是基于劳动关系所发生的一种社会争议。这里的劳动关系包括个体劳动关系和集体劳动关系，不仅是指劳动合同关系和集体合同关系，也包括事实劳动关系。不存在劳动关系这个前提就不能发生劳动争议。(3) 劳动争议是围绕劳动权利和利益所发生的。劳动权利和利益主要是指劳动者方面的劳动权利和利益，同时也包括用人单位方面的劳动权利和利益。这种权利和利益包括法定的或约定的权利或利益，也包括应该获得的（应然的）权利或利益。(4) 劳动争议的实质是一种争执，即主体权利或利益主张的矛盾和冲突，是主体利益矛盾的外在化、显性化和现实化。客观的利益矛盾只有通过主观的利益主张展现出来，才能形成劳动争议。

劳动争议是一种特定社会领域的争议，与其他社会争议相比，其特征主要有主体的特定性、内容和目的的特定性、形式的特殊性等方面。关于主体、内容和目的方面的特定性，前面已经谈到，这里不再赘述。形式的特殊性，主要是指劳动争议行为的外在表现形式的特殊性。一般的社会争议都以社会个体争议的形式存在，而劳动争议动辄表现为团体争议；一般的社会争议往往是一种非对抗性的争议行为，而劳动争议有时会表现或发展为对抗性很强的争议行为，如罢工、关闭工厂等形式。

二、劳动争议的分类

对劳动争议进行分类的目的是为了全面考察劳动争议，以便充分认识各种劳动争议的内容及其特殊性，从而寻求不同的解决方法。对劳动争议可以依据不同的标准进行多种分类。

（一）按照争议主体分类

按照争议主体的不同，劳动争议可以划分为个体劳动争议、集体劳动争议和集体合同争议。个体劳动争议是指劳动者个体与用人单位行政之间所发生的争议。集体劳动争议是指劳动争议的劳动者人数在 3 人以上，有共同的争议事由而组合在一起或在处理程序中合并在一起的劳动争议。集体劳动争议又分为一般集体劳动争议（劳动者人数在 3 人以上 30 人以下）和重大集体劳动争议（劳动者人数在 30 人以上）。集体合同争议是指工会组织或者劳动者的代表与用人单位或者用人单位的团体因签订或履行集体合同所发生的劳动争议，分为因签订集体合同发生的争议和因履行集体合同发生的争议。

（二）按照争议内容或标的分类

按照争议内容或标的的不同，劳动争议可以划分为权利争议和利益争议。一般来说，利益是权利构成的一个要素，权利都体现为一定的利益，所以权利和利益是很难截然分开的。但是在两个不同的层面上，对权利和利益作出相对的区分，对于认识劳动争议是有积极意义的。一个是在实然层面上劳动者依法或依约获得的既定权利，因这些既定权利在实现过程中所发生的争议是权利争议；另一个是在应然层面上劳动者及其团体所应该获得的权利，在没有为法律和契约所确认之前，实际上还只是一种利益诉求。为争取自己的劳动利益、获得用人单位或者法律的认可而发生的劳动争议是利益争议。较早划分权利争议和利益争议的是奥地利、丹麦、德意志魏玛共和国、挪威和瑞典。可见，“利益争议”是西方国家所首先使用的一个概念，这个概念显然是对西方市场经济国家中工人运动活跃、集体谈判制度畅行的一个反映。因为利益争议中的利益就是通过工人运动、集体谈判所争取的利益。利益争议对推动劳动立法的发展，对劳动者应然利益的获取具有重要的意义。利益争议和权利争议在处理方式和程序上也有所不同。权利争议通过法律处理程序即可予以解决；而利益争议只能通过双方协商或者在政府参与协调下予以处理。在我国，由于工会作用的局限、集体谈判制度的不健全，作为劳动争议一种表现形式的利益争议并不突出，权利争议是我国劳动争议的基本类型。但是从发展来看，随着我国各种制度（如集体谈判制度等）的建立和完善，利益争议将会有所增多。

（三）按照争议强度和表现形式分类

按照争议强度和表现形式的不同，劳动争议可以划分为非对抗式劳动争议和对抗式劳动争议。非对抗式劳动争议是指没有采取实际对抗行动的较为平和的劳动争议；对抗式劳动争议是指采取了实际对抗行动（如罢工、关闭工厂等）的较为激烈的劳动争议。在和平发展时期，劳动争议大部分都属于非对抗式争议，都可以在秩序范围内，通过法律途径予以解决。在历史上，工人阶级为了争取自己的政治、经济地位而发动的大规模有组织的工人运动，具有政治斗争属性，但从争取劳动权益方面（如争取 8 小时工作制）来看，都属于对抗式劳动争议。在我国，工人阶级是国家的领导阶级，不存在争取自己政治地位的问题，但是作为劳动者，仍有团结起来争取自己劳动权益的可能性和必要性。一般说来，在经济危机、经济衰退时期或经济改革的利益调整时期，发生对抗式劳动争议不可能完全避免。事实上，不管我们是否承认对抗式劳动争议具有合法性，对抗式劳动争议在现实生活中都可能发生。所以，正确的态度应当是：预防对抗式劳动争议的发生，及时处理非对抗式劳动争议，避免其转化成对抗式劳动争议；重视和研究对抗式劳动争议的特点和发生规律，探讨予以排解的途径和方法。

三、劳动争议的司法认定

《最高人民法院关于审理劳动争议案件适用法律若干问题的解释（一）》第 1 条规定了属于劳动争议的诸种纠纷类型：劳动者与用人单位在履行劳动合同过程中发生的纠纷；劳动者与用人单位没有订立书面劳动合同，但已形成劳动关系后发生的纠纷；劳动者与用人单位因劳动关系是否已经解除或者终止，以及应否支付解除或者终止劳动关系经济补偿金发生的纠纷；劳动者与用人单位解除或者终止劳动关系后，请求用人单位返还其收取的老合同定金、保证金、抵押金、抵押物发生的纠纷，或者办理劳动者的人事档案、社会保险关系等转移手续发生的纠纷；劳动者以用人单位未为其办理社会保险手续，且社会保险经办机构不能补办导致其无法享受社会保险待遇为由，要求用人单位赔偿损失发生的纠纷；劳动者退休后，与尚未参加社会保险统筹的原用人单位因追索养老金、医疗费、工伤保险待遇和其他社会保险费而发生的纠纷；劳动者因为工伤、职业病，请求用人单位依法给予工伤保险待遇发生的纠纷；劳动者依据《劳动合同法》第 85 条规定，要求用人单位支付加付赔偿金发生的纠纷；因企业自主进行改制发生的纠纷。

《最高人民法院关于审理劳动争议案件适用法律若干问题的解释（一）》第 2 条列举了不属于劳动争议的诸种情形：劳动者请求社会保险经办机构发放社会保险金的纠纷；劳动者与用人单位因住房制度改革产生的公有住房转让纠纷；劳动者对劳动能力鉴定委

员会的伤残等级鉴定结论或者对职业病诊断鉴定委员会的职业病诊断鉴定结论的异议纠纷；家庭或者个人与家政服务人员之间的纠纷；个体工匠与帮工、学徒之间的纠纷；农村承包经营户与受雇人之间的纠纷。

四、劳动争议的预防与处理

正确认知和对待劳动争议，即树立正确的劳动争议观，对构建或完善劳动争议处理制度具有重要意义。不能只看到劳动争议的负面影响（有损劳动关系的稳定），却忽视了劳动争议的积极意义（通过争议及其解决，实现主体的合法权益，推动劳动法的实施）。由于劳动者与用人单位之间的利益矛盾是客观存在的，违反劳动法和劳动契约的行为也是不可避免的，所以发生劳动争议是无法回避的。的确，如果劳动争议频繁发生而又得不到及时处理，就会损害劳动关系的和谐稳定，所以我们要尽量预防劳动争议，要从引起劳动争议发生的根源入手减少劳动争议，而不能从外部堵塞劳动争议的发生，对已经发生的劳动争议要及时予以处理。

（一）劳动争议的预防

劳动争议的预防是避免劳动争议发生的一种防范机制，其目的是减少或避免某些劳动争议发生，或将尚处在萌芽阶段的劳动争议予以消除。如前所述，预防劳动争议，不是堵塞劳动争议，而是要消除引起劳动争议发生的直接或者间接的原因。劳动争议发生的直接原因主要是违法行为和违约行为；劳动争议发生的间接原因有主体的法治观念和纪律观念淡漠、用人单位的劳动管理混乱、劳动监督检查不力等。预防劳动争议必须能够准确把握劳动争议的发生与发展的规律，有的放矢地采取各种预防措施，才能收到理想的预防效果。

（二）劳动争议的处理方式及其相互关系

我国《劳动法》和《劳动争议调解仲裁法》规定了四种处理劳动争议的方式，即协商、调解、仲裁和诉讼。

1. 协商

协商是指发生劳动争议的双方当事人在没有第三人参与的情况下，通过双方平等对话、互谅互让并作出必要的妥协而达成和解的劳动争议处理方式。双方协商体现了平等、自主，既节省时间、金钱，又不伤害感情并有助于和解协议的履行。正因为协商解决劳动争议具有这些优点，所以发生劳动争议应尽可能地通过协商方式予以解决。但是，是否通过协商解决，取决于双方的自愿，一方不能强迫另一方，任何其他人或机构也不能硬性要求双方协商。协商解决不是劳动争议处理的必经程序。

2. 调解

调解是指在第三人的参与下，通过说服、劝诱促使争议双方达成和解。劳动争议调解，广义上包括基层群众调解组织的调解、劳动争议仲裁委员会的调解和人民法院的调解；狭义上专指由基层群众调解组织进行的调解。基层群众调解组织包括企业劳动争议调解委员会、依法设立的基层人民调解组织和在乡镇、街道设立的具有劳动争议调解职能的组织。其中，企业劳动争议调解委员会由职工代表和企业代表组成。职工代表由工会成员担任或者由全体职工推举产生，企业代表由企业负责人指定。企业劳动争议调解委员会主任由工会成员或者双方推举的人员担任。调解程序简单、方便易行，能够在宽松的环境中及时解决劳动争议。是否通过调解解决劳动争议，取决于当事人的申请，调解不是劳动处理的必经程序。需要注意的是有关调解协议的效力问题。狭义的劳动争议调解，经调解达成协议的，应当制作调解协议书，由双方当事人签名或者盖章，经调解员签名并加盖调解组织印章后生效，对双方当事人具有约束力，当事人应当履行。达成调解协议后，一方当事人在协议约定期限内不履行调解协议的，另一方当事人可以依法申请仲裁。可以看出，调解协议具备双方合意达成的合同的效力，但约束力仅及于双方当事人，如果一方当事人不履行，另一方当事人并不能持调解协议要求法院予以强制执行，而只能接着走仲裁、诉讼程序。这就导致调解在劳动争议解决中作用受限。为了强化劳动争议调解的效力，《劳动争议调解仲裁法》规定了因支付拖欠劳动报酬、工伤医疗费、经济补偿或者赔偿金事项达成调解协议，用人单位在协议约定期限内不履行的，劳动者可以持调解协议书依法向人民法院申请支付令，人民法院应当依法发出支付令的制度。根据《民事诉讼法》的规定，作为一种督促程序，人民法院向用人单位发出支付令后，用人单位应当自收到支付令之日起 15 日内向劳动者清偿债务，或者向人民法院提出书面异议。在 15 日内，不提出异议又不履行支付令的，劳动者可以向人民法院申请执行。若人民法院收到用人单位提出的书面异议，经审查异议成立的，应当裁定终结督促程序，支付令自行失效。不过，根据《最高人民法院关于审理劳动争议案件适用法律若干问题的解释（一）》第 13 条的规定，申请支付令被人民法院裁定终结督促程序后，劳动者依据调解协议直接提起诉讼的，人民法院应予受理。上述规定使得劳动调解协议能够针对特定的劳动争议获得间接强制执行的效力，同时可以越过仲裁程序提高纠纷解决效率，凸显了劳动调解在劳动争议解决机制中的独特价值。

参考案例 16-1

李某在调解员主持下与自己原供职的某机械阀门制造公司达成了调解协议，调解协议书约定：机械阀门制造公司在 7 日内一次性向李某支付经济补偿金 5 万元，双方因劳动关系所发生的权利义务关系全部了结。调解员制作了调解协议书，争议双方在协议书上签字确认。但机械阀门制造公司并没有依约在 7 日内支付该笔经济补偿金，李某多次讨要，机械阀门制造公司以各种理由拒绝履行。

——该协议是李某和用人单位就“经济补偿”达成的调解协议，李某可以持该调解协议向人民法院直接申请支付令。如果用人单位提出书面异议且异议成立，人民法院则会终结督促程序。此时李某可以直接向人民法院提起诉讼，无须再经过仲裁程序。

3. 仲裁

仲裁是指由公正的第三人居中裁决纠纷。劳动争议的仲裁是指由依法设立的劳动人事争议仲裁委员会依照法定程序对劳动争议所进行的仲裁活动。劳动人事争议仲裁委员会由劳动行政部门代表、工会代表和企业方面代表组成。其中，企业方面代表指的是雇主代表组织，包括各种形式的企业联合组织、商会等。按照我国现行劳动立法的规定，仲裁是劳动争议处理的必经程序。这里所谓的“必经程序”是相对于诉讼程序而言的，即不经仲裁程序就不能进入诉讼程序。劳动争议仲裁与诉讼的这种关系被概括为“仲裁前置”或“先裁后审”。

劳动仲裁与民商事仲裁的主要区别如下：

（1）仲裁机构及其性质不同。劳动仲裁的机构是劳动人事争议仲裁委员会（院），其性质是半官方仲裁机构；民商事仲裁的机构是各仲裁委员会（如北京仲裁委员会等），是民间仲裁组织。劳动仲裁属行政仲裁的范畴，民商事仲裁属民间仲裁的范畴。

（2）仲裁程序启动条件不同。劳动仲裁的启动条件是当事人的仲裁申请，单方申请或双方申请均可。民商事仲裁的启动条件是双方当事人达成的仲裁协议，没有事前或事后达成的仲裁协议，民商事仲裁机构没有管辖权，也就不能启动民商事仲裁程序。

（3）仲裁与诉讼的关系（裁审关系）不同。劳动仲裁不排斥劳动诉讼，除部分一裁终局的争议外，当事人对仲裁裁决不服，可以在法定期间内提起诉讼；民商事仲裁实行一裁终局，仲裁裁决一经送达即发生法律效力，当事人不能再提起诉讼程序。

4. 诉讼

诉讼是人民法院通过审判程序解决纠纷的活动。劳动争议的诉讼是劳动争议处理的最后程序，也是最具权威的处理方式。在我国法院的内部分工上，劳动争议案件由民事审判庭受理。在诉讼程序上，适用民事诉讼程序。

上述四种劳动争议处理方式之间的关系是：协商和调解不是仲裁和诉讼的必经程序；仲裁是诉讼的必经程序，通过诉讼方式解决劳动争议，要先经过仲裁才能启动。

第二节　劳动争议的处理原则

一、着重调解原则

着重调解原则要求劳动争议的处理要重视发挥调解的作用。调解不仅是劳动争议处理的一个独立程序，也需要贯穿于仲裁和诉讼程序之中。劳动争议的特殊性决定了劳动争议通过调解予以解决，对于双方继续维系劳动关系、保持单位内部的合作伙伴关系具有重要的意义。由劳动争议调解委员会所进行的独立调解与仲裁和诉讼程序中的附属调解的效力不同。独立调解成功，双方达成和解协议，对此协议双方应当履行，但此协议不具有在程序上的强制执行的效力。仲裁和诉讼程序中的附属调解成功，仲裁庭和审判庭都要据此制作调解书，调解书自送达之日起发生法律效力，具有诉讼法上强制执行的效力。

二、合法原则

劳动争议的处理要严格依据法律规定，既要符合实体法的要求，又要符合程序法的要求。这里的法律除真正意义上的国家的法律以外，还包括国务院的行政法规、国务院各部委和地方政府的部门规章、各种司法解释和行政解释以及地方立法。上述法律规范都是处理劳动争议的法律根据。如果这些规范性文件在内容上存在矛盾、发生适用冲突，则应该按照高位阶优先于低位阶、新法优先于旧法、特别法优先于普通法的原则适用。

三、公正原则

公正是解决所有纠纷的普遍要求，劳动争议处理的公正要求更为突出。劳动争议处理上的公正，首先应该表现为对争议双方的平等对待。用人单位通常是组织，在财力上和声势上要优于劳动者个人，但这不应该成为影响劳动争议解决的因素，公正就是要排除这些因素的干扰，平等看待劳动者和用人单位。其次是在查清争议事实的基础上，严格依法划分责任，不偏不倚地裁判权利和利益纠纷。

四、及时处理原则

及时处理原则要求尽快地、迅速地处理劳动争议，避免久拖不决的现象。劳动争议涉及用人单位的经营，涉及劳动者的生存，如果处理时间过长，不仅会影响劳动者的工作和生活，也会影响用人单位内部劳动关系的稳定与和谐，妨碍正常的生产经营活动。特别是及时处理那些对抗式的劳动争议，对维护社会稳定更具有重要意义。

五、三方性原则

三方性原则是劳动协调基本原则在劳动争议处理制度上的反映和要求，也是国际劳动立法三方协商原则在国内法上的贯彻。所谓三方，是指国家方面、用人单位方面和劳动者方面，它们分别体现着不同的力量：政治力量、经济力量和社会力量。三方性原则，就是要求政治、经济和社会力量在劳动领域实现有机组合和相互制约。在劳动争议处理方面贯彻三方性原则，要求劳动争议处理要由三方代表组成的处理机构来进行。我国劳动争议调解和仲裁组织构成就贯彻了这一原则。劳动争议的诉讼是否需要贯彻三方性原则，是一个值得探讨的问题。

第三节　劳动仲裁

一、仲裁管辖

《劳动争议调解仲裁法》第 21 条就仲裁管辖作出了如下规定：劳动争议仲裁委员会负责管辖本区域内发生的劳动争议。劳动争议由劳动合同履行地或者用人单位所在地的劳动争议仲裁委员会管辖。双方当事人分别向劳动合同履行地和用人单位所在地的劳动争议仲裁委员会申请仲裁的，由劳动合同履行地的劳动争议仲裁委员会管辖。该规定明确了管辖的三个问题：一是管辖机关是本区域内设立的劳动争议仲裁委员会。《劳动争议调解仲裁法》第 17 条规定：劳动争议仲裁委员会按照统筹规划、合理布局和适应实际需要的原则设立。省、自治区人民政府可以决定在市、县设立；直辖市人民政府可以决定在区、县设立。直辖市、设区的市也可以设立一个或者若干个劳动争议仲裁委员会。劳动争议仲裁委员会不按行政区划层层设立。因此劳动仲裁管辖与诉讼管辖不同，各仲裁委员会之间相互独立，没有隶属关系，不采取级别管辖。二是劳动仲裁管辖采取的是特殊地域管辖，是以劳动合同履行地和用人单位所在地作为确定劳动争议仲裁管辖的联结点。劳动仲裁管辖不允许当事人协商选择管辖机构，不采取协定管辖。三是出现管辖权争议的时候，由劳动合同履行地的劳动争议仲裁委员会管辖。另外，劳动仲裁管辖还存在移送管辖的情形，即仲裁委员会发现已受理的劳动争议不属于本会管辖时，应当移送有管辖权的仲裁委员会。

参考案例 16－2

刘某与北京的一家软件公司签订劳动合同，合同约定："合同签订地在北京，如果发生劳动争议，仲裁地也在北京。"后该公司将刘某派往深圳分公司工作，工作期间发生劳动争议。刘某在深圳提起了劳动仲裁，软件公司提起了管辖权异议。

——根据劳动仲裁管辖的相关法律规定，劳动合同履行地和用人单位所在地劳动人事仲裁委员会有管辖权。本案中，作为劳动合同履行地的深圳劳动人事仲裁委员会有管辖权。因此，软件公司的劳动仲裁管辖权异议不成立。

二、仲裁期限

与仲裁密切相关的期限有两个：一是仲裁申请时效；二是仲裁审理期限。

（一）仲裁申请时效

仲裁申请时效即通常所称的仲裁时效，是指劳动争议当事人向仲裁委员会申请仲裁的有效期间，超过仲裁时效期间，当事人将丧失请求劳动争议仲裁委员会保护其权益的资格。在 2008 年《劳动争议调解仲裁法》实施之前，关于仲裁时效期间，主要按照《劳动法》的规定来执行。《劳动法》规定，仲裁时效为自劳动争议发生之日起 60 日。正确适用《劳动法》的仲裁时效规定，关键是如何解释"劳动争议发生之日"。劳动部发布的《关于〈中华人民共和国劳动法〉若干条文的说明》和《关于贯彻执行〈中华人民共和国劳动法〉若干问题的意见》都解释为："劳动争议发生之日"是指当事人知道或者应当知道其权利被侵害之日。按照这个解释，《劳动法》规定的仲裁时效期间要短于 2011 年废止的《企业劳动争议处理条例》所规定的仲裁时效（180 日）。仲裁时效期间的缩短，对仲裁申请人变得不利，而申请劳动争议仲裁的又大多是劳动者，所以，仲裁时效期间的缩短对劳动者十分不利。针对上述情况，《劳动争议调解仲裁法》详细规定了劳动仲裁时效的相关制度，具体如下。

1. 劳动仲裁时效的期间和起算点

劳动争议申请仲裁的时效期间为 1 年，从当事人知道或者应当知道其权利被侵害之日起计算。与《民法典》中一般民事权利 3 年的诉讼时效期间相比，劳动仲裁时效期间较短。这是基于劳动争议的特殊性，为了快速解决劳动纠纷而作出的制度选择。但考虑到劳动报酬对维护劳动者生存权的重要性，处于弱势地位的劳动者在劳动关系存续期间往往不敢或不便主张权利等原因，1 年时效往往不利于保护劳动者权益诉求。因此有必要针对拖欠劳动报酬的争议设置特殊仲裁时效制度：劳动关系存续期间因拖欠劳动报酬发生争议的，劳动者申请仲裁不受 1 年仲裁时效期间的限制；但是劳动关系终止的，应当自劳动关系终止之日起 1 年内提出。

2. 仲裁时效的中断和中止的情形

仲裁时效的中断，是指在仲裁时效进行期间，因法定事由的出现，使得已经计算的时效期间归零，待相关事由消除后重新计算期间。法定中断事由包括：(1) 当事人一方向对方当事人主张权利。如以协商、申请调解等方式主张权利。(2) 当事人一方向有关部门请求权利救济。请求救济的途径包括向有关部门投诉、向仲裁委员会申请仲裁、向人民法院起诉或者申请支付令等方式。(3) 对方当事人同意履行。

仲裁时效的中止，是指在仲裁时效进行期间，因法定事由的出现，导致当事人不能行使请求权，因此暂停时效期间的计算，从中止时效的原因消除之日起，仲裁时效期间继续计算。法律规定的中止事由包括不可抗力和其他正当理由。不可抗力，是指不能预见、不能避免且不能克服的客观情况，如地震、洪水、瘟疫等特大自然灾害等。其他正当理由，是指不可抗力以外的阻却权利人申请仲裁的理由。实务中常见的其他理由主要有：权利人为无民事行为能力人或限制民事行为能力人尚未确定法定代理人，或其法定代理人死亡、丧失民事行为能力等情形。

参考案例 16-3

王某 2005 年 6 月入职某公司担任秘书一职，2007 年 12 月辞职。2008 年 6 月 15 日，王某申请劳动仲裁，要求公司支付其 2005 年 6 月至 2007 年 12 月之间的加班工资。

——因王某和公司的劳动争议发生在《劳动争议调解仲裁法》实施之前，根据当时的法律规定，双方解除劳动合同之日即为劳动争议发生之日，仲裁时效期间为劳动争议发生之日起 60 日，而王某的申请已经超过申请仲裁的期限，所以其要求加班工资的请求不能得到仲裁委员会的支持。

(二) 仲裁审理期限

仲裁审理期限是约束仲裁庭的办案期间。仲裁庭裁决劳动争议案件，应当自劳动争议仲裁委员会受理仲裁申请之日起 45 日内结束。案情复杂需要延期的，经劳动争议仲裁委员会主任批准，可以延期并书面通知当事人，但是延长期限不得超过 15 日。逾期未作出仲裁裁决的，当事人可以就该劳动争议事项向人民法院提起诉讼。特定情形下，可以重新计算仲裁审理期限，主要包括：仲裁庭追加当事人或者第三人的，仲裁期限从决定追加之日起重新计算；申请人需要补正材料的，仲裁委员会收到仲裁申请的时间从材料补正之日起重新计算；增加、变更仲裁请求的，仲裁期限从受理增加、变更仲裁请求之日起重新计算；仲裁申请和反申请合并处理的，仲裁期限从受理反申请之日起重新计算；案件移送管辖的，仲裁期限从接受移送之日起重新计算；中止审理期间、公告送达期间不计入仲裁期限内；法律、法规规定应当另行计算的其他情形。经仲裁委员会主任或者其委托的仲裁院负责人批准，可以中止案件审理，并书面通知当事人，中止审理的情形消除后，仲裁庭应当恢复审理。其情形包括：劳动者一方当事人死亡，需要等待继承人表明是否参加仲裁的；劳动者一方当事人丧失民事行为能力，尚未确定法定代理人参加仲裁的；用人单位终止，尚未确定权利义务承继者的；一方当事人因不可抗拒的事由，不能参加仲裁的；案件审理需要以其他案件的审理结果为依据，且其他案件尚未审结的；案件处理需要等待工伤认定、伤残等级鉴定以及其他鉴定结论的；其他应当中止仲裁审理的情形。

对于劳动争议仲裁委员会逾期没有作出仲裁裁决的，当事人直接提起诉讼，人民法院应予受理。

三、一般仲裁程序

劳动争议仲裁一般程序包括申请与受理、准备、审理与裁决等程序。

（一）申请与受理

当事人发生劳动争议需要仲裁的，必须在仲裁时效内以书面形式向劳动争议仲裁委员会提出仲裁申请。书写仲裁申请确有困难的，可以口头申请，由劳动争议仲裁委员会记入笔录，并告知对方当事人。劳动争议仲裁委员会接到仲裁申请后，应该审查下列事项：申请人是否与本案有直接的利害关系，是否有明确的被申请人；申请仲裁的争议是否属于劳动争议；申请仲裁的劳动争议是否属于仲裁委员会的受理内容；该劳动争议是否属于本仲裁委员会管辖；申请书及有关材料是否齐备并符合要求。劳动争议仲裁委员会自收到仲裁申请之日起5日内，认为符合受理条件的，应当受理，并通知申请人；认为不符合条件的，应当书面通知申请人不予受理，并说明理由。

（二）庭前准备

劳动争议仲裁委员会决定受理劳动争议案件后，应当在5日内将仲裁申请书副本送达被申请人。被申请人收到申请书副本后，应当在15日内向劳动争议仲裁委员会提交答辩书。劳动争议仲裁委员会收到答辩书后，应当在5日内将答辩书副本送达申请人。劳动争议仲裁委员会应当自受理之日起5日内组成仲裁庭，并将仲裁庭的组成情况书面通知当事人。仲裁庭成员应认真审阅申诉、答辩材料，调查、收集证据，查明争议事实。仲裁员进行调查时，应当先向被调查人出示证件，调查笔录经被调查人校阅后，由被调查人、调查人签名或者盖章。劳动争议仲裁委员会应根据调查的事实，拟订处理方案。仲裁庭应当在开庭5日前，将开庭日期、地点书面通知双方当事人。当事人有正当理由的，可以在开庭3日前请求延期开庭。是否延期，由劳动争议仲裁委员会决定。

（三）审理与裁决

劳动仲裁的当事人在收到书面通知后，应当按照通知的时间、地点参加仲裁审理。如果申请人无正当理由拒不到庭或者未经仲裁庭同意中途退庭的，视为撤回仲裁申请；申请人重新申请仲裁的，仲裁委员会不予受理。被申请人无正当理由拒不到庭或者未经仲裁庭同意中途退庭的，可以缺席裁决。

劳动争议仲裁允许当事人自行和解，当事人可以在申请仲裁后到仲裁庭作出裁决之前的任何阶段提出和解申请，达成和解协议的，可以撤回仲裁申请，人民法院可以根据当事人的申请依法确认和解协议，制作调解书。调解书由双方当事人签字、仲裁员署名、加盖仲裁委员会印章并送达当事人；调解未达成协议的，或仲裁调解书送达前当事人反悔的，以及当事人拒绝接收调解书的，仲裁庭应及时裁决。仲裁处理结果作出前，申请人可以自行撤回仲裁申请。申请人再次申请仲裁的，仲裁委员会应当受理。仲裁庭作出裁决后，应制作仲裁裁决书，裁决书应当载明仲裁请求、争议事实、裁决理由、裁决结果和裁决日期，并由仲裁员署名，加盖仲裁委员会印章，送达双方当事人。调解书经双方当事人签收后，发生法律效力。一方当事人不履行仲裁调解书的内容，另一方当事人可以申请法院强制执行。申请人在举证期限届满前可以提出增加或者变更仲裁请求；仲裁庭对申请人增加或者变更的仲裁请求审查后认为应当受理的，应当通知被申请人并给予答辩期，被申请人明确表示放弃答辩期的除外。申请人在举证期限届满后提出增加或者变更仲裁请求的，应当另行申请仲裁。

为了满足部分当事人生活或生产的迫切需要，《劳动争议调解仲裁法》规定了根据当事人的申请，可以先予执行并移送人民法院先予执行的制度。可以申请先予执行的包括追索劳动报酬、工伤医疗费、经济补偿或者赔偿金的案件。劳动者申请先予执行的，可以不提供担保。仲裁庭裁决先予执行的，应当同时符合当事人之间权利义务关系明确以及不先予执行将严重影响申请人的生活的条件。当事人对仲裁裁决不服的，可以自收到仲裁裁决书之日起 15 日内向人民法院提起诉讼；15 日期满且双方当事人未在 15 日内向人民法院起诉，裁决书即发生法律效力，当事人不履行的，对方当事人可以申请人民法院强制执行。

同时，为了应对“一调一裁两审”带来的劳动争议处理周期长、效率低，劳动者维权成本高的问题，《劳动争议调解仲裁法》规定了一裁终局制度。所谓一裁终局，是指法律规定特定类型的劳动争议经仲裁庭裁决后即告终结，仲裁裁决为终局裁决，裁决书自作出之日起发生法律效力。能够一裁终局的劳动争议包括两类：一类是追索劳动报酬、工伤医疗费、经济补偿或者赔偿金，不超过当地月最低工资标准 12 个月金额的争议；另一类是因执行国家的劳动标准在工作时间、休息休假、社会保险等方面发生的争议。劳动者对可一裁终局案例的裁决不服的，可以自收到仲裁裁决书之日起 15 日内向人民法院提起诉讼。用人单位不服的，不能提起诉讼，除非有证据证明仲裁裁决存在下列情形之一，用人单位可以自收到裁决书之日起 30 日内向劳动争议仲裁委员会所在地的中级人民法院申请撤销裁决：适用法律、法规确有错误的；劳动争议仲裁委员会无管辖权的；违反法定程序的；裁决所根据的证据是伪造的；对方当事人隐瞒了足以影响公正裁决的证据的；仲裁员在仲裁该案时有索贿受贿、徇私舞弊、枉法裁决行为的。人民法院经组成合议庭审查核实裁决确有上述规定情形之一的，作出裁定撤销后，当事人可以自收到裁定书之日起 15 日内就该劳动争议事项向人民法院提起诉讼。

参考案例 16－4

陈某与某水暖器材公司签订劳动合同，约定合同期限 5 年，年薪 45 000 元。陈某工作两年后，公司以生产方式调整为由，决定提前解除与陈某的劳动合同。此时仍拖欠陈某工资 4 800 元。陈某讨要未果后，向仲裁机构申请仲裁，要求裁定水暖器材公司支付拖欠工资和经济补偿金。劳动争议仲裁机构在审理查明相关事实后，裁决水暖器材公司支付陈某工资 4 800 元和经济补偿金 3 000 元。水暖器材公司不服仲裁裁决，认为因客观原因解除劳动合同不应支付经济补偿，遂向人民法院提起了诉讼。（注：当地月最低工资标准为 1 360 元）

——人民法院不应受理水暖器材公司的诉讼。因为陈某和水暖器材公司之间的劳动争议属于追索劳动报酬和经济补偿的争议，且数额没有超过当地月最低工资标准 1 360 元的 12 个月金额，符合仲裁一裁终局的标准。

四、特别仲裁程序

特别仲裁程序适用于对劳动者一方在 10 人以上并有共同请求的争议案件或者因履行集体合同发生争议的集体劳动争议的仲裁。

仲裁委员会应当自收到集体劳动争议申诉书之日起 5 日内作出受理或不受理的决定。仲裁委员会在作出受理决定的同时，应当由 3 名仲裁员组成仲裁庭，设首席仲裁员，处理集体劳动人事争议案件。处理因履行集体合同发生的劳动争议，应当按照三方原则组成仲裁庭处理。

仲裁庭处理集体劳动争议，开庭前应当引导当事人自行协商，或者先行调解。仲裁庭处理集体劳动争议案件，可以邀请法律工作者、律师、专家学者等第三方共同参与调解。协商或者调解未能达成协议的，仲裁庭应当及时裁决。

适用特别程序应先行调解，或者促成职工代表与企业代表召开协商会议，在查明事实的基础上促使当事人自愿达成协议。调解达成协议的，调解书自送达或公告之日起发生法律效力。调解或协商未能达成协议的，仲裁庭应及时裁决。仲裁庭作出裁决后，应制作裁决书送达当事人。仲裁庭处理集体劳动争议应当自仲裁庭组成之日起 15 日内结束，案情复杂需要延期的，经报仲裁委员会批准，可以适当延期，但是延长的期限不得超过 15 日。仲裁委员会对受理的集体劳动争议及其处理结果应及时向当地人民政府汇报。

第四节　劳动诉讼

一、劳动诉讼程序

劳动诉讼是人民法院审理劳动争议的司法活动。劳动诉讼除《劳动争议调解仲裁法》涉及的程序问题外，一般都适用民事诉讼程序。

劳动争议的双方当事人对仲裁委员会的仲裁裁决不服的，可以自收到仲裁裁决书之日起 15 日内向人民法院起诉。人民法院民事审判庭受理劳动争议案件，按《民事诉讼法》规定的程序进行审理。劳动争议案件的诉讼活动可能涉及的民事程序有一审程序、二审程序和审判监督程序（再审程序）。关于民事程序的具体内容，这里不予赘述。在此需要明确两个实际问题：一个是诉讼与仲裁是否具有管辖上的关联问题；另一个是诉讼与仲裁是否具有裁决上的关联问题。前者是指劳动争议的仲裁级别管辖是否会影响诉讼上的级别管辖，换句话说，劳动争议的审判是否应该由与仲裁机构平级的人民法院受理。按照相关法律规定，劳动争议的诉讼管辖不受仲裁管辖的限制和影响，诉讼管辖完全按照自己的管辖原则来确定。理由是，不服劳动争议仲裁裁决而起诉的案件，对人民法院来说，完全是一个新的、独立的案件，不是对劳动争议仲裁的司法审查，因此不需要管辖上的对应性。对于诉讼与仲裁是否具有裁决上的关联问题，我国有关立法已明确规定，不服仲裁裁决而起诉的案件应以当事人双方为原告和被告，不应将仲裁委员会作为被告，人民法院的判决书也不应该有撤销仲裁裁决的内容。

二、劳动争议证据规则

劳动争议证据规则主要集中于《劳动争议调解仲裁法》《劳动人事争议仲裁办案规

则》《民事诉讼法》《最高人民法院关于民事诉讼证据的若干规定》《最高人民法院关于审理劳动争议案件适用法律若干问题的解释（一）》等。由于劳动争议仲裁前置于诉讼，因此在相关证据规则的适用上需要首先明确仲裁适用问题。仲裁阶段应优先适用《劳动争议调解仲裁法》和《劳动人事争议仲裁办案规则》的规定，其中涉及证据形式、证据提交、证据交换、证据质证、证据认定等事项。仲裁相关规范没有规定的，可以参照民事诉讼证据规则的有关规定执行。另外，根据《最高人民法院关于审理劳动争议案件适用法律若干问题的解释（一）》的规定，劳动者以用人单位的工资欠条为证据直接提起诉讼，诉讼请求不涉及劳动关系其他争议的，视为拖欠劳动报酬争议，人民法院按照普通民事纠纷受理，不需要经过劳动仲裁程序。

劳动争议举证责任遵循“谁主张，谁举证”的一般规则，但是在特定情况下实行举证责任倒置，由用人单位承担举证责任。这些特定情况包括：（1）与争议事项有关的证据由用人单位掌握管理的，用人单位应当提供，且仲裁庭可以要求用人单位在指定期限内提供；用人单位不提供的或超出指定期限内不提供的，应当承担不利后果。《最高人民法院关于民事诉讼证据的若干规定》明确，一方当事人控制证据无正当理由拒不提交，对待证事实负有举证责任的当事人主张该证据的内容不利于控制人的，人民法院可以认定该主张成立。（2）针对特定劳动争议，明确用人单位的举证责任。此种举证责任倒置适用于两种情形，一种是因用人单位作出的开除、除名、辞退、解除劳动合同、减少劳动报酬、计算劳动者工作年限等决定而发生的劳动争议，由用人单位负举证责任；另一种是针对劳动者主张加班费的，劳动者应当遵循一般原则就加班事实的存在承担举证责任，但劳动者有证据证明用人单位掌握加班事实存在的证据，用人单位不提供的，由用人单位承担不利后果。另外，劳动争议举证责任规则中还有一种公平责任。根据《劳动人事争议仲裁办案规则》第 14 条的规定，当法律没有具体规定而无法确定举证责任承担的，仲裁庭可以根据公平原则和诚实信用原则，综合当事人举证能力等因素确定举证责任的承担。《最高人民法院关于民事诉讼证据的若干规定》也规定，责令对方当事人提交书证，而对方当事人否认控制书证的，人民法院应当根据法律规定、习惯等因素，结合案件的事实、证据，对于书证是否在对方当事人控制之下的事实作出综合判断。

参考案例 16－5

王某是某公司的员工，国庆节期间接到公司通知，为了按时完成某一订单的加急任务，要求全体员工国庆节期间加班。王某在询问法定节假日加班是否有加班费时，得到了公司的否定回答。王某力争不遂后便拒绝加班。该公司以王某严重违反公司劳动纪律为由解除了与王某的劳动合同。王某遂向劳动争议仲裁委员会申请劳动仲裁，请求裁决该公司解除劳动合同的行为无效。

——本案是因用人单位作出解除劳动合同决定而发生的劳动争议，属于由用人单位承担举证责任的情形，依照法律规定实行举证责任倒置。若该公司无法证明王某的行为确实违反了公司合法有效的劳动纪律，则该公司将承担不利后果。

第五节　劳动争议处理制度的改革

一、改革“先裁后审”体制

我国现行劳动争议仲裁与诉讼的关系是，仲裁与诉讼互不排斥，但必须先仲裁后诉讼，仲裁是诉讼的必经程序，即仲裁前置。这种制度有两个优点：一是可充分发挥仲裁的作用，减轻法院的案件压力；二是为劳动争议的处理提供了从仲裁到诉讼的连续程序，便于当事人实现自己的权利主张。从实践来看，这两个优点并未完全发挥出来。经过仲裁的劳动争议案件，继续向法院提起诉讼的不在少数，仲裁裁决难以直接发生法律效力，法院的案件数量也并未因为仲裁在先而明显减少。由于仲裁之后还有诉讼程序，在仲裁中败诉的当事人往往怀着侥幸的心理，或者出于阻却仲裁裁决，拖垮对方当事人的目的而提起诉讼，这不利于当事人及时实现权利主张，增加了诉累。尽管《劳动争议调解仲裁法》规定了特殊情况下的一裁终局，但毕竟为部分情形。现行先裁后审制度暴露出以下问题：

（1）案件经过仲裁以及法院一审、二审、再审程序，所需时间过长，与劳动争议及时处理原则精神相悖，不能及时保护当事人的合法权益和协调稳定劳动关系。

（2）当事人在劳动争议处理方式的选择上缺乏自主性，不能在仲裁与诉讼之间进行排他性选择，这与世界各国的通行做法不符。

基于现行“先裁后审”体制的上述缺点和不足，应该选择适当时机继续探索改革。改革的基本思路是：仲裁与诉讼相互排斥，适用仲裁就再不能适用诉讼程序，反之亦然；把仲裁与诉讼程序的选择权完全赋予当事人，实行协议优于申请、申请在先和诉讼优于仲裁的受理和管辖原则。具体来说，就是当事人协议选择何种处理程序，就只能采用何种程序，单方的申请不能改变协议的选择；若双方没有协议选择，则适用当事人一方选择并申请的程序；如果一方申请仲裁，而另一方提起诉讼，则适用申请在先的程序；若在同一时间一方申请仲裁，另一方申请诉讼，则适用诉讼程序。

二、探索相对独立的劳动诉讼程序

依据我国现行立法规定，不服仲裁机构的仲裁裁决而向人民法院提起诉讼的劳动争议案件由人民法院民事审判庭受理裁判，民事审判庭都由专职法官组成。这种制度有三个弊端：一是民事案件数量多，劳动争议得不到及时解决；二是缺乏裁判劳动争议的专业人员，不能针对劳动争议的特殊性适用法律；三是没有体现劳动争议处理上的三方原则，只有代表国家的法官一方。考察国外的劳动争议司法机构，大多设有专门的劳动法院或劳动法庭，如英国在司法部下设的产业法庭和就业上诉法庭，德国、刚果的劳动法院，匈牙利的劳动事务法院，冰岛的劳动争议法院，法国在法院内部设立的专业法庭（劳工法庭和社会法庭）。这些专业的劳动法院或法庭一般都由专业法官和兼职法官组成，兼职法官从工会和雇主组织中选任。劳动争议案件由专职和兼职法官共同审理，或完全由兼职法官来审理，体现了劳动争议司法处理上的三方性。可考量采取的改革方案是：在人民法院内部设置专门的劳动审判庭，在人员构成上体现三方性，由专职法官和兼职法官组成。兼职法官从工会和行业协会或企业家协会中聘任。专职法官从劳动法专家、律师或对劳动法有一定研究的法官中招聘。案件的审理由一名专职法官和两名兼职法官（工会和行业协会方面各一人）组成合议庭独立裁判。建立这种审判制度的目的是充分体现劳动审判的专业性、公正性和协商性，希望以此提高劳动审判工作的受案数量和裁判质量。

【引例评析】

1. 张某与某纺织厂之间属于因解除劳动合同发生的争议，属于非对抗性的个体劳动权利争议。

2. 张某向法院起诉的行为不符合法律规定，因为我国劳动争议处理机制采取仲裁前置机制，非经仲裁处理的劳动纠纷，法院不予受理。

3. 张某可以与纺织厂协商，协商不成可以调解，调解不成可以向劳动人事争议仲裁委员会申请仲裁，对仲裁裁决不服可以向法院提起诉讼。其中协商和调解非必经程序。

【本章小结】

1. 劳动争议，是指劳动者与用人单位双方基于劳动关系，围绕劳动权利或利益所发生的争执。

2. 劳动争议处理有四种方式：协商、调解、仲裁和诉讼。

3. 劳动争议处理遵循着重调解原则、合法原则、公正原则、及时处理原则和三方性原则。

4. 劳动仲裁法律制度包括仲裁管辖、仲裁期限、一般仲裁程序和特别仲裁程序。

5. 我国劳动诉讼与仲裁之间的关系（裁审关系）是：仲裁前置；一般先裁后审，特殊一裁仲裁终局。

6. 我国的劳动诉讼适用民事诉讼法，尚无专门的劳动诉讼程序。确立相对独立的劳动诉讼程序制度，是我国劳动争议处理制度改革的方向。

【练习题】

一、名词解释

劳动争议　权利争议　利益争议　劳动仲裁　劳动诉讼　仲裁时效

二、问答题

1. 劳动争议有哪些类型？

2. 我国劳动争议的处理方式有哪些？其相互关系如何？

3. 我国劳动争议处理的原则有哪些？

4. 劳动争议举证责任倒置的情形有哪些？

5. 我国劳动争议仲裁与诉讼的关系如何？

三、案例分析题

李某原在甲公司就职，适用不定时工作制。2023 年 1 月，因甲公司被乙公司兼并，李某成为乙公司职工，继续适用不定时工作制。2023 年 12 月，由于李某在年度绩效考核中得分最低，乙公司根据公司绩效考核制度中“末位淘汰”的规定，决定终止与李某的劳动关系。李某于 2024 年 1 月提出劳动争议仲裁申请，主张：原劳动合同于 2023 年 3 月到期后，乙公司一直未与本人签订新的书面劳动合同，应从 2023 年 4 月起每月支付 2 倍的工资；公司终止合同违法，应恢复本人的工作。

问题：

1. 该案的仲裁管辖如何确定？

2. 关于主张劳动合同终止违法的举证责任应如何分配？

3. 如果劳动争议仲裁委员会逾期未作出是否受理决定，李某该怎么办？

分析要点提示：

1.《劳动争议调解仲裁法》第 21 条第 2 款规定：劳动争议由劳动合同履行地或者用人单位所在地的劳动争议仲裁委员会管辖。据此规定，本案由李某劳动合同履行地或者乙公司所在地的劳动争议仲裁委员会管辖。二者合一则管辖地明确，若二者不一致，李某可以选择其一。

2.《最高人民法院关于审理劳动争议案件适用法律若干问题的解释（一）》第 44 条规定：因用人单位作出的开除、除名、辞退、解除劳动合同、减少劳动报酬、计算劳动者工作年限等决定而发生的劳动争议，用人单位负举证责任。本案中的“终止”劳动合同，实为用人单位单方解除劳动合同。依据上述司法解释，应当由乙公司负责举证。

3. 如果劳动争议仲裁委员会不予受理或逾期未作出是否受理决定，李某可以向人民法院提起诉讼。

在线练习

参考文献

1. 郭捷，冯彦君，郑尚元，等．劳动法学．北京：高等教育出版社，2014.

2. 冯彦君．和谐社会建设与社会法保障．北京：中国劳动社会保障出版社，2008.

3. 史探径．劳动法．北京：经济科学出版社，1990.

4. 冯彦君．劳动法学．长春：吉林大学出版社，1999.

5. 常凯．劳动法．北京：高等教育出版社，2011.

6. 黄越钦．劳动法新论．北京：中国政法大学出版社，2003.

7. 刘俊．劳动与社会保障法学．2 版．北京：高等教育出版社，2018.

8. 约翰·W. 巴德．人性化的雇佣关系：效率、公平与发言权之间的平衡．解格先，马振英，译．北京：北京大学出版社，2007.

9.《习近平法治思想概论》编写组．习近平法治思想概论．北京：高等教育出版社，2021.

10. 习近平．论中国共产党历史．北京：中央文献出版社，2021.